**GUTES WETTER
SCHLECHTES WETTER**

GUTES WETTER
SCHLECHTES WETTER

herausgegeben von
Birgit Angerer, Renate Bärnthol,
Jan Borgmann, Sabine Fechter,
Heinrich Hacker, Otto Kettemann,
Herbert May, Martin Ortmeier,
Bertram Popp und Ariane Weidlich

redigiert von Martin Ortmeier

Schriften Süddeutscher Freilichtmuseen, Band 5
(Der Katalog zur Ausstellung „Mägde, Knechte, Landarbeiter – Dienstboten auf dem Land" ist 1997 ohne Bandziffer erschienen.)

Dieses Buch erscheint zur gleichnamigen Ausstellung, die in folgenden Museen zu sehen sein wird:

Fränkisches Freilandmuseum Bad Windsheim (Mittelfanken)
Freilichtmuseum Finsterau (Niederbayern)
Fränkisches Freilandmuseum Fladungen (Unterfranken)
Bauerngerätemuseum Ingolstadt-Hundszell
Freilichtmuseum Glentleiten des Bezirks Oberbayern
Schwäbisches Bauernhofmuseum Illerbeuren
Oberfränkisches Bauernhofmuseum Kleinlosnitz
Oberpfälzer Freilandmuseum Neusath-Perschen

Umschlag: *Hungerbrote, „1817. den 28ten Juni kostet das Kipfel 1 X (Kreuzer)"* (Historisches Museum der Stadt Regensburg) • *Wetterhahn* (Schwäbisches Bauernhofmuseum Illerbeuren) • *Heuheinzen im Allgäu* (Erika Groth-Schmachtenberger, Archiv Bayerischer Landesverein für Heimatpflege München) • *Dienstboten vor dem Gasthof, um 1910* (Fotoarchiv Oberfränkisches Bauernhofmuseum Kleinlosnitz) • *Hochwasser Simbach am Inn, 1899* (Bildarchiv Freilichtmuseum Massing) • *Brüstungsbretter an einem Bauernhaus in Hinterskirchen im Rottal* (Bildarchiv Freilichtmuseum Finsterau) • *Westgiebel an der Flederichsmühle* (Fränkischen Freilandmuseum Bad Windsheim) • *Langreuter Wässerungsgraben bei Bischofsreut* (Büro FNL-Landschaftsplanung München)

© 2013 Zweckverband Niederbayerische Freilichtmuseen, 94151 Finsterau
Gestaltung und Satz: *Theorie&Praxis* – Winfried Helm, Passau
Umschlagentwurf: Martin Ortmeier, Passau
Lithographie: a.b PhotoDesign – Dionys Asenkerschbaumer, Kellberg
Herstellung: Tutte, Salzweg
ISBN 978-3-940361-09-7

Inhalt

Gute und schlechte Zeiten – Vorwort 7

Landwirtschaft und Wetter • *Maximilian Böhm* 21

Regionale Dimension des Klimawandels in Bayern und
Unterfranken • *Heiko Paeth* 39

Das übernatürliche Wetter – Bauernregeln, Gewitterkerzen,
Mondkalender • *Helmut Groschwitz* 53

Wir reden über das Wetter – Eine wissenschaftliche
Plauderei • *Maximilian Keck* 65

Warme Stube, trockene Wand – Historische Befunde zu
Wärmedämmung und Wetterschutz am Haus • *Herbert May* 73

Ist der Bliz das Strafgericht, das über uns ergehen soll? –
Blitzschäden und Blitzschutz an Gebäuden • *Wolfgang Dörfler* 83

Der Mensch im Schafspelz – Kleidung im Arbeitsalltag • *Bertram Popp* 95

Historische Wetterbeobachtung und -aufzeichnung in Bayern –
Wie wir die Atmosphäre heute verstehen • *Peter Winkler* 107

Den Reben und der Geiß, den' wird es nie zu heiß –
Witterung und Weinbau in historischen Aufzeichnungen
aus Mainstockheim • *Renate Bärnthol* 121

Ein ungewöhnlicher Windsturm – Baubefunde zu historischen
Sturmschäden • *Heinrich Stiewe* 149

Juni 1816: heitere Tage 0 – Ein Jahr ohne Sommer und die
daraus resultierende Hungerkrise in Bayern und insbesondere
der Oberpfalz 1816/17 • *Birgit Angerer* 157

Gleichsam eine Revolution in der Natur – Vom Umgang
mit Unwettern • *Otto Kettemann* 177

Wiesenwässerung durch Berieseln – Die Wührgräben im Hinteren Bayerischen Wald, die Wasserschöpfräder an der Regnitz und die gebräuchlichen Werkzeuge der Wässerwiesenwirtschaft • *Martin Ortmeier* 195

Klima und Boden nicht zuwider – Bäuerlicher Gartenbau
in der Oberpfalz • *Bettina Kraus* 213

Dann mâch i mia mei Klima seiba – Strategien gegen und mit
dem Wetter: Haus und Hof, Obstsorten und Heuheinzen 225
   Wie die Landwirtschaft aus schlechter Witterung
   Vorteile zieht • *Otto Kettemann* 230
   Äpfel und Birnen – Auslese und Auswahl • *Renate Bärnthol* 239

Die Autorinnen und Autoren 251

Gute und schlechte Zeiten
Vorwort

Wenn im Herbst reiche Ernte eines Jahres eingebracht und unter Dach geschafft werden konnte, wurde gefeiert, Gott oder den Göttern gedankt, getrunken und gegessen über Durst und Hunger hinaus, und Hochzeiten wurden ausgerichtet. Das hat sich in den gemäßigten Breiten dieser Erde bis heute nicht ganz verloren, wenn auch die Mangelzeit des Winters ihren Schrecken verloren hat. Gute und schlechte Zeiten verteilten sich im Jahreslauf, und es gab „fette Jahre" und „magere". Neben, ja noch vor den Kriegshandlungen war es stets das Wetter, welches entschied, ob gute Zeiten mit ausreichend Nahrung und Heizung oder schlechte Zeiten mit Hunger in kalten Stuben und Kammern herrschten.
Landwirtschaft treiben unter freiem Himmel und ein Dach über dem Kopf haben. Darauf lässt sich all das zurückführen, was hierzulande bis in die jüngste Vergangenheit bäuerliche Existenz mit Ackerbau, Viehwirtschaft und Familie ausmachte. Auch der Obstbau ist nicht zu vergessen, die Holzwirtschaft ebenso – und es muss erinnert werden, dass zumeist nur wenige ein dichtes Dach und feste Wände für sich und die Ihren hatten. Das Bemühen des Menschen, sich selbst und möglichst viele Angehörige aus der Natur mit Nahrung zu versorgen und diesen zudem Schutz vor Nässe, Hitze und Kälte zu schaffen, war Motor kultureller Entwicklung. Der Wandel des Wetters im Jahreslauf und dessen Varianz in längeren Zeiträumen haben diese Entwicklung erschwert oder gefördert, in jedem Fall aber Anpassung verlangt oder belohnt.
Beispiele dieser Anpassung an die Chancen und Erschwernisse des Landbaus unter den Bedingungen des Wetters und des Klimas zeigt die Ausstellung „Gutes Wetter – Schlechtes Wetter", wenn irgend möglich anhand von Dingen oder zumindest Schrift- und Bildquellen „alter Zeiten"[1].
Fixiert auf ländliches Bauernidyll mit Kühen auf üppiger Weide und buntem, mit Hanicheln umzäuntem Krautgarterl – einerseits! – und indus-

trielle, hoch subventionierte und spezialisierte Landwirtschaft – andererseits! – neigen wir zu übersehen, wie differenziert sich der Mensch in all seinen Aktivitäten zur Gewinnung von Nahrung hierzulande auf die Gegebenheiten und die Wandelbarkeit des Klimas eingestellt hat.

Die traditionellen, im Verlauf von Jahrtausenden erdachten und erprobten, in den jüngsten Jahrhunderten nach und nach auf rationale Basis gestellten Strategien landwirtschaftlicher Existenz sind keineswegs obsolet geworden, wenn auch die von fossiler Energie genährte Landtechnik mehr und mehr Freiheit von Wetter und Witterung erbracht hat. Diese klassischen Strategien sind: Arbeit im Jahreslauf, Vorratshaltung, Hausbau und Kleidung, außerdem Wahl und Züchtung von Fruchtarten und -sorten, Nutzvieharten und -rassen.

Die Ausstellung „Gutes Wetter – Schlechtes Wetter", erarbeitet von den bayerischen Bauernhof- und Freilichtmuseen, widmet sich einem sehr kleinen Ausschnitt der kultivierten Welt, nämlich Bayern. Kultiviert meint hier nicht elegant, gebildet, feinsinnig oder einer Religion obliegend, sondern, im Sinne des lateinischen Wortursprungs, das auf Erfahrung und Wissen beruhende regelmäßige Erzeugen von Nahrung auf Grund und Boden. So klein der betrachtete Raum ist, so vielfältig ist er auch. Von den besonnten Weinhängen am Main reicht er bis zu den tiefgründigen Ackerböden des Gäubodens in Niederbayern, die kargen Höhen der Rhön und des Bayerischen und Oberpfälzer Waldes gehören ebenso dazu wie die geschützten Täler der Alpen und deren „Wind und Wetter" ausgesetzte Hö-

Der „Gurkenflieger", eine niederbayerische Erfindung, beschleunigt die Ernte der Gurken, erspart den Erntehelfern das Bücken und schützt sie vor Regen und Sonne. Aber er gibt auch ohne Rücksicht den Takt der Arbeit vor. (Josef Lang, Bildarchiv Freilichtmuseum Finsterau 2011)

hen, das reich beregnete Grünland des Allgäus und die Trockenflächen des Juras sind in naher Nachbarschaft.

Dieser politische Raum Bayern wird hier in der Entwicklung seiner Landwirtschaft beispielhaft betrachtet. Herrschafts- und besitzrechtliche Sachverhalte, Religion und Politik werden in ihrer Bedeutung für die Landwirtschaft und deren jüngere Geschichte allenfalls am Rande bedacht. Hier steht, denn es sind ja volkskundliche Museen, die sich dem Thema Wetter widmen, das konkrete Handeln des Menschen im Fokus der Betrachtung, insbesondere das Handeln, das sich in Dingen niedergeschlagen hat.

Der Katalog greift etwas weiter aus: Er widmet sich in Leitbeiträgen auch der historischen Wetterkunde (Winkler) und dem Status der Klimaforschung (Paeth), er erläutert kursorisch das praktische Verhältnis von Wetter und Landwirtschaft (Böhm), berücksichtigt nichtrationales Verhalten des dem Wetter und der Witterung unterworfenen Menschen (Groschwitz), und er erlaubt sich einen Essay über das Reden vom Wetter (Keck). Im Zuge der Beiträge sind fast alle Exponate abgebildet, die mit der Ausstellung „Gutes Wetter – Schlechtes Wetter" von 2013[2] bis 2016 in den bayerischen Freilichtmuseen auf Wanderschaft sind.

Die Begriffe Wetter, Witterung und Klima, nah verwandt und doch grundverschieden, werden an mehreren Stellen erläutert. Ein unberufener Ratgeber wollte deren Unterscheidung immer wieder ganz in die Mitte der Darstellung gerückt haben. Hier genügt zu wissen und zu vermitteln, dass

das Eine nicht das Andere ist. Und das wusste auch der Bauer früherer Zeit, wenn er vom Wetter redete und danach handelte, einmal das meinend, was er wahrnahm, wenn er morgens vor die Tür trat, ein andermal das, was ihm über die Jahre hinweg Ertrag und Sicherheit oder Sorgen und Verlust brachte. Auf Wetter, Witterung und Klima reagierte er mit seiner Entscheidung, welche Arbeit er diesen und jenen Tag angreifen würde und wie er sich dafür kleidete (Wetter), wann er Feldbau, Holzhieb, Pflegeschnitt, Heumahd, Getreideschnitt und Ernte im Jahreslauf einteilen, beginnen und abschließen wolle (Witterung) und wie er seine Landwirtschaft in den betrieblichen Schwerpunkten, in Frucht- und Sortenwahl, der Entscheidung für diese oder jene Tiergattung und Rasse, der Hinwendung zu Sonderkulturen mittel- und langfristig aufstellen und anpassen wird (Klima).

Ist es das Wetter oder ist es die Witterung, die Spuren an den Häusern hinterlässt und die Gesichter und die Kleidung der Menschen zeichnet, die Tag für Tag draußen tätig sind? Nein, Regen und Sonne, Wind, Hitze und Frost sind es, die Haut gerben und Holz und Kleidung bleichen. Jene sind es aber auch, die zum Gedeihen der Nahrung beitragen, ja es erst ermöglichen. Es ist die Kunst der landwirtschaftlich tätigen Menschen, diese Kräfte der Natur wirksam einzusetzen, mit dem Ziel, möglichst viel Nahrung auf möglichst geringer Fläche in möglichst kurzer Zeit zu erzeugen.

Ein Beispiel: Die Almwirtschaft, vor langer Zeit erprobt, verbessert und mit Erfolg bis heute angewandt, ist eine Strategie zur Viehwirtschaft, die das Handeln und Reagieren des Menschen unter den Gegebenheiten von

Die „saftigen Almwiesen" sind literarisches Idyll. Tatsächlich sind die meisten Almen steindurchsetzte, teils zu nasse, teils zu trockene, oftmals sehr steile und vielfach durch Unwetter und Lawinen gefährdete landwirtschaftliche Räume. Ihre Versorgung ist aufwendig. (Archiv Freilichtmuseum Glentleiten)

Land und Witterung besonders einprägsam aufzeigt. Grund und Boden in den Bergtälern der Alpen (wie auch des inneren Bayerischen Waldes) waren nur gering vermehrbar durch Kulturmaßnahmen wie Entsteinen, Trockenlegen, Waldrodung und Befestigen der Bach- und Flussufer. Eine wachsende Bevölkerung musste also neue Flächen in größeren Höhen erschließen. Zunächst konnten noch Siedlungen in Grenzertragsbereichen gegründet werden – von denen aber manche wieder aufgegeben wurden, als sich die Witterung nachhaltig verschlechterte und damit die Jahreserntensn geringer und schließlich zu gering ausfielen.

Höher gelegene Flächen werden seit langem nur noch saisonal besiedelt. Um die Flächen im Tal für den Getreidebau[3] und zum Werben von Heu zu reservieren, werden Rinder, Ziegen und Schafe zu Beginn des Sommers auf Bergweiden getrieben und erst im frühen Herbst wieder ins Tal zurückgeholt. Mit dem Vieh ziehen auch einige Menschen auf die Hochweiden, zu deren Pflege und Aufsicht. Mit der Verfeinerung und Intensivierung der Milchwirtschaft war auch für die Milch, die auf den Almen erwirtschaftet wurde, eine Nutzung zu finden. Die Produktion von Hartkäse erwies sich als die verlässlichste Art des Haltbarmachens; zudem ist er in Form großer Laibe gut transportierbar. Almwirtschaft hat sich als so praktikabel erwiesen, dass sie bis heute, wenngleich durch Maschinen und Motorfahrzeuge gestützt, betrieben wird.[4]

Das Allgäu hat mit reichlichen Regenfällen gute Bedingungen für die Grünlandwirtschaft. Zugleich aber ist der Regen zur falschen Zeit, nämlich in den Wochen des Heuens, Hinderung und Gefahr. Man versuchte

Mützen und Handschuhe zeigen an: Sauschlachten ist Winterarbeit. In den Monaten reichlicher Nahrung wurde das Schwein gemästet für den Winter. Dieser fordert Vorrat, zugleich aber erleichtert er die Vorratshaltung. (Bruno Mooser, um 1950)

sich zu behelfen: Bei aufziehendem Regen wurde halbtrockenes Heu mit Rechen auf dichte Schwaden zusammengeworfen, verregnetes Heu hat man auf Heuheinzen (Heureiter) gehängt, dann erneut auf die abgetrockneten Wiesen gebreitet, bis es endlich ganz trocken eingebracht werden konnte (s. Anhang: Kettemann). Diese Arbeit der Sonne und der Menschen leisten jetzt Heutrocknungsanlagen, allerdings unter großem Einsatz fossiler Energieträger.

Auch alle herkömmlichen Methoden der Vorratshaltung sind Strategien gegen und mit dem Wandel der Witterung.[5] Vor den Zeiten des Massentransports ermöglichten es dem Menschen und seinem Nutztier nur Vorräte, Phasen ohne Nachwuchs von Nahrungsmitteln zu überbrücken. Sonnenlicht, Feuchtigkeit, Gefrieren und stehende Luft schädigen Nahrungsvorräte. Gute Lagerräume helfen dies vermeiden. Sie sind trocken, luftig und kühl. Eier, Milch und Brot, getrocknete Kräuter und Nüsse, außerdem vorbereitete Speisen sind in einer kühlen Speisekammer gut aufgehoben. Brot- und Saatgetreide und Hülsenfrüchten schadet auch die trockene Sommerhitze des Dachbodens nicht. Deren Vorräte werden dort in Schütten luftig ausgebreitet oder – abgefüllt in Säcken – mäusesicher aufgehängt. Manche Feldfrüchte dürfen es nicht zu trocken haben: Kartoffeln und Rüben bleiben bei gleichmäßiger Feuchtigkeit, geringem Licht und mäßiger Temperatur länger frisch. Sie werden dazu im Keller aufgeschüttet oder in Feldmieten mit Erde oder Sand abgedeckt.

Die traditionelle Vorratshaltung kennt keinen für alle Zwecke geeigneten Vorratsraum. Mindestens Keller, Speisekammer und Dachboden gehören traditionell zu einem autarken Hausstand. Auf größeren Bauernhöfen früherer Zeit gibt es für Getreide ein eigenes Gebäude. Dieser Getreidekasten ist dicht aus Holz gezimmert, durch Stützen von der Bodenfeuchte abgehoben und mit einer verschließbaren Türe versehen. Der Keller ist meist im Haus untergebracht, über eine Treppe ist er vom Flur aus zu erreichen. Von außen können über Fenster oder Rutschen größere Erntemengen eingebracht werden. Große Keller sind freistehend, manchmal mit ihren Gewölben in einen Hang eingebaut, immer aber mit Erde abgedeckt, mit Gras überwachsen und von Bäumen beschattet.

Zur Vorratssorge gehört auch Trinkwasser. Einen eigenen Brunnen mit zureichend Schüttung, gar fließendes Wasser hatten viele Haushalte nicht. Der tägliche Bedarf wurde in Kübeln und Fässern in der Speisekammer bereitgehalten, größere Mengen für die Tränke des Viehs wurden in gemauerte Zisternen gepumpt oder aus Quellen aufgefangen. Wenn in trockenen Sommern und langanhaltend frostigen Wintern nahe Quellen versiegten, mussten vor allem für das Vieh mühsam große Mengen Wasser zum Hof transportiert werden.

Was als gutes Wetter und was als schlechtes Wetter angesehen wird, ist, um es nüchtern zu benennen, situationsabhängig. Der Glaser, so wird gern kolportiert, hat Freude an Hagel und Sturm, weil es ihm gute Geschäfte beschert, der Bergwanderer wünscht milde Sonne. Der Bauer? Da wird es kompliziert: Regen und Sonne, kräftiger Frost und trockene Sommerhitze nutzen ihm jeweils zur rechten Zeit. Es dem Bürger recht zu machen, würde dem besten Wettermacher[6] kaum gelingen. Nur abgeklärte Personen wie der Pfarrer und Dichter Kurt Marti vermögen schlechtem Wetter wirklich Wohlgefallen zu schenken: „schöner tag // wie schön es regnet / heute regnet / (…) schöner als heute kanns / auch morgen nicht regnen".[7] In der Ausstellung führt ein Video-Clip, der Förster und Einzelhändler, Gastwirt und Bauarbeiter, Bauer und Bürger zu Wort kommen lässt, die Vielfalt der Meinungen vor, was denn schönes Wetter sei.

Überschwemmungen und nasskalte Witterung haben 1771, fortwirkend bis 1772, vor allem in Sachsen und in der Lausitz eine Hungersnot verursacht. Auch angrenzende Länder waren stark betroffen. Nach dieser Mangelzeit wurde in vielen Ländern der Kartoffelanbau forciert. In Burghausen am Inn erinnert am Eingang der Heilig-Geist-Kirche ein Relief mit der Darstellung einer „Kreuzersemmel". Das Relief zeigt die tatsächliche Größe des Brotes an, das für einen Kreuzer angeboten wurde. Die Inschrift lautet: „Angedengken der Thevervng vnd Grese des Kreutzer Prods. MDCCLXXI vnd MDCCLXXII" (Dionys Asenkerschbaumer)

Verschlagschindeln schützen den Blockbau dieses Rottaler Bauernhauses an den Wetterseiten vor Schlagregen. Aber auch sie konnten nicht verhindern, dass ein Teil der Blockwände verfaulte und durch Ziegelmauerwerk ersetzt werden musste. (Parzham, Niederbayern um 1920; Bildarchiv Freilichtmuseum Finsterau)

Der Natur reiche und gute Nahrung abzugewinnen, ist der Mensch erfinderisch. Einige Methoden sind hier an historischen Beispielen aufgezeigt: Gartenbau (Kraus), Wiesenwässerung (Ortmeier), Weinbau (Bärnthol) und Obstkultur (im Anhang: Bärnthol). Brotgetreide (und Hirse, „Brein") sicherte bis zur allgemeinen Einführung der Kartoffel im 19. Jahrhundert die Ernährung der Menschen. Aber nicht die Kartoffel, sondern erst die Verbilligung des Massenferntransports durch die Bahn verhinderte wetterbedingte Hungerzeiten wie das „Jahr ohne Sommer" 1817, das den Menschen im hier betrachteten Raum die letzte große Hungersnot bescherte (Angerer).

Wie sich das Auf und Ab von guten, mäßigen und schlechten Jahren in der Wahrnehmung und im Bewusstsein der landwirtschaftlich tätigen Menschen niederschlägt, ist Tagebüchern und Familienchroniken zu entnehmen. Dass sich individuelle Einschätzung und objektive Tatsache, lokale Situation und landesweite Verhältnisse oft deutlich unterscheiden, macht diese Quellen aus volkskundlicher Sicht besonders interessant.[8]

Die großen Strukturen des Hausbaus wie auch die Ausbildung vieler Details sind regional sehr differenziert. Die Anlage der Häuser und Höfe, abhängig von Besiedelungsgegebenheiten, verfügbaren Baumaterialien, eingeführten Bautechniken und rechtlichen Verhältnissen, ist auch geformt durch das regional wirksame Wetter. Die Hauptausrichtung einer

Die Brüstungsbretter dieses Schrotes an einem Bauernhaus (Hinterskirchen im Rottal) waren einmal glatt gehobelt. Regen hat das weichere Holz des Sommerwuchses ausgewaschen. Die Malerei ist nur noch als Relief erkennbar, dort, wo das Kasein der Farbe das Holz lange Zeit geschützt hat. (Martin Ortmeier, Bildarchiv Freilichtmuseum Finsterau)

Landwirtschaft auf Viehwirtschaft, Getreide- oder Hackfruchtbau, Weinbau, Hopfenwirtschaft oder Waldbau ist abhängig vom regionalen Klima, und sie prägt die Funktionsstrukturen im Dorf, in den Höfen und den Häusern. Die Exposition eines Hauses nach Westen verlangt nach einem regendichten Verschlag der Wände, gegen die Schneemassen an den Südwesthängen des Bayerischen Waldes und die strengen „Böhmwinde" hat sich ein anderes Dach als geeignet erwiesen, als jenes, in dem luftig Hopfen eingelagert werden sollte.

Die Hausregionen, die sich in Bayern herausgebildet haben, unterscheiden sich deutlich. Die Stube als heizbarer, belichteter und winddichter Raum ist hier aber allen Häusern gemeinsam. Wie zahlreich die Maßnahmen sind und wie sie vom großen Ganzen des Bauens bis ins Detail der Einrichtung reichen, wird anhand fränkischer Beispiele aufgezeigt (May).

Noch vor Hofraum, Haus und Stube schützt die Kleidung den landwirtschaftlich tätigen Menschen vor Wind und Wetter (Popp). Wer in Kataloge für Berufskleidung schaut, wird feststellen, dass funktionelle Unterwäsche, spezielle Hosen, Hemden, Jacken, Mützen und Handschuhe zum Schutz vor Kälte, Sonne, Wind und Nässe für den Landwirt bis heute unentbehrlich sind, trotz Traktorkabine und temperiertem Melkstand.

Die Betrachtung des Wetters im historischen Verlauf, in seinem Wandel und seinen Kapriolen, außerdem die Kenntnis des Umgangs des Men-

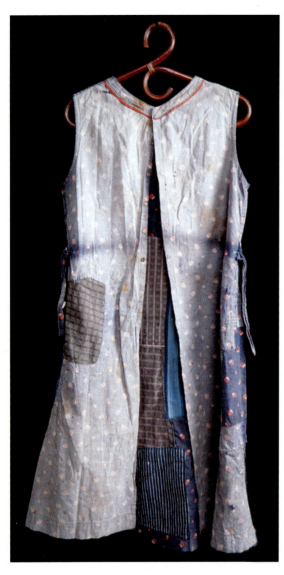

Kleidung ist ein Mittel des Menschen gegen die Anforderungen des Wetters. Diese Aussage ist eine Platitude. Und doch ist es bemerkenswert, dass an der Kittelschürze der Magd Philomena Rodler (bis 1986 tätig am Petzi-Hof in Pötzerreut im Unteren Bayerischen Wald) genau der Streifen nicht ausgebleicht ist, der beim Tragen der Schürze durch das geknüpfte Gürtelband vor dem Sonnenlicht geschützt ist.

schen mit dem wandelbaren Wetter und seiner Fähigkeit, sich auf Anforderungen, Chancen und Änderungen einzustellen, verführen zu der Auffassung, Klimawandel habe es immer wieder einmal gegeben, und dem Menschen sei es stets gelungen, damit zurecht zu kommen. Es darf aber nicht vergessen werden, dass die Geschichte sich dinglich vor allem in Zeugnissen des Erfolges niederschlägt. Das Scheitern gab es dennoch vielfach und es war stets schmerzlich.

Es muss ganz nüchtern darauf hingewiesen werden, dass der aktuelle Klimawandel sehr deutlich abweicht von der natürlichen Klimavariabilität (Paeth). Dass der Mensch zu hohen Anpassungsleistungen fähig ist und auch unter neuen und erschwerten Klimabedingungen seine Nahrung erzeugen kann, dafür bietet die Kulturgeschichte reich Belege. Diese nun erneut und dringender notwendige Anpassung wird aber auch Opfer verlangen, wie jede Anpassung zuvor. Zu unterscheiden sind „weiche" und „harte" Anpassungsstrategien. Die weichen sind vorausschauende, Ressourcen erweiternde Mittel und Methoden: Die Almwirtschaft ist eine solche, auch die Polderwirtschaft wäre hier zu nennen. Die harten sind solche, die Ressourcen verzehren: energieintensive, Humankapital verbrauchende, Frieden störende.

Die Ausstellung „Gutes Wetter – Schlechtes Wetter" berichtet vom Leben und Wirtschaften der Menschen im Einvernehmen und in der Auseinandersetzung mit „Wind und Wetter". Sie widmet sich dem Handeln des Menschen in der landwirtschaftlichen Praxis unter dem Aspekt von Wetter und Klima. Zu Beginn der Planungen für diese Ausstellung hatte sich ein Vermittler finanzieller Förderung angeboten. Die intensiv beworbene und auch erfolgreich verlaufene Ausstellung des Deutschen Hygiene-Museums in Dresden, „2° Das Wetter, der Mensch und sein Klima"[9], von 11. Juli 2008 bis 19. April 2009, wurde als leuchtendes Beispiel propagiert.

Dies war aber ein ungeeignetes Vorbild. Wissen über Klima und Wandel wurde dort mit weitem fachlichen und räumlichen Horizont und teils gutem didaktischen Ansatz vermittelt.

Die Freilichtmuseen, die sich in der *ARGE Ausstellung Süddeutscher Freilichtmuseen* zusammengetan haben, sind klassische Museen, die ihre Tätigkeit auf reiche eigene Sammlungen stützen, die an ganzheitlichen Sachzusammenhängen orientiert und regional geprägt sind. Das Ding als geschichtliches Zeugnis steht im Mittelpunkt ihrer didaktischen Aktivitäten, Medien, so gefällig und gezielt sie in der Ausstellung auch eingesetzt werden, haben immer nur dienende Funktion auf die Wahrnehmung und Erklärung des historischen Dinges hin.

Zwischenzeitlich hat sich in Bayern eine geeignete Institution gefunden, die sich der inaugurierten Bildungsaufgabe annahm, nämlich auf die allgemeine Einsicht hinzuwirken, dass der aktuelle Klimawandel sehr sicher anthropogen befördert und auf lange Sicht unumkehrbar ist.[10]

Der Wandel des Klimas zu bestimmten Zeiten wurde anhand von Schriftquellen und mit Hilfe von Zeugnissen in der Natur sehr detailliert ermittelt.[11] Klima ist immer nur reflektierend wahrzunehmen, Wetter erleben wir unmittelbar sinnlich. Besondere Aufmerksamkeit haben stets Wetterereignisse gefunden. Naturwissenschaft und Journalismus sprechen in sprachlicher Unschuld häufig, ja viel zu häufig von Wetterextremen. Manchmal aber ist ein Superlativ durchaus angemessen, wenn verheerende Hochwasser, schier endlose Trockenheit und unaufhörlicher Regen

Mit welchem Kleidungsaufwand an Stiefeln, Gamaschen, Westen, Jacken, Mützen und Handschuhen sich der Holzhauer in Philippsreut (im inneren, dem sogenannten Hinteren Bayerischen Wald) gegen Kälte und Schnee schützte, ist nicht minder anschauungswürdig. Der Schnee aber bot ihm Gelegenheit, auf einem Schlitten ganz allein einen Baumstamm zu transportieren, der ansonsten einen immensen Fuhraufwand erfordert hätte. (Bildarchiv Freilichtmuseum Finsterau)

Das Hochwasser vom September 1899 hat Städte an Isar, Inn, Salzach, Enns und Donau gleichermaßen verheert. Ursache waren starke Regenfälle Ende August bis Mitte September, man spricht von Überregung. Hier im Bild: Simbach am Inn (Bildarchiv Freilichtmuseum Massing)

Sturmschaden an einem alten Waldlerhaus in Pötzerreut (Landkreis Freyung-Grafenau). Das Baudenkmal wurde abgerissen, nachdem um 1990 ein Sturm das Blechdach weggerissen hatte, das als Ersatz für Legschindel über die Stülpschalung genagelt war. (Martin Ortmeier)

ein Wirtschaftsjahr völlig verderben und auch Leben von Mensch und Tier fordern. Die Ereignisneugier des Menschen verdient Betrachtung, wie ja ohnehin zu erinnern ist, wie vielfach das Wetter Land und Leute heimsuchen kann (Kettemann). Wie Stürme Schaden nicht nur auf den Feldern und im Wirtschaftswald, sondern auch an den Häusern und Höfen hervorzurufen in der Lage ist, wird hier an westfälischen Beispielen behandelt (Stiewe). Wie der Mensch gegen Gefahren der Witterung Vorsorge trifft, wird u.a. an der Entwicklung und Verbreitung des Blitzableiters aufgezeigt (Dörfler).

Die *Arbeitsgemeinschaft Ausstellung Süddeutscher Freilichtmuseen* ist weniger eine institutionelle Initiative denn eine auf Forscherpersönlichkeiten beruhende. Wissenschaftlicher „Nerv", die zumeist langjährige Bindung an das „eigene" Museum und Freundschaft untereinander bewegen die Macher der Ausstellungen und Herausgeber der zugehörigen Kataloge zu dieser kollektiven Leistung. Freude am Beitrag junger, neu hinzukommender Talente ist allen gemeinsam. Es ist die persönliche Gemeinschaft dieser Forscherinnen und Forscher, die seit 1997 die Ausstellungen und Kataloge „Mägde, Knechte, Landarbeiter – Dienstboten auf dem Land", „Fremde auf dem Land", „Auf der Hut – Hirtenleben und Weidewirtschaft", „echt, stark! – Naturstein im ländlichen Bayern" und „Prunk, Pracht, Protz – Luxus auf dem Land" ermöglicht hat. Im Anschluss an „Gutes Wetter – Schlechtes Wetter"… Man wird sehen! Gewiss ist nichts, nicht einmal das Wetter. Abgesehen von der unumstößlichen Wahrheit, die in der bayerischen Wetterregel zum Ausdruck kommt: „Scheint d' Sonn im Grotzen, regnt's da morgn in d' Fotzn".[12] *(Red.)*

Des einen Schaden kann des andern Nutzen sein: Die Arbeit „im Holz" war für Häusler und Kleinbauern eine wichtige Verdienstmöglichkeit. Die Wurzelteller der Bäume lassen annehmen, dass hier im Bayerischen Wald bei Tittling im Staatsforst ein Windwurf aufgearbeitet wurde. (um 1925, Bildarchiv Freilichtmuseum Finsterau)

Anmerkungen

1 Die Zeugnisse des 19. und frühen 20. Jahrhunderts stehen im Fokus der Ausstellung. Neben wenigen Leihgaben stammen die Exponate aus den Sammlungen der beteiligten Bauernhof- und Freilichtmuseen.

2   Beginnend am 26. Mai 2013 im Schwäbischen Bauernhofmuseum Illerbeuren
3   Der Getreidebau wurde in den Bergtälern allerdings weitgehend eingestellt.
4   Das Freilichtmuseum Glentleiten des Bezirks Oberbayern beherbergt eine didaktisch gut erschlossene Baugruppe Almwirtschaft.
5   Jedes Freilichtmuseum befasst sich in Ausstellungen und mit ganzheitlichen Ensembles mit diesem Thema. Das Freilichtmuseum Massing hat 2011 im Schusteröderhof eine Ausstellung dazu eingerichtet.
6   Reinhard Haller berichtet von den Wettermachern im Bayerischen Wald, denen die Fähigkeit zugeschrieben wird, schädliche Wetter abzuwenden, wie auch diese herbeizuwünschen: „Sie sollen imstande sein, nach Belieben Sturm, Hagel, Regen, Blitz und Donner heraufzubeschwören oder bereits im Anzug befindliche Unwetter zu verscheuchen. Diese Doppeldeutigkeit lässt sie vor allem in der von den Witterungsverhältnissen abhängigen bäuerlichen Bevölkerung ebenso gefährlich wie hilfreich erscheinen." (Haller, Reinhard. „Hätt' nur d' Annamirl-Glockn net goar a so bummt!" – „Wettermachen" und „Wettermacher" in der Gegend von Kirchdorf i. Wald. In: Schöner Bayerischer Wald, Nr. 1, 2013, S. 37)
7   Marti, Kurt. Zoé zebra. Neue Gedichte. München 2004
8   Für Niederbayern wurde kürzlich eine Quelle erschlossen, die neben wertvollen Aussagen zum Bauwesen auch Witterungs- und Ertragsgeschehnisse tagebuchartig nennt: Ueblacker, Mathias. Der Vierseithof des Mittermayr zu Riedertsham. Zu Buchführung und Bauunterlagen des Johann Mayer von 1822 bis 1850. Mit einem Beitrag aus den Sandbacher Geschichtsblättern, Heft 3, 1988 / und einer erläuterten Transkription zur Chronik von Johann Mayer „Beschreibung Oder Gründliche Denkmall, der Unglücks Fälle, Auf dem Pfadt Meines Lebens" (=Inhalt – Projekte – Dokumentationen. Schriftenreihe des Bayerischen Landesamtes für Denkmalpflege, Nr. 6), München 2012
9   „Die Ausstellung 2° Das Wetter, der Mensch und sein Klima warf einen vielschichtigen Blick auf dieses faszinierende Thema. Sie fügt Medieninstallationen und interaktive Elemente mit Objekten aus der Natur-, Kultur-, Kunst- und Wissenschaftsgeschichte zu einer spannenden Lern- und Erlebnisausstellung zusammen. Für die Besucher wurde so nicht nur anschaulich, wie das Wetter zustande kommt und wie das Klima funktioniert, sie gewannen auch Einblicke in die Fragestellungen der historischen und aktuellen Klimaforschung. Zeugen des Klimawandels aus verschiedenen Regionen der Erde berichteten davon, wie das veränderte Wetter schon heute in ihren Alltag eingreift. An solchen Beispielen wurde deutlich: Der Klimawandel ist auch ein gesellschaftliches Thema." (http://dhmd.de/index.php?id=1474; 19.03.2013)
10 Die Verbraucherzentrale Bayern e.V. hat eine Ausstellung mit dem Titel „Klima schützen kann jeder!" auf Wanderschaft geschickt, die diese Aufgabe sehr gut erfüllt. Für den Ausstellungsort Eggenfelden (15. Juli – 3. August 2013) wird die Ausstellung wie folgt beworben: „Gemeinsam mit der vhs Rottal-Inn West e.V. holt das Regionalmanagement die interaktive Ausstellung ‚Klima schützen kann jeder!' der Verbraucherzentrale Bayern e.V. nach Eggenfelden ins Alte Rathaus. Die Ausstellung gibt praktische Tipps, was jeder einzelne tun kann, um im Alltag das Klima zu schützen. Ob unterwegs, zu Hause oder beim Einkaufen: Klima schützen ist eigentlich ganz einfach, oft sogar lohnend und jeder Beitrag zählt, so die Botschaft der Ausstellung. Die Inhalte sind in Themenstationen (Stromverbrauch, Essen, Verpackungen, auf Reisen) als auch als Quiz oder Film aufbereitet. Kinder, Jugendliche und Erwachsene sind gleichermaßen aufgerufen, die Ausstellung zu besuchen."
11 U.a. Glaser, Rüdiger. Klimageschichte Mitteleuropas. 1000 Jahre Wetter, Klima, Katastrophen. Darmstadt 2001
12 Mit anderen Worten: „Abendrot ist ein schlechter Wetterbot'."

Wetter und Landwirtschaft

von Max Böhm

Der Winter war zu mild, der März zu kalt und der April war viel zu trocken. Dafür wird es aber garantiert wieder die Ernte verregnen. – Hat man einen Bauern je das Wetter loben gehört? Das Jammern, so behaupten Spötter, gehöre zur Landwirtschaft wie Traktor und Pflug. Und beklagten sich die Bauern nicht über Kosten und Preise, über Bürokratie oder ihr schlechtes Image, so eben über das Wetter. Man wird freilich fragen dürfen, wo hierzulande das Wetter nicht ein beständiger Grund des Klagens sei, dankbarer weil stets neu und meist einvernehmlich bejammernswerter Gegenstand der alltäglichen Unterhaltung. Und wer, wenn nicht die Bauern, hätten ernsthaften Grund, sich Gedanken über das Wetter zu machen – hängt doch Jahr für Jahr ein guter Teil ihres Arbeitsertrages vom Verlauf der Witterung ab. Nach den Angaben der landwirtschaftlichen Berufsvertreter gehen die witterungsbedingten Ernteschäden in Deutschland alljährlich in die Milliarden.[1]
Nun mag man solchen Selbstauskünften skeptisch gegenüberstehen. Der Verdacht liegt nahe, dass es immer die jeweiligen Spitzenjahre sind, an denen die „Verluste" weniger guter Ernten gemessen werden. Und überhaupt: Dass die traditionelle Landwirtschaft mit ihren einfachen technischen Mitteln und ihren schon in Normaljahren oft erbärmlich niedrigen Erträgen den Einflüssen der Witterung auf das Empfindlichste ausgeliefert war, mag unbesehen einleuchten. Aber unsere modernen „Agrarfabriken", die mit ihren hochgerüsteten Maschinenparks und gestützt auf Kunstdünger und Spritzmittel ihren Äckern und Nutztieren immer neue Spitzenerträge abringen – haben diese Hightech-Unternehmen noch ein Problem mit Wind und Wetter? Ist es also mehr als nur alte Gewohnheit, wenn die Bauern auch heute noch übers Wetter schimpfen und ihm Ertragseinbußen anlasten?
Laienhafte Vorstellungen vom „Plausiblen" können freilich in die Irre führen, das Naheliegende ist nicht immer ein Abbild der Wirklichkeit. Versu-

chen wir daher im folgenden, ein präziseres Bild von den Einflüssen von Wetter und Klima auf die Landwirtschaft zu gewinnen. Versuchen wir eine Vorstellung davon zu entwickeln, wie die „alte" Landwirtschaft mit dieser Abhängigkeit umgegangen ist, und ob und wodurch es den Bauern möglicherweise gelungen ist, sich im Zuge der Modernisierung ein Stück weit vom Wetter zu emanzipieren.[2]

Produktionsfaktor Wetter

Die elementare Abhängigkeit der Landwirtschaft von Klima und Wetter ist Ausfluss der biologischen Wirkungszusammenhänge organischen Lebens. Mit Licht und Luft, Wärme und Wasser liefert die Atmosphäre jene Grundvoraussetzungen, ohne die nichts wächst und gedeiht auf dieser Erde. Je besser die Pflanzen damit versorgt sind, umso höher ist der Ertrag. Ein Zuviel oder Zuwenig führt zu Wachstumsverlusten, Extreme gefährden das Überleben von Pflanze und Tier.
Licht und das CO_2 der Luft sind als Motoren der Photosynthese Grundlage allen pflanzlichen Wachstums. Solches findet bei einer Temperatur zwischen 0 und 45 °C statt, doch schon eine Grenzüberschreitung um wenige Grade kann zum Tod der Pflanze führen. Unverhofft früh oder spät auftretende Fröste können daher ganze Kulturen vernichten. Dagegen ertragen die Pflanzen im Ruhezustand, als Samen oder in Winterruhe, selbst tiefste Temperaturen.[3] Für eine volle Ausreifung wiederum ist in aller Regel warmes und trockenes Wetter erforderlich. Wind ist notwendig für die Bestäubung und Verbreitung der Pflanzen, er fördert die Verdunstung und dadurch den Nährstofftransport in der Pflanze. Er kann aber auch die schlimmsten Schäden an Böden (Erosion) und Kulturen anrichten.
Die lebenswichtige Funktion des Wassers erhellt schon aus der Tatsache, dass die Pflanze selbst zum großen Teil aus Wasser besteht. Der gesamte Stoffwechsel und damit das Wachstum der Pflanze sind aufs engste mit dem Wasserhaushalt verknüpft. Die Wurzelhaare können Nährstoffe nur dann aus dem Boden aufnehmen und innerhalb der Pflanze transportieren, wenn diese in Wasser gelöst sind. Und Wasserstoff ist zusammen mit Sauerstoff und Kohlenstoff unentbehrlich zum Aufbau pflanzlicher Kohlenhydrate, die in Form von Stärke, Zucker, Zellstoff oder Holz das eigentliche Ziel land- und forstwirtschaftlicher Kultur sind.[4] Leiden die Pflanzen Wassermangel, so leiden die Erträge und anhaltende Dürre kann wiederum den Tod der Pflanzen bedeuten. Ein Zuviel an Niederschlägen vermag dagegen wertvolle Nährstoffe auszuschwemmen und Böden zu erodieren, Pflanzen können entwurzelt, junge Saaten im Keim erstickt werden, es droht das geschnittene Gras auf der Wiese und das reife Getreide auf dem Halm zu verderben.

Die Zusammenhänge, auf den ersten Blick banal, sind also von elementarer Natur, und man könnte soweit gehen, Klima und Wetter – zusammen und in engster Verbindung mit dem Boden – geradezu als die fundamentalen Produktionsfaktoren dieses Wirtschaftszweiges zu deuten. Allerdings vermag der Landwirt gerade über diese zentralen Faktoren nicht annähernd in der Weise zu disponieren wie über das Kapital der eingesetzten Maschinen oder den Aufwand an Arbeitskraft. Vielmehr sieht er sich in einer Situation weitgehender Abhängigkeit, muss er Klima und Wetter ähnlich wie den Boden quasi als Grundausstattung seiner Ökonomie hinnehmen. Der enge Zusammenhang zwischen Boden und Klima erschöpft sich aber nicht in dieser Parallelität und auch nicht in der Tatsache, dass die Böden maßgeblich vom Klima der Vergangenheit geformt sind und durch Austrocknen, Ausschwemmen oder Ablagern von Nährstoffen Tag für Tag immerfort noch geformt werden. Es besteht auch ein starker unmittelbarer Zusammenhang zwischen den klimatischen Rahmenbedingungen und der agrarischen Nutzbarkeit eines Bodens: Leichte sandige Gründe kommen mit hohen Niederschlägen besser zurecht als schwere Böden. Sie trocknen im Frühjahr rascher ab und erwärmen sich schneller, dafür können sie weniger Wasser speichern und trocknen daher schneller aus. Lehmige Böden vermögen die lebenswichtige Feuchte auch über längere Trockenperioden hinweg festzuhalten, dafür können sie schon nach einem einzigen Regenschauer unbefahrbar sein. Und ein noch so wertvoller Ackerboden taugt in unseren Breiten nur zum Grünland, wenn er in zu großer Höhe oder an steilen Berghängen liegt.[5]

Wettermacher

Elementar wie die Zusammenhänge sind somit die Abhängigkeiten der Landwirtschaft von Klima und Wetter. Eine solche Abhängigkeit hinzunehmen, fällt dem Menschen schwer. Mochte man daher auch nie an der Unabänderlichkeit der großen Klimadaten rütteln, dem launenhaften Rhythmus des jährlichen Wettergeschehens wollte man sich nie ganz kampflos ausliefern, sondern man versuchte zu allen Zeiten auf irgendeine Weise Einfluss darauf zu nehmen.
Solange man Wind und Wetter, Sonne, Blitz und Hagel als das Wirken übernatürlicher Kräfte deutete und Extremereignisse als die Strafe eines zürnenden Gottes verstand, musste alle Anstrengung einer Einflussnahme auch auf die Sphäre des Magischen und Religiösen zielen. Vor allem die Abwendung von Unwetter, Blitz und Hagel spielte dabei eine große Rolle, so etwa – um nur Beispiele aus der jüngeren Vergangenheit zu nennen – beim Wetterschießen und Wetterläuten oder bei den kirchlichen Flurumgängen und Bittprozessionen („Schauerfreitag"), die nicht zufällig am Anfang der Vegetationsperiode lagen.[6] Mit Ausnahme der Flur-

umgänge zu Christi Himmelfahrt sind die meisten dieser Bittgänge inzwischen erloschen. Erhalten geblieben ist in vielen katholischen Gemeinden die Tradition des Wettersegens am Ende der Gottesdienste in der Zeit vom Frühjahr bis in den Spätsommer. Der Priester bittet darin um „gedeihliches Wetter" und die Verschonung der Fluren von Blitz, Hagel und anderem Unheil. Ihren früheren Charakter als Bußübungen zur Abwendung göttlicher Strafe haben solche Riten inzwischen verloren, eher sind sie heute ein Memento für eine überwiegend nichtbäuerliche Kirchengemeinde, wie sehr die Erzeugung von Nahrungsgütern noch immer vom Wetter und einer gnädigen Natur abhängig ist.

Nach wie vor nämlich und trotz allen technischen Fortschritts ist das Wettergeschehen so gut wie nicht aktiv beeinflussbar. Daran haben auch die seit dem 19. Jahrhundert zunehmend auf naturwissenschaftlich-technische Kenntnis gegründeten Versuche einer Wettersteuerung kaum etwas geändert. Die vielleicht spektakulärste Methode, das Impfen von Regenwolken mit Silberjodid, um ein vorzeitiges Abregnen herbeizuführen oder das Entstehen großer Hagelkörner zu verhindern, ist in ihrer Wirksamkeit nach wie vor umstritten. Die hierzu erprobten Maßnahmen funktionieren bisher wohl nur auf kleinstem Raum und mit hohem Aufwand.

Wirksame Methoden der Wetterbeeinflussung kennen wir fast nur dort, wo es um das Kleinklima eng begrenzter Kulturflächen oder sogar nur um das Mikroklima in direkter Umgebung der Pflanzen geht. Manches davon ist altes Kulturerbe, das aber zum Teil in Vergessenheit geriet und erst wiederentdeckt werden musste, wie etwa die Nutzung von Mauern als Wärmespeicher oder das Anlegen von Windschutzhecken. Bewährte Methoden sind auch das Räuchern, Nebeln oder Beregnen von Obst- und Weinkulturen zum Schutz der Blüten vor Spätfrost sowie das Abdecken von Sonderkulturen, heute oft mit Wärme absorbierender schwarzer Folie. Beim Spargelanbau geht man heute vereinzelt sogar soweit, Felder förmlich zu beheizen. Auch mit Bewässerungs- und Beregnungsanlagen vermag der Mensch das Kleinklima aktiv zu manipulieren,[7] mit dem Bau von Gewächshäusern schafft er seinen Kulturpflanzen geradezu ein künstliches Idealklima auf kleinem Raum. Ebenso könnte man die Be- und Entlüftung von Viehställen oder, in überspitzter Form, die Klimatisierung der Fahrerkabinen von Schleppern und Mähdreschern als erfolgreiche Beispiele für die Manipulation des Kleinklimas in landwirtschaftlichen Produktionsprozessen interpretieren.[8]

Angepasst

Während die Bauern auf Umfang und Eigenschaft der Böden, ihrer anderen natürlichen Betriebsausstattung, durch Rodung, Düngung und verschiedene Arten der Bearbeitung wenigstens auf längere Sicht und in einem gewissen Rahmen einwirken können, bleiben die Möglichkeiten einer Wetterbeeinflussung also auch mit moderner Technik äußerst begrenzt, in der Breite spielen sie für die Landwirtschaft nach wie vor keine Rolle. Den agrarischen Produzenten bleibt somit nur die Wahl, sich in ihrer Wirtschaftsweise den Vorgaben des Wettergeschehens anzupassen, die klimatischen Parameter also einerseits möglichst effizient auszunutzen, und sich andererseits dabei so gut wie möglich gegen die Risiken des unberechenbaren Witterungsverlaufs abzusichern.

Es liegt nahe, dass dies bei den langfristigen Parametern des Klimas besser gelingt als bei der kurzfristig schwankenden Witterung. In einem mehrere Jahrtausende währenden Kulturprozess konnte sich die mitteleuropäische Landwirtschaft an ein gemäßigtes Klima mit jahreszeitlichem Wechsel zwischen feucht-warmen Sommern und frostig-kalten Wintern sowie einem einigermaßen stabilen Niveau der jährlichen Niederschlagsmengen anpassen. Mit einer Mischung aus Grünland und Ackerland, ein- und mehrjährigen Kulturen, Herbst- und Frühjahrssaaten hat man eine hinreichend breite Palette von Kulturpflanzen gefunden, die eine gewisse Ertragssicherheit bietet. Die kleinräumige Vielgestaltigkeit Bayerns, was Höhenlage, Relief und Böden betrifft, hat eine ebensolche Vielfalt hinsichtlich der Bodennutzungsformen und Zusammensetzung der Kulturpflanzen hervorgebracht, was in der Summe das abwechslungsreiche Gesicht seiner Kulturlandschaft ausmacht.[9] Aber auch innerhalb der Pflanzengattungen wurden im Laufe von Jahrhunderten, verstärkt durch gezielte Auswahlzucht in den letzten einhundertfünfzig Jahren, den klimatischen Parametern angepasste Sorten gezüchtet, wobei freilich gleichzeitig die noch Mitte des 19. Jahrhunderts beobachtbare Vielfalt der an kleinräumige Verhältnisse angepassten Lokalsorten verloren ging. Dies ist unter anderem damit zu erklären, dass innerhalb der jüngeren, wissenschaftlich gestützten Züchtungsgeschichte die Klimaanpassung nur ein Teilaspekt ist (z.B. Züchtung frosthartiger Sorten oder kurzhalmiger Getreidesorten), während vielfach andere, auf Ertragssteigerung gerichtete Ziele eines, wie wir sehen werden, insgesamt vom Klima unabhängiger werdenden Pflanzenbaues im Vordergrund stehen.

Ganz analog verlief die Entwicklung bei der Viehhaltung. Grundsätzlich musste sich auch die Viehwirtschaft den klimatischen Bedingungen anpassen, sei es weil diese die Möglichkeiten der Fütterung vorgaben, sei es weil die Tiere selbst, die ja einen großen Teil des Jahres im Freien verbrachten, dem Wetter standhalten mussten. Entsprechende Anpassungen sind in der vormodernen Landwirtschaft Bayerns deutlich auszumachen: Das von reichen Niederschlägen gesegnete Dauergrünland des südbayerischen Gürtels hat einen vielköpfigen und ertragreichen Rinderbestand ernährt. Demgegenüber fanden die Schafe ihre bevorzugten Trockenweiden besonders auf den fränkischen Albhöhen. Auch angepasste Fütterungsformen wie die alpenländische Almwirtschaft oder ein transhumanz-artiger Winterweidetrieb der Schäfer nach Niederbayern sind hier zu nennen. Auch beim Vieh, besonders bei den Rindern, beobachten wir noch vor rund 150 Jahren eine immense Vielfalt lokaler Rassen und Schläge, wobei hier freilich die Anpassung an Klima und Böden (die wie gesagt immer im Zusammenhang zu sehen sind) nur ein Faktor unter mehreren war und die Viehhaltung in erster Linie von den Nutzungsansprüchen (Milch, Fleisch, Zugkraft) geprägt war.

Klimagerechte Anpassung durfte sich nie allein an den langfristigen Durchschnittswerten von Temperatur und Niederschlagsmengen orientieren. Ebenso entscheidend ist die Beachtung von Wetterextremen. Ob eine Pflanze in die Kulturfolge aufgenommen werden kann oder nicht, entscheidet sich oft schon an der Häufigkeit oder auch nur an der Möglichkeit des Auftretens von Extremereignissen wie Sturm, Hagel, Früh- und Spätfrösten, extremer Kälte oder Trockenheit. Je nach Dauer der Kulturen kann dabei ein höheres oder geringeres Risiko eingegangen werden. So mag man den Anbau empfindlicher Sorten bei einjährigen Pflanzen riskieren, wo nur gelegentlich mit dem Auftreten von Spätfrost zu rechnen ist und einzelne Ausfälle über die Jahre hinweg kompensiert werden können. Dagegen kommt die Pflanzung empfindlicher Obstsorten oder Forstbäume unter solchen Bedingungen nicht in Frage.

An dieser Stelle wird übrigens sichtbar, dass sich die Grenze zwischen langfristig wirksamen Klimaparametern und jährlich wechselnder Witterung nicht immer scharf ziehen lässt, auch nicht in der historischen Analyse. Nehmen wir das Beispiel des Weinbaus in Bayern: War der Rückzug der Weinrebe auf kleine vom Klima begünstigte Anbaugebiete zu Beginn der Neuzeit die Anpassung an die klimatische Verschlechterung der „kleinen Eiszeit" – oder ist damals schlicht allzu häufig ein großer Teil der bayerischen Weinreben erfroren und war somit die Umorientierung vom Wein auf das Bier als neuem „Nationalgetränk" das Ergebnis einzelner Wetterextreme?[10]

Die Grenzen sind fließend, was nahe liegt, wenn „Klima" als Summe und Durchschnitt von Wetter verstanden wird. Vor allem dann, wenn die durchschnittlichen Werte in Bewegung geraten, sich das Klima also möglicherweise verändert, ist es für die Akteure schwer deutbar, ob Einzelereignisse Ausdruck dauerhaften Wandels oder eben doch nur zufällige Abweichungen sind. Man denke an die gegenwärtige Unsicherheit der Waldbauern hinsichtlich des prognostizierten Klimawandels: Kommt es zu der vorhergesagten Erwärmung und in welchem Ausmaß? Wie wird sich dies auf Umfang und Verteilung der Niederschläge auswirken? Kommt es tatsächlich zu häufigeren und stärkeren Stürmen? Und welche Baumarten sind solchen Veränderungen am ehesten gewachsen?

Ein markantes Beispiel für eine besonders effektive, wenn auch am Ende gar zu einseitige Anpassung bäuerlicher Landnutzung an klimatische Vorgaben liefert das Donaumoos südlich der Donaustrecke zwischen Neu-

burg und Ingolstadt, ein Beispiel aus allerjüngster Vergangenheit. Diese alte Moorlandschaft war Ende des 18. Jahrhunderts staatlicherseits trockengelegt und an bäuerliche Siedler zur Nutzung verteilt worden. Trotz des augenscheinlich humusreichen organischen Bodens kümmerte die Landwirtschaft der „Mösler" ein Jahrhundert lang vor sich hin. Nicht nur dass die Hofstellen viel zu klein waren und dem Boden, wie man erst im Zuge wissenschaftlichen Fortschritts erkannte, wichtige Spurenelemente fehlen – der Feldbau litt auch massiv unter einer starken Spätfrostgefahr. Hier kommt erneut der enge Zusammenhang von Klima und Boden zum Tragen: Trockene Moorböden sind wegen ihrer vielen Lufteinschlüsse ein ausgesprochen schlechter Wärmeleiter, weshalb in kalten Nächten vom Boden kaum Wärme an die Oberfläche, also zu den Pflanzen geliefert wird. Das Donaumoos ist daher im Durchschnitt nur drei Monate im Jahr frostfrei, sicher frostfrei sogar nur von Mitte Juli bis Mitte August. Daran scheiterte lange Zeit der Anbau von Wintergetreide, weil selbst diese unempfindlichen Getreidearten an den Spätfrösten zugrunde gingen. Erst die Gründung einer staatlichen Moorkulturanstalt sowie die züchterischen Anstrengungen einer adeligen Gutswirtschaft (Niederarnbach) läuteten zu Beginn des 20. Jahrhunderts die Wende ein. Beim Getreide lieferte die gezielte Auswahlzucht frostharte Sorten, die als „Karlshulder Sommer- und Winterroggen" sogar großen Absatz über das Anbaugebiet

Michael Graßl: „Der Schnitter" (Ausschnitt), 1995 (Bauerngerätemuseum Ingolstadt-Hundszell)
Die zeitgenössische Umsetzung des Themas Ernte in der Darstellung des Ingolstädter Künstlers Michael Graßl arbeitet mit dem traditionellen Genre des Schnitters. Ein dunkles Blau im Hintergrund scheint Ernte und Existenz zu bedrohen, dem Schnitter schaut der Tod über die Schulter.

hinaus fanden. Geradezu spektakulär aber war die Entdeckung des Donaumooses für den Saatkartoffelbau. Der leicht zu bearbeitende und stickstoffreiche Niedermoorboden ist bei entsprechender Ergänzung fehlender Nährstoffe hervorragend für den Kartoffelbau geeignet. Die lang andauernden Spätfröste aber sorgen dafür, dass der Läusebesatz, insbesondere die Verbreitung der für die Übertragung von Viruskrankheiten verantwortlichen Pfirsichblattlaus, niedrig gehalten wird. Das klimatische Handicap der Spätfrostgefährdung ließ sich damit zu einem Standortvorteil (für die Erzeugung gesunder Pflanzkartoffeln) ummünzen und das Donaumoos wurde innerhalb weniger Jahrzehnte zu einem der wichtigsten Erzeuger von Saatkartoffeln deutschlandweit. Auf ihrem Höhepunkt lieferte das kleine Donaumoos ein Drittel aller in Bayern erzeugten Saatkartoffeln, die Knollenfrucht wurde zum „schwarzen Gold" für die bis dahin von Armut und Not geprägte Region.[11]

Zu nass, zu trocken, zu heiß, zu kalt: tausend Wetterrisiken

Die eigentlichen Probleme der Bauern mit dem Wetter liegen in der kurzen Zeitperspektive. Denn so „gemäßigt" das Klima unserer Breiten sich im langjährigen Durchschnitt darstellt, so unbeständig ist das Wetter im individuellen Jahresverlauf. Langanhaltende Hochdrucklagen mit stabilem Wetter sind eher die Ausnahme. Einzelne, für die Vegetation entscheidende Monate können von Jahr zu Jahr und von Region zu Region grundverschieden ausfallen. Die Unbeständigkeit darf deshalb geradezu als ein Wesensmerkmal unserer Klimazone gelten, mit der Folge, dass Ackerbau und Viehzucht praktisch über die gesamte Vegetationsperiode hinweg, ja das ganze Jahr hindurch, einer schier endlosen Folge immer neuer Wetterrisiken (für jede Fruchtgattung mit spezifischen Ansprüchen und Gefahren) ausgesetzt sind, die hier nur kursorisch angedeutet sei.
Ein hartnäckiger Winter verzögert die Bodenbearbeitung und Aussaat im Frühjahr, winterliche Nachzügler in Form von Spätfrösten richten vor allem im Obst- und Weinbau immer wieder große Schäden an. Für die Keimung der Saat und das Anwachsen junger Pflanzensetzlinge ist eine ausreichende Bodenfeuchte wichtig, das Frühjahr darf deshalb nicht zu trocken ausfallen.[12] Ausreichende Wasserversorgung ist auch im weiteren Wachstumsverlauf und für die Entwicklung saftiger Früchte von großer Bedeutung. Für die „Totreife" brauchen die Pflanzen dagegen Trockenheit und Wärme. Das Verregnen der Ernte gehört daher zu den häufigsten und besonders schwerwiegenden Wettersorgen. Anhaltender Regen während der Druschperiode kann zum „Auswachsen" des Getreides, d.h. zum Keimen der Körner auf dem Halm führen. Brotgetreide ist auf diese Weise entwertet und kann nur noch verfüttert werden. Bei den Kartoffeln fördert ein Zuviel an Regen die Kraut- und Knollenfäule. Und für das Gras,

das im Freien getrocknet wird – bis vor wenigen Jahrzehnten die einzig bekannte Methode der Grünfutterkonservierung –, ist das Zeitfenster für eine ausreichende und gleichzeitig schonende Trocknung oft allzu kurz. Mit jedem Regen, der jeweils neue Arbeitsgänge des Breitens, Wendens und Schwadens nach sich zieht, leidet die Qualität und im Extremfall verfault das Gras auf der Wiese.

Und so geht es fort im Anbau- und Erntezyklus der Kulturpflanzen, ein ständiger Balanceakt zwischen zu viel und zu wenig an Niederschlag. Späte Ernten wollen vor Einbruch des Winters eingeholt und die herbstlichen Saaten ausgebracht werden. Während des Winters wünschen sich die Bauern eine schützende Schneedecke über ihren Saaten, auch wenn der Frost den ruhenden Pflanzen in der Regel keinen Schaden tut. Ja, der Bauer wünscht sich einen eisigen Winter, denn der Frost sorgt mit seiner Sprengkraft für die nötige Gare, also die Feinkrümeligkeit des Bodens. Außerdem steigt in einem milden Winter die Gefahr von Pilzerkrankungen beim Wintergetreide. Eine Schneedecke über gefrorenem Boden bot früher auch die rechten Bedingungen für winterliche Transportarbeiten wie das Mistfahren oder den Holztransport, per Schlitten statt auf Achse. Freilich gilt auch hier: ein Zuviel ist schädlich. Unter einer zu lange liegenden, verharschten Schneedecke kann das Getreide ersticken oder verfaulen („Schneeschimmel"). Durch Frosttrocknis können die Pflanzen verdursten, sehr tiefer Frost kann ihre Zellwände sprengen.[13] Nicht zuletzt entscheidet die Dauer des Winters über die zeitliche Ausdehnung des Weidetriebs, der bis ins 19. Jahrhundert einen großen Teil des Viehfutters liefern musste.

Es sind die Extreme, die bei den Landwirten gefürchtet sind, und neben Temperatur und Niederschlag rücken hier schnell weitere Wetterparameter in den Blickwinkel. So segensreich der Wind als Medium der Bestäubung und damit pflanzlicher Fruchtbarkeit ist, so verheerend können Sturm und Hagel über eine Feldkultur oder auch über eine Viehherde hereinbrechen. Hagel und Blitz, quasi aus heiterem Himmel ganze Ernten auf dem Feld oder in der Scheune vernichtend, mussten unweigerlich als besonders bedrohliche Strafgerichte empfunden werden. Doch auch schon das bloße Lagern als Folge von Wind und Starkregen kann große Ausfälle beim Getreide bedeuten. Die Chroniken berichten von Viehherden, die im Hochwasser ertrunken sind, und bis heute kommt es vor, dass Gewitterstürme ganze Hopfengärten niederreißen.

Die wetterseitigen Gefahren und Risiken für die Landwirtschaft erscheinen in einer solchen Aufzählung schier erdrückend. Glücklicherweise bleiben Wetterextreme die Ausnahme und betreffen zudem meist nur einzelne Landstriche oder sogar nur einzelne Flurteile. Und in der Breite besaß und besitzt die Landwirtschaft dann doch eine gewisse Robustheit oder „Wetter-Elastizität", wie anhand des folgenden Beispiels eines weiteren, bisher noch gar nicht thematisierten Großrisikos exemplarisch verdeutlicht werden kann.

In einem bäuerlichen Wirtschaftstagebuch aus Gerolfing bei Ingolstadt ist in kurzen Einträgen auch die Witterung der Erntejahre notiert. Hinter lakonisch-kurzen Notizen ist hin und wieder die Dramatik besonderer Wetterereignisse zu spüren, und die Wucht, mit der sie Hof und Wirtschaft trafen, so im Jahr 1934, das als außergewöhnlich trocken charakterisiert wird:[14]

1. Juli: „Große Trockenheit seit dem Frühjahr nicht mehr geregnet. Die Heuernte war schlecht. Die Burgunder [Futterrüben] verdorren trotz Gießen."

12. Juli: „Die Ernte beginnt. Es gibt Weizen von 30–40 cm Länge, dergl. Hafer u. Gerste."

Schon am 28. Juli war das Getreide eingeerntet. Das Grummet gab „noch weniger als Heu".

15. Oktober: „Nachdem Mitte August Regen fiel ist das bei der Ernte ausgefallene Getreide derart dicht aufgegangen als ob die Felder angesät wären. Der dritte Klee ist länger u. dichter als in normalen Jahren der erste u. der zweite. Auch gibt es heuer wieder viele Eicheln. Die Kartoffelernte ist schlecht."

15. November: „Es ist schon ausgedroschen, der Körnerertrag wäre doch nicht ganz so schlecht als er aussah, aber der Strohertrag unbeschreiblich, bei Sommergetreide und Weizen ist der Strohertrag nicht so hoch als der Kornertrag."

18. November: „Der Herbst ist schön man hat wenigstens einige Fuhren Laub rechen können."

19. März 1935: „am Josefstag schon kein Heu und kein Stroh mehr zum Füttern. Zum Glück ist ein günstiges Wetter zum Laubrechen."

Dieses Beispiel aus vergleichsweise neuer Zeit verdeutlicht einerseits, wie anfällig die Landwirtschaft auf extreme Witterung, hier eine lang anhaltende Trockenheit, reagierte und wie gravierend die Ernteeinbußen sein konnten. Es lenkt insbesondere das Augenmerk auf einen nährstofflichen Zusammenhang, der über Wohl und Wehe der traditionellen Landwirtschaft ebenso stark entschieden hat wie das Auf und Ab der Getreideerträge. Die Rede ist von der Futtergewinnung für das Vieh, das ja nicht nur lebenswichtige Nahrungsmittel lieferte, sondern mit seiner Zugkraft und dem Produzieren von Dünger zugleich ein unverzichtbares Produktionsmittel war. Es ist aus heutiger Sicht, wo Grünflächen auf öffentliche Kosten abgemäht und zum Viehfutter taugliche Biomasse in riesigen Mengen zur Erzeugung von Biogas verwendet wird, kaum mehr vorstellbar, wie sehr die Futtererzeugung in früherer Zeit von Knappheit und Not gekennzeichnet war. Wo schon in Normaljahren die Zufütterung von Stroh das Gewöhnliche war, stand die Futterversorgung in trockenen Jahren auf Messers Schneide. Die Futternot konnte zur Katastrophe werden und die Bauern womöglich massiver treffen als eine Getreide-Missernte. Für die Produzenten war beim Getreide durch die Gegenläufigkeit von Erträgen und Preisen in der Regel eine gewisse Kompensation gegeben, und ausfallende Geldeinkommen konnte man besser verkraften als den Zwang, betriebsnotwendiges Vieh aus Futtermangel verkaufen oder schlachten zu müssen. Aus diesem Grund war Trockenheit für die Bauern eine ebenso große Gefahr wie ein verregneter Sommer.

Die zitierten Aufzeichnungen zeigen aber auch, wie gut die traditionelle Landwirtschaft, deren Strukturen in den beschriebenen Verhältnissen von 1934 noch deutlich sichtbar werden, an klima- und wetterbedingte Knappheiten angepasst war. Wo das Heu nicht reichte, fütterte man Stroh, wo auch dieses fehlte, sammelte man Eicheln und ersetzte auf dem Stallboden das Stroh durch Laub und Nadelstreu. Und: Eine breite Aufstellung mit einer diversifizierten Palette von Kulturpflanzen schuf eine gewisse Sicherheit, denn eine Missernte betrifft in aller Regel nicht alle Arten gleichermaßen. Getreide und Kartoffeln, Wiesengras und Klee, aber auch Weizen und Roggen, Gerste und Hafer: Die einen brauchen mehr Wärme als andere, diese mehr Feuchtigkeit als jene und die einen kommen mit einem Zuviel an Regen besser zurecht als die anderen. Immer wieder gab es ausgleichende Mechanismen, die einen Totalausfall verhinderten – das Ergebnis einer jahrhundertealten Anpassung an ein Klima, deren Wesensmerkmal die Unbeständigkeit der Witterung ist.

Wetterfest gemacht?

Wie steht es aber nun mit unserer modernen Landwirtschaft? Hat der technische Fortschritt die Bauern wetterfester gemacht? Ist die Landwirtschaft vom Wetter unabhängiger und dadurch unsere Nahrungsmittelproduktion, wie es den Anschein hat, so überaus krisensicher geworden? Erneut können wir an dieser Stelle nur einige Aspekte herauspicken und schlaglichtartig beleuchten, höchstens an ein oder zwei Stellen ein wenig genauer einhaken.

Am sinnfälligsten äußert sich die Modernisierung der Landwirtschaft für den außen stehenden Betrachter in der Motorisierung der Feldarbeiten. Doch haben Traktor & Co die Bauern auch vom Wetter unabhängiger gemacht? Mit dem Pferdegespann konnten Pflug und Egge oder auch die Pflegegeräte für den Hackfruchtbau noch auf so nassen Böden geführt werden, wo heute ein Schleppereinsatz nach den Regeln fachgerechter Landwirtschaft keineswegs in Frage käme, von händischen Arbeiten wie dem Kartoffel- oder Rübenhacken mit der Haue ganz zu schweigen. Dieser Nachteil der schweren Maschinen wird freilich mehr als kompensiert durch ihre immense Leistungsfähigkeit. Was der Schlepper-Landwirt bis zur Befahrbarkeit seiner Äcker an Tagen und selbst Wochen gegenüber dem Gespannbauern im schlechtesten Fall verliert, macht er mit dem massiven Einsatz seiner Maschinen, notfalls mit Arbeitsscheinwerfern die

Nächte hindurch, mehr als wett. Und man vergleiche das Ergebnis der Arbeit! Man versetze sich zurück in die Lage eines Bauern, dessen Stoppelfeld in einem trockenen Sommer zur harten Kruste gebacken ist. Wie hilflos mussten sich die Gespannpflüge, nicht selten gezogen von einer einzigen mageren Kuh, durch solche Hervorbringungen einer ungnädigen Natur quälen, wie wirkungslos holperte erst die hölzerne Egge und Walze über die mühsam aufgerissenen Erdbrocken, wo heute von brachialer Kraft gezogene Grubber, Scheibeneggen und Wendepflüge die Stoppeln in Stundenschnelle lockern und wenden und eine zapfwellengetriebene Fräse auch härteste Schollen in ein feinkrümeliges Saatbeet verwandelt. Und welch eine für die Großväter-Generation unvorstellbare Emanzipation von den Unbilden der Witterung genießen erst die jungen Maschinenführer in ihren vor Wind und Wetter geschützten Kabinen mit gradgenauer Temperaturregelung![15]

Ebenso deutlich ist das Ergebnis bei den Erntearbeiten. Zwar braucht der Mähdrescher zwingend trockenes Wetter und eine gewisse Mindesttrockenheit von Halm und Korn, weshalb in Deutschland oft nur ein beängstigend enges Zeitfenster möglicher „Mähdreschertage" offensteht. Demgegenüber konnte das Getreide mit der Sense notfalls sogar bei Regen gemäht und dann auf dem Feld nachgetrocknet werden. Aber auch hier wird die geringere Flexibilität der Maschinen weit überkompensiert durch ihre enorme Leistung, zumal der Mähdrescher und andere Vollerntegeräte eben gleich mehrere Arbeitsgänge in einem Zug erledigen, bis hin zum Abtransport des Erntegutes vom Feld. Ohne Frage hat die immense Schlagkraft moderner Erntemaschinen das Risiko witterungsbedingter Ernteverluste deutlich verringert.

Aber nicht nur verbesserte Bodenbearbeitung und die Vermeidung von Ernteverlusten sind verantwortlich dafür, dass unser heutiges Ertragsniveau jenes der alten Landwirtschaft gleich um ein Mehrfaches übersteigt. Mineraldüngung, chemischer Pflanzenschutz, Pflanzenzüchtung, um nur die wichtigsten Faktoren zu nennen, haben alle großen Anteil an diesem Aufschwung. Und direkt oder indirekt haben all diese Faktoren auch dazu beigetragen, die Wetterabhängigkeit der Landwirtschaft abzumildern. Besonders deutlich wird dies beim Pflanzenschutz, ist doch das Auftreten von Krankheiten und Schädlingen in hohem Maße vom Verlauf der Witterung abhängig. Die heute verfügbaren Mittel einer wirksamen Bekämpfung tragen also unmittelbar dazu bei, von der Witterung wenn nicht bedingte so doch begünstigte Schäden abzuwenden. Indirekt aber hat jede den Ertrag steigernde Maßnahme dazu beigetragen, unsere Nahrungsproduktion von den Wechselfällen der Witterung abzukoppeln: Wo eine Ernteeinbuße von fünf Doppelzentnern vom Hektar vor 200 Jahren praktisch einen Totalausfall bedeutet und unweigerlich in eine Hungerkrise geführt hätte, würde dies auf unserem heutigen Ertragsniveau nur eine kleine Delle auf der Ertragskurve markieren.[16]

Am eindrucksvollsten ist die „Emanzipation" vom Wetter vielleicht im Bereich der Viehwirtschaft gelungen. Die sukzessive Verbesserung des Dauergrünlandes durch Be- und Entwässerung, die Einführung und Verbreitung neuer ertragsstarker Futterpflanzen auf den Äckern (Klee, Futterrüben und Kartoffeln, Wintergerste, Mais), die ertragssteigernde Wirkung des Mineraldüngers und schließlich der immer stärkere Import von Futtermitteln wie Soja in neuerer Zeit – all dies hat die empfindliche Wetterabhängigkeit der Viehwirtschaft überwinden geholfen und die chronische Futternot der traditionellen Landwirtschaft in Vergessenheit geraten lassen. Und ein weiterer entscheidender Grund ist ins Feld zu führen, warum die ewige bittere Klage über Trockenheit im Zusammenhang mit Futternot verstummt ist: Der Traktor hat das Vieh als Zugkraft entbehrlich gemacht, der Mineraldünger schuf einen Ersatz für den Stalldünger.

Viehhaltung ist also nicht mehr wie früher unverzichtbarer Teil jedes landwirtschaftlichen Betriebes, sie wird in aller Regel nur noch zur Gewinnung von Milch, Fleisch oder anderen tierischen Erzeugnissen betrieben. Die zahlreichen viehlosen oder fast viehlosen Dörfer in vielen Gegenden Bayerns zeigen an, wie sehr diese Erzeugung heute auf wenige spezialisierte Betriebe oder – was die Rinderhaltung betrifft – auf die von jeher naturräumlich dafür prädestinierten Landschaften mit hohen Niederschlägen und dementsprechend ertragreichem Dauergrünland in den Mittelgebirgen und im Alpenvorland konzentriert ist. Dort wo Wetter und Böden die Futtergewinnung immer problematisch gemacht hatten, muss heute kein Vieh mehr gehalten werden – auch dies ist eine Anpassung an die klimatischen Bedingungen, die in solcher Konsequenz erst durch technischen Fortschritt möglich geworden ist.

Dort aber, wo die Viehhaltung noch betrieben wird, ist die Fütterung auf eine wesentlich stabilere, weit weniger vom Wetter abhängige Grundla-

Johann Helfenzrieder: „Beschreibung einer Trocknungsscheune", Augsburg 1787
In Zeiten, da die Witterung über Wohlstand oder Hungertod entscheiden konnte, war die Frage, wie Gras und Getreide vor üblem Wetter zu retten sei, ein Gegenstand von volkswirtschaftlicher Bedeutung und akademischer Aufmerksamkeit.

ge gestellt: Düngung, Drainage, Bewässerung stabilisieren die Grünlanderträge und die technologische Revolution bei der Grünfutterkonservierung sichert die Ernten: Nicht nur, dass heute moderne Großgeräte die Heuwerbung im Freien sicherer gemacht haben, weil das Mähen und Einbringen in allerkürzester Zeit erledigt sind. Noch mehr ist das Ernterisiko bei den modernen Methoden der Silage und der Scheunentrocknung ausgeschaltet. Wo aber dennoch Futter aus der Ernte fehlt, kann solches heute dank nahezu grenzenloser Transport- und Handelsmöglichkeiten in aller Regel über Zukäufe ausgeglichen werden. Dies bedeutet zwar finanzielle Einbußen, aber eben nicht mehr eine Dezimierung des Viehstandes. Und treiben wir es auf die Spitze: Für die Planung des Weidetriebs auf den Almen stehen heute ziemlich sichere Wetterprognosen für drei, vier Tage zur Verfügung. Und wo wirklich einmal Schnee und Kälte das Weidevieh auf der Alm einschließt, wird es mit Fahrzeugen sicher zu Tal befördert, notfalls gar mit dem Helikopter.

Der Helikopter lenkt unseren Blick aber auch hierauf: Wie der technische Fortschritt in der Landwirtschaft insgesamt, so war auch die größere Wettersicherheit nicht zum Nulltarif zu haben. Der Preis ist ein hoher Energieverbrauch, beziehungsweise überhaupt erst der Verbrauch externer Energie, wo die Landwirtschaft vorher gewissermaßen energetisch autark gewirtschaftet hat. Dies gilt für die Herstellung und den Einsatz von Maschinen, für die Herstellung von Mineraldünger und chemischen Pflanzenschutzmitteln, für Beregnungsanlagen, für die künstliche Getreidetrocknung und so fort. Wollte man es auf den Punkt bringen: Wo früher das Gras allein von Wind und Sonne getrocknet und mit der Muskelkraft von Mensch und Tier gemäht und eingeerntet wurde, verbrauchen wir heute viel Energie zum Bau und Betrieb großer Erntemaschinen und Traktoren, zur Herstellung von Silofolie und für die künstliche Trocknung unter Dach.

Das Wetter bleibt ein Thema

Unsere Ausführungen müssen auch an diesem Punkt kursorisch bleiben. Und so wenig die Litanei der aufgezählten Wetterrisiken die Vorstellung von einer den Unbilden des Wetters hilflos ausgelieferten Landwirtschaft erwecken sollte, so darf auch nun nicht ein Bild entstehen, als habe die Landwirtschaft der Moderne sich ganz von allen Fesseln des Klimas und der Witterung befreit. Wäre dem so, so bräuchten die Bauern sich nicht in der Art und Weise ums Wetter kümmern, wie sie dies bis auf den heutigen Tag tun.

Von jeher haben die Bauern das Wetter genauestens beobachtet und immer haben sie versucht, aus den Beobachtungen des Himmels sowie der belebten und unbelebten Natur Prognosen über die künftige Witterung abzuleiten, um ihre Arbeit darauf abzustimmen. Schon die frühesten überlieferten Wetteraufzeichnungen unserer Breiten aus den frühneuzeitlichen Klöstern dürften agrarwirtschaftlich motiviert gewesen sein.[17] Allerdings waren die Möglichkeiten zur Prognose lange Zeit eng beschränkt. Man ist sich heute darin einig, dass längerfristige Wetterprognosen, gar „ewige" Vorhersagen wie der Hundertjährige Kalender jeder wissenschaftlichen Grundlage entbehren und keinen praktischen Wert besitzen. Selbst die heutigen auf zahlreiche Messstationen und weltweite Satellitenbeobachtung gestützten Prognosen versagen oft bei Zeithorizonten von mehr als einer Woche. Ebenso einig ist man sich aber auch darin, dass die viel bemühten „Bauernregeln" nicht einfach als abergläubischer Humbug abgetan werden dürfen, sondern „von aufmerksamer laufender Beobachtung der Wettervorgänge durch unsere Vorfahren (zeugen), die deren Ergebnisse in kurzen Sprüchen prägnantester Ausdruckskraft zusammengefasst haben."[18] Kurzfristige Wetterprognosen aufgrund von Beobachtungen der natürlichen Umwelt besitzen eine erstaunlich hohe Treffsicherheit. Und gleiches gilt für die so genannten „Singularitäten" wie Schafskälte, Hundstage oder Altweibersommer, wenn die damit verbundenen Prognosen nur auf die „richtige" Region Bezug nehmen und nicht pedantisch an bestimmten Tagen festgemacht werden.

Die Beobachtung des Luftdrucks, der Wolkenbilder, der Taubildung und anderer natürlicher Phänomene wird daher auch in modernen Lehrbüchern nach wie vor empfohlen. Daneben freilich hat sich ein ganzes System allgemeiner und spezifisch agrarmeteorologischer Beobachtungs- und Prognosesysteme entwickelt, die zumindest in Teilen heute von jedem Landwirt zu Rate gezogen werden. Beginnend mit telegraphisch versandten und in Schaukästen öffentlich ausgehängten Wetterkarten in der Kaiserzeit ging die Entwicklung über die allgemeinen Wetterdienste in Radio und Fernsehen zu immer konkreter auf die Informationsbedürfnisse der Landwirte abgestimmte Meldesysteme, die telefonisch, per Faxabruf und in neuester Zeit gratis oder gegen Bezahlung online abrufbar sind.[19] Der Deutsche Wetterdienst bietet eine ganze Reihe von Informations- und Warndienstleistungen an. Diese reichen von der Einmalberatung für langfristige Anbauentscheidungen, gestützt auf die Kartierung agrarwirtschaftlich relevanter Parameter wie die Spätfrostgefahr oder die zur Verfügung stehenden Feldarbeitstage (für Bodentrocknungsheu, verschiedene Silageformen, Mähdreschereinsatz usw.), über regelmäßige Angebote wie die Beregnungsberatung, den Phytophtora- oder den Waldbrand-Warndienst bis hin zu tagesaktuellen Witterungsvorhersagen mit agrarmeteorologischen Hinweisen wie Bodenbefahrbarkeit, Bodentemperaturen, Erntebedingungen etc.[20] Es sind gerade solche spezifischen Auskünfte, die den Landwirt in die Lage setzen, die Chancen einer günstigen Witterung auszunutzen und drohenden Gefahren rechtzeitig zu begegnen. So wird der Kartoffel-Bauer, um ein Beispiel zu nennen, nicht nur darüber informiert, ob und wann der Phytophtora-Pilz seine Kulturen gefährdet, er kann über die tägliche Prognose zur Dauer der Blattfeuchte auch den günstigsten Termin für eine effektive Spritzung ableiten.

Die Intensität, mit der die Bauern das Wettergeschehen beobachten und nach verlässlichen Prognosen für dessen künftigen Verlauf suchen, spricht eine deutliche Sprache. Ja, die Landwirtschaft ist heute nicht mehr so krisenanfällig gegenüber Klima und Wetter wie noch vor hundert Jahren, sie hat sich ein Stück weit aus alten Abhängigkeiten befreit, wenn auch oft mit erheblichem energetischen Kraftaufwand. Chemische Pflanzenschutzmittel helfen, die durch das Wetter begünstigte Ausbreitung von Krankheiten und Schädlingen zu verhindern. Be- und Entwässerungssysteme und Düngung helfen den Pflanzen, dem Stress widriger Witterungsbedingungen Stand zu halten. Die Züchtung liefert dem Landwirt Sorten, die kürzere Wachstumszeiten benötigen und von größerer Widerstandskraft sind. Schlagkräftige Maschinen und moderne Methoden zur Trocknung und Lagerung von Erntegut helfen in hohem Maße, Ernte- und Lagerverluste zu vermeiden. Und die moderne Wetterprognose verschafft dem heutigen Landwirt gegenüber seinen Vorfahren einen unschätzbaren Vorsprung, wenn es darum geht, Wetterchancen auszunutzen und witterungsbedingten Verlusten vorzubeugen.

Und dennoch: Das Wetter ist und bleibt ein großes Thema für die Landwirtschaft. Verlässliche Prognosen von mehr als einer Woche sind auch heute kaum möglich. Und mag auch die Unbeständigkeit der Witterung auf heutigem Ertragsniveau in Europa keine wirklich gravierenden Auswirkungen auf die Sicherheit der Nahrungsversorgung mehr haben, weil ein weltweiter Austausch selbst bei schwerwiegenden Ernteausfällen in einzelnen Regionen ausgeglichen werden kann – aus der Perspektive ärmerer Länder und ihrer Bevölkerung stellt sich das Problem anders dar. Und auch für den einzelnen Landwirt ist das Risiko von Missernten trotz aller Fortschritte nicht aus der Welt geschafft. Die meisten Bauern wirtschaften heute auf einem hohen Spezialisierungsgrad, der sie anfällig macht für einzelne Wetterereignisse, und viele von ihnen arbeiten auf einem schmalen Pfad der Wirtschaftlichkeit, weshalb auch schon Ertragseinbußen, von denen der Verbraucher kaum etwas bemerkt, seinen Betrieb unter die Rentabilitätsgrenze drücken kann.

Die elementare Bedingtheit bleibt unauflösbar. Licht und Luft, Wasser und Wärme sind nach wie vor die unverzichtbaren Grundbedingungen pflanzlichen Lebens und somit landwirtschaftlicher Kultur. Sich der Unbeständigkeit dieser Grundparameter im Sinne einer Ertragsoptimierung und Risikominimierung anzupassen, auch auf längerfristig wirksame Veränderungen passende Antworten zu finden, war und bleibt eine zentrale Herausforderung für jede bäuerliche Generation.

Literatur

Das Donaumoos bei Neuburg a.d.Donau. Sonderdruck aus dem „Neuburger Kollektaneenblatt" 130 (1977)

Der Jungbauer. Ein Lehr- und Arbeitsbuch. 5. Aufl. München, Basel, Wien 1966

Die Landwirtschaft. Lehrbuch für landwirtschaftliche Schulen. Handbuch für den praktischen Landwirt. Band 1, 3. Aufl. München, Bonn, Wien 1958; Band 2, 1. Aufl. 1951

Behringer, Wolfgang. Kulturgeschichte des Klimas. Von der Eiszeit bis zur globalen Erwärmung. 2. Aufl. München 2007

von Eimern, Josef und Hans Häckel. Wetter- und Klimakunde. Ein Lehrbuch der Agrarmeteorologie. 4. Aufl. Stuttgart 1984

Glaser, Rüdiger. Klimageschichte Mitteleuropas. Darmstadt 2008

Henkel, Gerhard. Das Dorf. Landleben in Deutschland – gestern und heute. Stuttgart 2012

Kiermayr-Bühn, Susanne. Leben mit dem Wetter. Klima, Alltag und Katastrophe in Süddeutschland seit 1600. Darmstadt 2009

Schneider, Johannes (Hrsg.). Praktisches Handbuch der Landwirtschaft. Reutlingen (o.J., um 1925)

Strotdrees, Gishert. Höfe, Bauern, Hungerjahre. Aus der Geschichte der Westfälischen Landwirtschaft, 1890–1950. Münster-Hiltrup 1991

Anmerkungen

1 Die Landwirtschaft, Bd. 1, S. 192
2 Nicht die in letzter Zeit viel diskutierte lange Perspektive mit Blick auf die klimatischen Schwankungen seit dem frühen Mittelalter (Stichwort „Kleine Eiszeit") steht hier also im Fokus. Zu diesem Thema sei auf die in den letzten Jahren rasant gewachsene einschlägige Literatur verwiesen, z.B. Behringer, Glaser, Kiermayr-Bühn.
3 Wintergetreide kann Frost von -15° C (Wintergerste) bis -25° C (Winterroggen) ertragen. Diese und weitere wertvolle Fachauskünfte verdanke ich Herrn Landwirtschaftsamtsrat Heinz Zacherl vom Amt für Ernährung, Landwirtschaft und Forsten in Ingolstadt.
4 z.B. Lehrbuch 1, S. 30
5 Ein „Handbuch der Landwirtschaft" aus den 1920er Jahren fasst es prägnant in Worte: „wie ‚das Tier ein Produkt der Scholle ist', so ist der Boden ein Produkt des Klimas. So kann der fruchtbarste Boden seine Kräfte unter einem trockenen Klima nicht entfalten, während der Sandboden in feuchter Lage noch leidliche Erträge bringen kann." (S. 684)
6 Ausführlich zu den Praktiken der Wetterbeeinflussung in Magie und Volksglauben der Beitrag von Groschwitz im vorliegenden Band
7 Wie entscheidend in Jahren mit Trockenheit sich die künstliche Beregnung auswirken kann, zeigt das Beispiel der Zuckerrüben, bei der bis zu dreimal höhere Erträge gemessen wurden (von Eimern, Häckel (1984), S. 227 f.).
8 von Eimern, Häckel (1984), S. 197–211; Kiermayr-Bühn (2009, S. 123–125) berichtet von einem Versuch im württembergischen Taubertal, eine Weinberganlage mit Tausenden kleiner Ölöfen vor Spätfrösten zu schützen. Der Versuch wurde am Ende aufgegeben und ist ein anschaulicher Beleg dafür, wie aufwändig schon die Beeinflussung eines einzigen Wetterphänomens auf kleinster Fläche ist.
9 Bei Anlegung eines groben Rasters lassen sich in Bayern vier Klimazonen unterscheiden, mit deutlichen Unterschieden bei Niederschlägen, Durchschnittstemperaturen, Wachstumstagen und auch bei den Hauptnutzungen, vom Gebirgsklima über das Voralpen- und Mittelgebirgsklima, das Flachlandklima bis zum Weinklima der Mainregion (Die Landwirtschaft, Band 2, S. 768 f.).

10 Vgl. insbesondere Glaser (2011) und Behringer (2007)
11 Das Donaumoos, S. 153 ff. Dann freilich wurde der Segen zum Fluch. Ein übertriebcn cinseitiger Kartoffelbau führte seit den 1950er Jahren zu einem immer schwerer beherrschbaren Befall mit Nematoden. Die Versuche, diesen tierischen Profiteuren einer verfehlten Fruchtfolge durch Züchtung resistenter Sorten und Umstellungen bei der Fruchtfolge Einhalt zu gebieten, blieben erfolglos. (A.a.O., S. 160 ff.) Übrigens spielte auch hierbei wieder der Moorboden in Kombination mit dem Klima eine besondere Rolle: Erschwert wurde die Nematodenbekämpfung dadurch, dass die als Ernterückstände im Boden verbliebenen Knollen vom isolierenden Moorboden vor dem Erfrieren bewahrt wurden und sich die Nematoden somit weiter vermehren konnten. Wegen der Nematodenverseuchung des Bodens ist die Saatkartoffelvermehrung im Donaumoos bis zum heutigen Tag fast völlig zusammengebrochen, bzw. sie wurde in die angrenzenden Landstriche ausgelagert. (Auskunft Herr Zacherl, Amt für Ernährung, Landwirtschaft und Forsten Ingolstadt)
12 Man begegnete dem Problem früher dadurch, dass man Rüben- und Krautpflanzen in Hofnähe, im „Kraut-" oder „Pflanzgarten", vorgezogen hat. Hier konnte man notfalls wässern. Erst wenn die Pflänzchen eine entsprechende Größe erreicht hatten und Regen das passende Pflanzwetter anzeigte, wurden sie ins Ackerbeet versetzt („Pflanzen stoßen"). Vgl. etwa die Aufzeichnungen Blasius Nißl im Stadtarchiv Ingolstadt (A 7405).
13 Gefahr besteht vor allem nach zwischenzeitlichen Tauperioden oder wenn die Pflanzen nicht genügend abgehärtet sind, wie im Winter 2011/2012, als nach einem bis dahin ausgesprochen milden Verlauf im Februar Kälte einfiel, der vereinzelt sogar sonst winterharte Obstbäume zum Opfer fielen.
14 Wirtschaftstagebuch des Blasius Nißl (1923–1953), Privatbesitz
15 Dass der ein oder andere Landwirt sich angesichts solch scheinbar unbegrenzter Freiheit dazu verleiten lässt, mit seinen PS-Riesen die Äcker auch zur Unzeit zu befahren und zu verdichten (mit anderen Worten: eine nach wie vor gültige Wetterabhängigkeit der Bodenbewirtschaftung zu missachten) steht auf einem anderen Blatt.
16 Für den Verbraucher hätte eine solche Delle erst Konsequenzen, wenn sie in einem größeren Produktionsgebiet auftritt. Die finanziellen Einbußen für den einzelnen Landwirt sollen damit nicht bagatellisiert werden, zumal durchaus die Erträge einzelner Kulturen regional auch heute noch wesentlich stärker einbrechen können. Nach Auskunft des Deutschen Bauernverbandes mussten die Bauern in Schleswig-Holstein im Betriebsjahr 2011/2012 wegen des verregneten Sommers, der die Felder lange Zeit unter Wasser setzte, Ertragseinbußen von gut einem Viertel hinnehmen. (Donaukurier vom 6.12.2012, S. 7)
17 Glaser (2008), S. 16
18 Lehrbuch I (1958), S. 193. Bei der Deutung von Bauernregeln ist die zehntägige Zeitverschiebung durch die Kalenderreform von 1582 zu berücksichtigen und es ist darauf zu achten, ob die Regel ursprünglich für die Region entwickelt wurde, wo sie heute verbreitet ist.
19 Innerhalb der Wetterkunde hat sich die Agrarmeteorologie als eigenständiger Forschungszweig herausgebildet. In Bayern bestehen agrarmeteorologische Dienststellen in Würzburg und Weihenstephan. Zum Beginn der amtlichen Wettervorhersagen in Westfalen vgl. Strotdrees (1991), S. 26 f.: „Das Wetter kam per Drahtbericht"
20 von Eimern, Häckel (1984), S. 224–234

Regionale Dimension des Klimawandels in Bayern und Unterfranken

von Heiko Paeth

Globaler Klimawandel

Der Mensch steht schon lange im Verdacht, durch seine mannigfaltigen Aktivitäten das Klima der Erde nachhaltig zu beeinflussen. Neben den Veränderungen der Landoberfläche, z.B. durch Landwirtschaft, Bergbau, Siedlungsbau und Ausdehnung der Verkehrsinfrastruktur, kommt der Verbrennung von fossilen Energieträgern eine zentrale Rolle zu. Denn bei der Verbrennung von Kohle, Öl und Erdgas werden Kohlendioxid und einige andere Gase freigesetzt, die in der Atmosphäre als Spurengase vorkommen und den so genannten Treibhauseffekt verstärken. Der Treibhauseffekt ist ein Charakteristikum des irdischen Strahlungshaushaltes und bewirkt durch die Rückstrahlung der langwelligen Ausstrahlung von der Erdoberfläche eine Erwärmung der bodennahen Erdatmosphäre. Die Stärke dieser Treibhauswirkung hat auch ohne das Zutun des Menschen erdgeschichtlich geschwankt. Seit Beginn der Industrialisierung in der zweiten Hälfte des 19. Jahrhunderts hat sich die atmosphärische Treibhausgaskonzentration jedoch um fast 40 % erhöht – schneller als je zuvor in den vergangenen Jahrmillionen. In der Theorie sollte dadurch eine merkliche Erwärmung des bodennahen Erdklimas ausgelöst werden.
Seitens der Beobachtungsdaten liegen inzwischen tatsächlich einige Indizien vor, die mit unserer physikalischen Vorstellung eines anthropogen – also vom Menschen verursachten – verstärkten Treibhauseffektes übereinstimmen. Dies gilt insbesondere für die Entwicklung der bodennahen Temperatur seit Beginn der Industrialisierung im 19. Jahrhundert und gipfelt in dem markanten Erwärmungstrend seit ca. 1970. Ein weniger eindeutiges Bild zeichnet sich beim beobachteten Niederschlag oder gar bei den Extremereignissen ab. Deshalb soll in diesem Beitrag auch bei den Klimamodellprojektionen auf die bodennahe Temperatur als robuste Nachweisvariable der anthropogenen Klimabeeinflussung abgezielt werden (IPCC 2007).

Abb. 1: Natürliche und anthropogene Einflussfaktoren im irdischen Klimasystem. [Quelle: Paeth 2009]

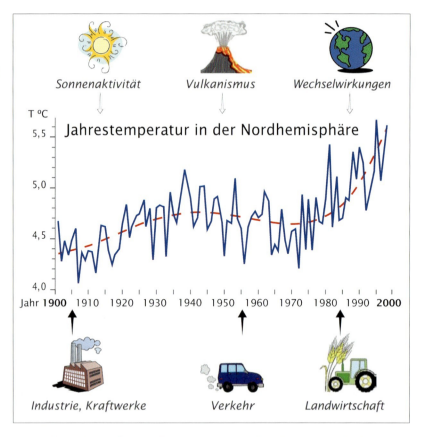

Anhand des beobachteten Temperaturbefundes lässt sich jedoch keinesfalls eindeutig auf eine anthropogene Verursachung schließen. Der Grund ist, dass die oben genannten klimarelevanten menschlichen Aktivitäten im irdischen Klimasystem mit diversen natürlichen Einflussfaktoren und internen Wechselwirkungen konkurrieren (Abb. 1). So kann beispielsweise auch erhöhte Sonnenaktivität zu einem Temperaturanstieg führen und dabei ein räumliches Muster anregen, welches nach gegenwärtigem Kenntnisstand mit der treibhausgasbedingten Erwärmung kongruent ist (Schönwiese 1995).

Es ist grundsätzlich unmöglich, in einem komplexen nichtlinearen System beobachtete Phänomene einem bestimmten Einflussfaktor mit Sicherheit zuzuschreiben. Dies gilt geradezu paradigmatisch auch für die beobachtete rezente Erwärmung und den mutmaßlichen anthropogen verstärkten Treibhauseffekt. Das klassische naturwissenschaftliche Laborexperiment würde nun darin bestehen, die Realität ohne den fraglichen Einflussfaktor oder unter Ausschluss aller konkurrierenden Einflussgrößen nachzubilden. Da dies offensichtlich beim irdischen Klimasystem nicht praktikabel ist, kommt mit der Klimamodellierung nun eine interessante, eigentlich unumgängliche Option ins Spiel.

Die physikalischen, chemischen und biologischen Prozesse im Klimasystem gehorchen bestimmten Gesetzmäßigkeiten, die sich in Form von Differentialgleichungen ausdrücken lassen. In diskretisierter Form erlauben diese Gleichungen die Berechnung klimatischer Zustandsgrößen für bestimmte Gebietseinheiten und aufeinander folgende Zeitpunkte. Dabei werden im Idealfall alle Komponenten des Klimasystems sowie deren Interaktionen berücksichtigt. In diesem Fall spricht man von einem so genannten Erdsystemmodell. Zumindest die Atmosphäre, Hydrosphäre, Pedosphäre und Kryosphäre werden in aktuellen Zirkulationsmodellen (General Circulation Models, GCMs) aneinander gekoppelt und erlauben eine Fortschreibung des simulierten Klimas in die Zukunft. Neueste Modellversionen modellieren auch eine dynamische Biosphäre, wohingegen die Lithosphäre auf den betrachteten Zeitskalen von Jahren bis Jahrtausenden als konstant angenommen werden kann. Das resultierende, äußerst komplexe Gleichungssystem wird als Computerprogramm umgesetzt und auf einem Großrechner zeitlich integriert.

Ein Nachteil der Klimamodelle liegt in ihrer unzureichenden Komplexität begründet. Diese resultiert zum einen aus den unberücksichtigten und teilweise noch unverstandenen Mechanismen und Wechselwirkungen im irdischen Klimasystem. Zum anderen bewirkt die diskrete Auflösung im Raum, dass zahlreiche Prozesse in Atmosphäre und Ozean nicht explizit abgebildet werden. Das gilt beispielsweise für die Strahlung, die Turbulenz, die Konvektion, die Wolkenmikrophysik und die Niederschlagsbildung. Da diese subskaligen Vorgänge aber eine nicht zu vernachlässigende Bedeutung für die Verteilung der klimatischen Zustandsgrößen auf allen Maßstabsebenen besitzen, werden sie durch so genannte Parametrisierungen angenähert. Dabei kommen empirische Parameter zur Anwendung, die aus Messkampagnen und Laborexperimenten abgeleitet wurden und somit einer gewissen (Mess-)Ungenauigkeit und mangelnden Repräsentanz unterliegen. Hinzu kommt, dass eine Klimamodellsimulation einen dreidimensionalen Anfangszustand für alle berücksichtigten Komponenten benötigt, welcher aber aufgrund der lückenhaften Beobachtungsnetze niemals exakt bekannt ist. Beide Unsicherheitsfaktoren – Parametrisierungen und Anfangsbedingungen – haben dazu geführt, dass zeitgemäße Klimaänderungsstudien niemals auf eine einzelne Klimasimulation zurückgreifen, sondern mehrere Simulationen mit unterschiedlichen Anfangsbedingungen jeweils von verschiedenen Klimamodellen mit leicht unterschiedlichen Parametrisierungen und Auflösungen betrachten (Paeth und Hense 2002, Paeth et al. 2008a).

Ein weiterer Vorteil der Klimamodellierung besteht in der Selektion bzw. dem Ausschluss von Einflussfaktoren. Im Zusammenhang mit dem anthropogenen Klimawandel werden so genannte Emissionsszenarien verwendet, die Annahmen über die zukünftige demographische, sozioökonomische und technologische Entwicklung der Menschheit machen und daraus resultierende Treibhausgasemissionen und -konzentrationen berechnen (Nakicenovic und Swart 2000).

Alle gegenwärtigen Klimamodellexperimente zeigen eine Erwärmung an, deren Ausmaß proportional zur Stärke des Treibhausgasanstieges ausfällt. Selbst im Falle konstanter CO_2-Konzentrationen auf dem Niveau von 2000 – gleichbedeutend mit dem sofortigen Erliegen aller klimarelevanter menschlicher Aktivitäten – würde sich wegen der langen Verweilzeit atmosphärischer Spurengase und der verzögernden Wirkung der Ozeane eine Temperaturerhöhung um weitere 0,5° C ergeben. Im ungünstigsten Fall könnte die globale Erwärmung bis zum Jahre 2100 6,4° C gegenüber heute betragen. Entgegen der Vorstellung von einem räumlich homogenen Treibhausgasanstieg präsentiert sich das Muster der bodennahen Erwärmung regional sehr unterschiedlich. Allgemein erwärmen sich die Kontinente aufgrund der geringeren Wärmekapazität stärker als die Ozeane. Der maximale Temperaturanstieg wird wohl in der Arktis eintreten mit bis zu 7° C in 100 Jahren, begünstigt durch die Eis-Albedo Rückkopplung infolge des Abschmelzens des nordpolaren Meereises und eines Rückgangs der winterlichen Schneedecke.

Die anthropogene Klimabeeinflussung schlägt sich auch in anderen Klimavariablen wie z.B. dem Niederschlag, der Zirkulation und dem Meeresspiegel nieder (IPCC 2007), bei denen jedoch allgemein größere Modellunterschiede auftreten als bei der Temperatur. Die Niederschläge nehmen allgemein zu, in den auch unter heutigen Klimabedingungen trockenen Subtropen hingegen ab, was in den betroffenen Regionen zu einer Verschärfung von Grenzkonflikten um Wasserverfügbarkeit führen könnte. Bei der atmosphärischen Zirkulation zeichnet sich eine Intensivierung der Westwinddrift ab (Paeth und Pollinger 2010), wohingegen die Reaktion tropischer Wirbelstürme keine klare Tendenz aufweist. Der Meeresspiegelanstieg wird mit 20 cm bis maximal 60 cm bis 2100 noch verhältnismäßig moderat ausfallen.

Das Nachweisproblem

Mit den beobachteten Indizien und den Ergebnissen der Klimamodelle spricht einiges für die Hypothese des anthropogenen Klimawandels. Entscheidend ist jedoch, Beobachtungsdaten und Klimamodellprojektionen zusammenzubringen und eine Wahrscheinlichkeitsaussage darüber zu treffen, inwiefern die Trends im realen Klimasystem noch mit der natürlichen Variabilität vereinbar oder bereits Indikator eines treibhausgasbedingten veränderten Klimazustandes sind (Paeth et al. 2008b). Dabei besteht das Hauptproblem darin, die natürliche Variabilität des warmzeitlichen Klimas zu bestimmen. Diese kann direkt nur aus Messdaten abgeleitet werden, die erst seit Mitte des 19. Jahrhunderts vereinzelt vor-

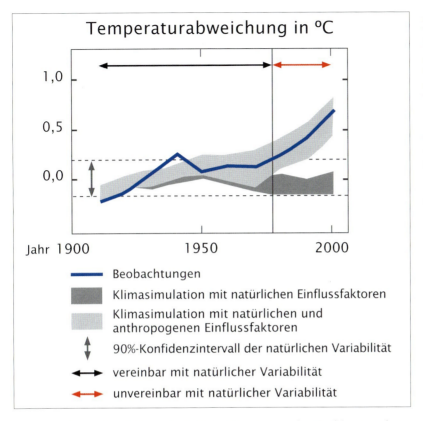

Abb. 2: Beobachtete und simulierte Zeitreihe der global gemittelten bodennahen Temperaturabweichungen vom Mittelwert 1901–1950 und Unsicherheitsbereiche über verschiedene Klimamodellsimulationen mit bzw. ohne anthropogene Einflussfaktoren. [Quelle: Paeth 2009]

liegen und somit wohl bereits dem Einfluss steigender Treibhausgaskonzentrationen unterlagen (Paeth und Hense 2001).

Inzwischen stehen Abschätzungen der natürlichen Variabilität auch in Form von Klimamodellsimulationen zur Verfügung, bei denen natürliche Einflussgrößen wie Sonnenaktivität und Vulkanausbrüche sowie die internen Wechselwirkungen Berücksichtigung finden (IPCC 2007). Vergleicht man diese Simulationen mit der beobachteten global gemittelten Temperaturzeitreihe im 20. Jahrhundert, wird deutlich, dass die beobachtete Temperatur seit Mitte der 1970er Jahre außerhalb des 90 %-Konfidenzintervalls der simulierten natürlichen Variabilität liegt (Abb. 2). Nun könnte man argumentieren, dass die Klimamodelle die Amplituden der natürlichen Variabilität unterschätzen. Wenn jedoch in den gleichen Klimamodellen neben den natürlichen auch die anthropogenen Einflussfaktoren wie Treibhausgas- und Aerosolemissionen einbezogen werden, lässt sich die beobachtete Temperaturentwicklung fast perfekt reproduzieren. Aus diesem ganz zentralen Ergebnis der aktuellen Klimaänderungsforschung lassen sich zwei sehr wichtige Schlussfolgerungen ableiten: Zum einen haben Klimamodelle eine sehr hohe Verlässlichkeit hinsichtlich der Simulation der globalen Temperaturentwicklung erreicht. Zum anderen ist die beobachtete Temperaturentwicklung seit ca. 1975 nur noch mit einer

Wahrscheinlichkeit von 10 bzw. 5 % – je nach statistischer Hypothesenformulierung – vereinbar mit der natürlichen Klimavariabilität. Da sie unter Einbezug anthropogener Einflussfaktoren jedoch sehr wohl nachvollzogen werden kann, ist der Einfluss des Menschen auf die rezente Erwärmung nachgewiesen, allerdings mit einer Irrtumswahrscheinlichkeit von 10 bzw. 5 %. Dies ist der Spielraum, den die Klimaforschung den so genannten Klimaskeptikern, die eine anthropogene Klimabeeinflussung bezweifeln, einräumt.

Nun drängt sich die Frage auf, ob eine Irrtumswahrscheinlichkeit von 5 bis 10 % hinreichend gering ist, um die teuren Anstrengungen im internationalen Klimaschutz zu unternehmen. Diese Entscheidung findet auf der normativen Ebene statt und kann von der Klimaforschung alleine nicht vorgegeben werden. Es hilft vielleicht ein Vergleich mit Irrtumswahrscheinlichkeiten, die typischerweise mit anderen nachhaltigen Entscheidungen in unserem Leben verbunden sind (Tab. 1). Psychologen beziffern die Unsicherheiten bei zentralen Lebensentscheidungen wie Ausbildungs- und Berufswahl sowie große Anschaffungen auf ca. 20 % (Wendt 1966). Beim Heiraten in Deutschland gibt die aktuelle Statistik sogar eine Irrtumswahrscheinlichkeit von 51 % vor (Statistisches Bundesamt 2008). Dennoch entschließen Menschen sich zum Heiraten. Es ist offensichtlich, dass bei der Entscheidung zugunsten des Klimaschutzes eine vergleichsweise komfortable, wissenschaftlich fundierte Ausgangsbasis vorliegt. So verwundert es nicht, dass sich bereits in den 1990ern eine internationale Klimaschutzpolitik formiert hat, die in der Unterzeichnung und schließlich Ratifizierung des Kyoto-Protokolls ihren vorläufigen Höhepunkt fand. Das Kyoto-Protokoll sieht für die einzelnen Vertragsstaaten unterschiedliche Emissionsreduktions- bzw. Emissionsstabilisierungsziele vor (United Nations 1998), die sich bis 2012 weltweit auf einen Rückgang der Treibhausgasemissionen um 5,2 % gegenüber dem Referenzwert von 1990 belaufen sollen. Es ist zu beachten, dass damit noch kein Rückgang der atmosphärischen Treibhausgaskonzentration einhergeht.

Tab. 1: Charakteristische Irrtumswahrscheinlichkeiten bei wichtigen Entscheidungsprozessen im täglichen Leben in Deutschland. [Quelle: Paeth 2009]

	Klimaschutz	Berufswahl, Hauskauf	Heiraten in Deutschland
Irrtumswahrscheinlichkeit	<10 %	20 %	51 %

Regionaler Klimawandel in Mitteleuropa und Bayern

Seit einigen Jahren stehen hoch aufgelöste Klimaprojektionen für die Bundesrepublik Deutschland zur Verfügung, die mit dem regionalen Klimamodell REMO in einer horizontalen Auflösung von 10 km x 10 km durchgeführt wurden (Jacob et al. 2008). Auf dieser Skala lassen sich die

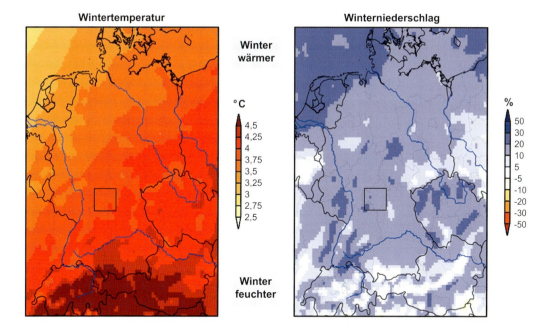

regionalen Ausprägungen und Auswirkungen des Klimawandels für diverse Prozesse und Systemkomponenten bereits zielführend abschätzen. Die Abbildungen 3 und 4 zeigen die Änderungen der Temperaturen und des Niederschlags im Winter und Sommer als Differenz zwischen den Zeiträumen 2071–2100 und 1971–2000. Sie gehen auf das A1B-Szenario zurück, welches im 21. Jahrhundert einen Mix aus fossilen und erneuerbaren Energieträgern in der Energiegewinnung vorsieht und häufig als mittleres Emissionsszenario der anthropogenen Klimabeeinflussung bezeichnet wird (Nakizenovic und Swart 2000).

Bei den Winterwerten zeichnet sich eine deutliche Erwärmung ab, die ihre stärkste Amplitude aufgrund der Eis/Schnee-Albedo-Rückkopplung in den Alpen erreicht (Abb. 3). Der dämpfende Einfluss der Meeresoberflächen offenbart sich hingegen in Norddeutschland. Die Winterniederschläge nehmen überall leicht zu und könnten die winterlichen Hochwassersituationen verschärfen. Für Bayern und Unterfranken ergibt sich somit ein milderes und feuchteres Winterklima. Mit Erwärmungsraten von über 3,5° C bis 2100 vollzieht sich der Temperaturanstieg unter diesem Szenario deutlich stärker als im globalen Mittel. Insofern präsentiert sich die Region durchaus als ein sog. *Hot Spot* des Klimawandels (vgl. Giorgi 2006). Gleiches gilt für die Sommerwerte (Abb. 4). Bei ungefähr gleichen Temperaturanstiegen ergibt sich nun jedoch ein deutlicher Rückgang der Sommerniederschläge um bis zu 30 %. Dies stellt insbesondere die Landwirtschaft und den Weinanbau in den ohnehin schon relativ trockenen Anbaugebieten Unterfrankens vor große Probleme. Diesen Einblicken in die regionale Dimension des Klimawandels in Mitteleuropa haftet jedoch

Abb. 3: Änderungen der Wintertemperatur und des Winterniederschlages in Mitteleuropa gemäß Emissionsszenario A1B im regionalen Klimamodell REMO als Differenz zwischen Zeiträumen 2071–2100 und 1971–2000. [Quelle: Jacob et al. 2008, verändert]

noch die Unsicherheit an, dass entgegen der Forderung nach Ensemble- und Multimodellensemblevorhersagen nur jeweils eine hoch aufgelöste Simulation mit dem regionalen Klimamodell REMO zur Verfügung steht.

Regionaler Klimawandel in Unterfranken

Die Klimaprojektionen lassen sich für Unterfranken noch weiter verfeinern. So stehen für das Maintal zwischen Volkach und Gemünden insgesamt 13 Messstationen für den Niederschlag und sieben für die bodennahe Temperatur zur Verfügung, die seit 1947 regelmäßig tägliche Werte liefern. Um das unterfränkische Weinbaugebiet als Ganzes zu repräsentieren und eine bessere Vergleichbarkeit mit den Klimamodelldaten zu erreichen, wurden die Stationsreihen zu einem regionalen Mittel aggregiert. Die Zukunftsperspektive des Klimas im Maintal wird wieder durch die REMO-Simulation unter dem A1B-Szenario abgebildet. Um die langfristigen Trends in den beobachteten und simulierten Zeitreihen zu bestimmen, wurde mittels nichtlinearer Regression ein Trendpolynom 2. Grades an jede Zeitreihe angepasst und mittels eines F-Tests auf statistische Signifikanz bzgl. verschiedener Irrtumswahrscheinlichkeiten überprüft.

Die beobachteten Temperaturzeitreihen sind in allen Jahreszeiten durch einen statistisch signifikanten, positiven Trend gekennzeichnet, der im Winter und Sommer besonders hoch ausfällt. So hat sich die Wintertemperatur im Maintal im Zeitraum 1947 bis 2007 um 1,4° C erhöht. Dies ist erheblich mehr als im globalen Durchschnitt, bei dem die Erwärmung im Bereich von 0,8° C innerhalb von 100 Jahren liegt (IPCC 2007). Es ist aber auch anzumerken, dass die Temperaturvariabilität von Jahr zu Jahr stark ausgeprägt ist, vor allem im Winter. Das regionale Klimamodell REMO reproduziert die beobachteten Temperaturmittelwerte im Überlappungszeitraum. Darüber hinaus zeichnet sich im Klimamodell in allen Jahreszeiten ein signifikanter Erwärmungstrend auf der langen Zeitskala ab, der mit der beobachteten Temperaturerhöhung weitgehend konsistent ist und bis zum Ende des 21. Jahrhunderts Erwärmungsraten um bis zu 5,2° C erreicht. Dies ist erheblich mehr als unter Annahme des A1B-Emissionsszenarios im globalen Mittel simuliert wird (IPCC 2007).

Für die saisonalen Niederschlagssummen zeigt sich ein etwas differenzierteres Bild: Im Winter war in den Beobachtungsdaten ein leichter Rückgang zu verzeichnen, welcher die leicht feuchteren Bedingungen in den Übergangsjahreszeiten kontrastiert und auch im Gegensatz zu den ansonsten leicht positiven Niederschlagstrends im Winter in Westdeutschland steht (Gerstengarbe und Werner 2006). Allerdings ist der Niederschlagsrückgang im Maintal nicht statistisch signifikant und sollte deshalb nicht überinterpretiert werden. Allgemein ist die interannuelle Variabilität im Niederschlag so groß, dass die beobachteten Niederschlagstrends in allen Jahreszeiten nicht signifikant sind. Dies gilt auch für den Sommer,

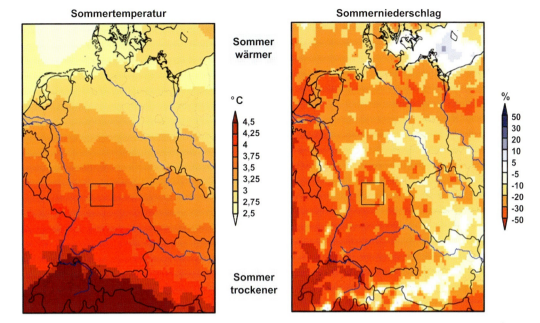

obwohl der Niederschlagsrückgang mit 35 mm bereits eine Größenordnung von über 18 % gegenüber dem langjährigen Mittelwert eingenommen hat. Der daraus resultierende Trockenstress während der sommerlichen Wachstumsphase der Weinreben hat bereits zu einem veränderten Bodenwassermanagement im Weinbau geführt (Bäcker et al., 2006; Jagoutz 2006). Bis zum Ende des 21. Jahrhunderts zeichnet sich unter der Vorgabe steigender Treibhausgaskonzentrationen eine weitere Abnahme des Sommerniederschlages ab, die bei einer Irrtumswahrscheinlichkeit von 1 % schließlich Werte im Bereich von über 34 % erreicht. Der damit verbundene sommerliche Trockenstress wird vermutlich – wie bereits von Stellmach (2006) vermutet – das zentrale Problem für den unterfränkischen Raum darstellen. Der sommerliche Niederschlagsrückgang wird auch nicht durch die leicht steigenden Niederschlagssummen im Winter und Frühjahr aufgefangen, die zudem auch im Klimamodell nicht statistisch signifikant sind.

Weiterhin von großer Bedeutung für die Klimafolgenforschung sind Veränderungen in der Eintrittshäufigkeit und Intensität von thermischen und hygrischen Extremereignissen wie Hitzewellen, Kältewellen und Starkniederschlägen (Easterling et al. 2000; Quiquerez et al. 2008). Abb. 5 enthält Zählstatistiken warmer und kalter Temperaturextreme auf der Grundlage von drei langjährig tätigen Messstationen in Unterfranken, die seit 1947 weitgehend lückenlos tägliche Werte bereitstellen. Die Modellzeitreihen beziehen sich wiederum auf die nächstgelegenen Modellgitterboxen. Als Kriterium für ein warmes bzw. kaltes Extremereignis wurde eine Eintrittswahrscheinlichkeit von 1:365 definiert. Dies entspricht statistisch

Abb. 4: Änderungen der Sommertemperatur und des Sommerniederschlages in Mitteleuropa gemäß Emissionsszenario A1B im regionalen Klimamodell REMO als Differenz zwischen Zeiträumen 2071–2100 und 1971–2000. [Quelle: Jacob et al. 2008, verändert]

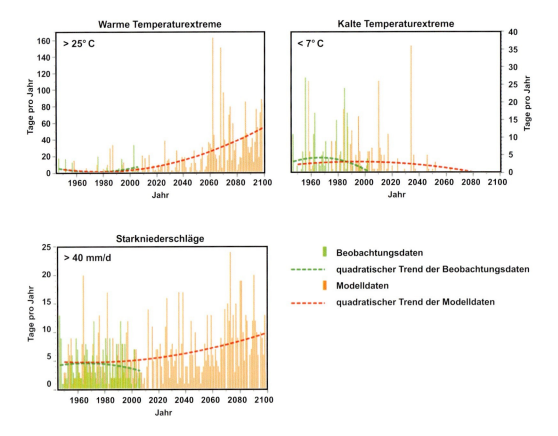

Abb. 5: Zeitreihen der beobachteten und simulierten Häufigkeit von warmen und kalten Temperaturextremen sowie von Starkniederschlägen in Unterfranken mit geschätztem Trendpolynom 2. Grades. Zur Definition der Extreme siehe Text. [Quelle: Rauh und Paeth 2011, verändert]

gesehen dem wärmsten bzw. kältesten Tag pro Jahr. Die entsprechenden Schwellenwerte der Beobachtungsdaten liegen für Kaltextreme um -11° C und für Warmextreme bei ca. 25,5° C. Diese Schwellenwerte werden mit sehr großer Genauigkeit vom Klimamodell reproduziert, was darauf hindeutet, dass topographische Unterschiede zwischen Modellgitterboxen und Messstationen angesichts der hohen Modellauflösung in Unterfranken keine große Rolle spielen. Die Zählstatistik beinhaltet für jedes Jahr jeweils kumulative Werte über die drei Stationen bzw. Modellgitterboxen. Im Hinblick auf die warmen Temperaturextreme liegt in den Beobachtungsdaten eine Zunahme von +2 Tagen pro Jahr vor. Diese Tendenz wird maßgeblich – aber nicht nur – durch den Hitzesommer 2003 geprägt. Sie ist jedoch statistisch nicht signifikant. Die Klimamodellprojektion hingegen offenbart eine bemerkenswerte Zunahme der Hitzetage bis zum Jahr 2100. Im Mittel werden am Ende des 21. Jahrhunderts 50 Hitzetage pro Jahr mehr zu verzeichnen sein als heute. Diese Entwicklung ist allgemein für die Lebensbedingungen in Unterfranken mit großer Besorgnis zu betrachten. Bei den Kaltextremen zeichnet sich hingegen eine gegenläufige Entwicklung ab, allerdings mit geringerer Amplitude: Im Mittel wurden in der Vergangenheit und werden in der Zukunft pro Jahr ca. vier Kältetage

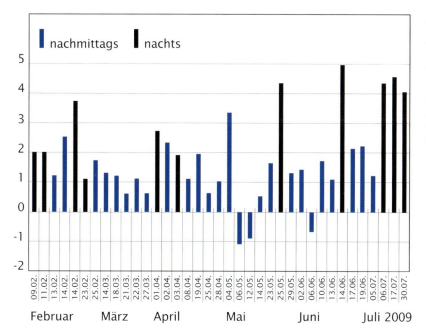

Abb. 6: Intensität der städtischen Wärmeinsel (= T Innenstadt − T Umland) in Würzburg für verschiedene Messtage im Jahr 2009. [Quelle: eigene Messungen und Darstellung]

weniger gemessen. Diese Entwicklung hat z.B. direkte Auswirkungen auf den Eiswein, der vor allem im Herbst und Frühwinter tiefe Temperaturen benötigt. Hinzu kommen vermutlich indirekte Effekte wie die erhöhte Überlebenswahrscheinlichkeit von Schädlingen, die allerdings gegenwärtig noch nicht sicher abgeschätzt werden können (Petgen 2007).

Veränderungen in der Eintrittshäufigkeit von Starkniederschlägen sind ebenfalls der Abb. 5 zu entnehmen. Auch hier wird eine Wahrscheinlichkeit von 1:365 als oberer Schwellwert definiert. Allerdings bezieht sich die Zählstatistik nun auf neun Messstationen mit fast lückenloser Datenverfügbarkeit bzw. neun Modellgitterboxen. Je nach Messstation variieren die Schwellenwerte zwischen 30 und 50 mm Niederschlag pro Tag. Erstaunlicherweise werden diese Werte auch von REMO simuliert. Es ist wohl der hohen horizontalen Auflösung in REMO geschuldet, dass die typische Unterschätzung von Niederschlagsextremen durch Klimamodelle (Easterling et al. 2000; Zolina et al. 2004) bei der hier vorliegenden Klimamodellsimulation nicht auftritt. In den Beobachtungsdaten ist zwar eine leichte Abnahme im Auftreten von Starkniederschlägen zu erkennen. Diese tritt jedoch kaum vor dem Hintergrund der starken interannuellen Variabilität hervor und ist demzufolge nicht statistisch signifikant. Es lässt sich aber auch keine Tendenz zur Zunahme feststellen, wie in der Wahrnehmung vieler Akteure in der unterfränkischen Landwirtschaft und im Weinbau manchmal verlautbart. Im Klimamodell ergibt sich hingegen eine statistisch signifikante Zunahme um ca. fünf Tage pro Jahr bis zum Ende des 21. Jahrhunderts. Damit liegt unter der Vorgabe des A1B-Szenarios eine denkbar ungünstige Situation für den unterfränkischen Weinbau vor: Die Sommerniederschläge gehen allgemein zurück und gleichzeitig verschiebt sich die Verteilung täglicher Niederschläge hin zu häufigeren Extremereignissen. Starkniederschläge sind mit erhöhter Erosion und Bodendegradation verbunden (Brenot et al. 2008; Quiquerez et al. 2008) und können erhebliche ökonomische Folgeschäden auf landwirtschaftlichen Nutzflächen und im Weinberg verursachen (Martínez-Casasnovas und Ramos 2006). Zum Abschluss soll ein weiteres regionales Phänomen diskutiert werden, das unabhängig von den Treibhausgasemissionen eine Komponente der anthropogenen Klimabeeinflussung darstellt und im Zuge des übergeordneten Klimawandels eine zusätzliche Verschärfung erfahren wird (McCarthy et al. 2010). Es handelt sich um die städtische Wärmeinsel in Würzburg, die aus Strahlungseffekten an Gebäuden, Barrieren für die dynamischen Austauschprozesse und Wärmeemissionen resultiert (Yang et al. 2011). Sie ist vor allem in Sommernächten unter dem Einfluss von austauscharmen Strahlungswetterlagen ausgeprägt und kann Wärmeinseleffekte bis zu 5° C gegenüber dem Umland erreichen (Abb. 6), wobei die Temperaturwerte in der Kessellage der Würzburger Innenstadt bereits höhenkorrigiert wurden. In Kombination mit einem zukünftigen sommerlichen Temperaturanstieg von bis zu 5° C in Unterfranken (s.o.) zeichnen sich hier nicht zu unterschätzende Probleme für die Hitzebelastung der Würzburger Stadtbewohner ab, die vorwiegend in schlecht isolierten Nachkriegsbauten wohnen. Zudem wird der Anteil älterer Menschen, die unter dem Hitzestress besonders leiden, im Zuge des demographischen Wandels stetig zunehmen.

Fazit

Die abschließende Frage lautet, wie es nun angesichts der klaren Indizien für einen anthropogenen Klimawandel und des zögerlichen Verhaltens im internationalen Klimaschutz weiter geht. Offenbar ist die globale Erwärmung nicht mehr zu verhindern. Unsere Anstrengungen im Klimaschutz können also nur noch auf das Ausmaß der Erwärmung Einfluss nehmen. Im Hinblick auf die vielen möglichen Folgen der Klimaänderung ist es schwierig festzulegen, welche zukünftige Erwärmungsrate noch tolerierbar wäre. Modellergebnisse deuten jedoch darauf hin, dass die Gesamterwärmung seit Beginn der Industrialisierung 2° C (1,2° C gegenüber heute) nicht überschreiten sollte, damit das grönländische Eisschild langfristig stabil und uns ein dramatischer Meeresspiegelanstieg im Bereich von bis zu 7 m erspart bleibt (Hansen et al. 2006). Ohnehin wird die unvermeidliche Erwärmung neben der Prävention in Form des Emissionsschutzes und der Kohlenstoffspeicherung auch Anpassungsmaßnahmen in allen Lebensbereichen nach sich ziehen (Pielke et al. 2007, Settle et al.

2007). Der anthropogene Klimawandel wird die Menschheit vor große gesellschaftliche Herausforderungen stellen. Die zukünftigen Herausforderungen der Klimamodellierung werden darin bestehen, die regionale Dimension der zukünftigen Klimaänderungen noch genauer abzubilden (Jacob et al. 2008) sowie die Szenarien der anthropogenen Klimabeeinflussung um die Landnutzungsänderungen (Feddema et al. 2005) und diversen Aerosoleffekte (Feichter et al. 2004) zu erweitern und in Erdsystemmodellen zu implementieren.

Literatur

Bäcker, G., B. Steinberg und G. Mosch (2006): Tröpfchenbewässerungssysteme – ausgereifte Technik setzt sich durch. Deutsches Weinbau-Jahrbuch 57, 50–60

Brenot, J., A. Quiquerez, C. Petit und J.P. Garcia (2008): Erosion rates and sediment budgets in vineyards at 1-m resolution based on stock unearthing (Burgundy, France). Geomorphology 100, 345–355

Easterling, D.R., G.A. Meehl, C. Parmesan, S.A. Changnon, T.R. Karl und L.O. Mearns (2000): Climate extremes: observations, modeling, and impacts. Science 289, 2068–2074

Feddema, J.J., K.W. Oleson, G.B. Bonan, L.O. Mearns, L.E. Buja, G.A. Meehl und W.M. Washington (2005): The importance of land-cover change in simulating future climates. Science 310, 1674–1678

Feichter, J., E. Roeckner, U. Lohmann und B.G. Liepert (2006): Nonlinear aspects of the climate response to greenhouse gas and aerosol forcing. Journal of Climate 17 (2004), 2384–2398

Gerstengarbe, F.-W. und P.C. Werner (2006): Climate development in the last century – global and regional. Int. J. Med. Microbiol. 298, 5–11.

Giorgi, F. (2006): Climate change hot-spots. Geophys. Res. Lett. 33, doi:10.1029/2006GL025734

Hansen, J., M. Sato, R. Ruedy, K. Lo, D.W. Lea und M. Medina-Elizade: Global temperature change. Proceedings of the National Academy of Sciences U.S.A. 103, 14288–14293

IPCC (2007): Working Group 1: The Physical Basis of Climate Change. Cambridge University Press, 996 S., http://ipcc-wg1.ucar.edu/wg1/ wg1-report.html

Jacob, D., S. Göttel, S. Kotlarski, P. Lorenz und C. Sieck (2008): Klimaauswirkungen und Anpassung in Deutschland – Phase 1. Erstellung regionaler Klimaszenarien für Deutschland. Climate Change 11, 1–154

Jagoutz, H. (2006): Bewässerungsbedarf von Reben in der Zukunft und in der Vergangenheit. Deutsches Weinbau-Jahrbuch 57, 43–50

Martínez-Casasnovas, J.A. und M.C. Ramos (2006): The cost of soil erosion on vineyard fields in the Penedès-Anoia Region (NE Spain). Catena 68, 194–199

McCarthy, M.P., M.J. Best und R.A. Betts (2010): Climate change in cities due to global warming and urban effects. Geophys. Res. Lett. 37, L09705

Nakicenovic, N. und R. Swart (2000): Special report on emission scenarios. Cambridge University Press, 570 S

Paeth, H. (2009): Globale Zukunftsprojektionen und Folgen für den Klimaschutz. Geogr. Rundschau 61(9), 44–49

Paeth, H. und A. Hense (2001): Signal analysis of the atmospheric mean 500/1000 hPa temperature north of 55°N between 1949 and 1994. Climate Dynamics 18, 345–358

Paeth, H. und A. Hense (2002): Sensitivity of climate change signals deduced from multi-model Monte Carlo experiments. Climate Research 22, 189–204

Paeth, H. and F. Pollinger (2010): Enhanced evidence for changes in extratropical atmospheric circulation. Tellus 62A, 647–660

Paeth, H., M. Rauthe und S.-K. Min (2008b): Multi-model Bayesian assessment of climate change in the northern annular mode. Global and Planetary Change 60, 193–206

Paeth, H., A. Scholten, P. Friederichs und A. Hense (2008a): Uncertainties in climate change prediction: El Niño-Southern Oscillation and monsoons. Global and Planetary Change 60, 265–288

Petgen, M. (2007): Reaktion der Reben auf den Klimawandel. Schweizerische Zeitschrift für Obst- und Weinbau 9/07, 6–9

Pielke, R., G. Prins, S. Rayner und D. Sarewitz (2007): Lifting the taboo on adaptation. Nature 445, 597–598

Quiquerez, A., J. Brenot, J.P. Garcia und C. Petit (2008): Soil degradation caused by a high-intensity rainfall event : Implications for medium-term soil sustainability in Burgundian vineyards. Catena 73, 89–97

Rauh, J. und H. Paeth (2011): Anthropogener Klimawandel und Weinwirtschaft – Wahrnehmung und Anpassungsmaßnahmen fränkischer Winzer auf den Wandel klimatischer Bedingungen. Ber. Deut. Landeskunde 85, 151–177

Schönwiese, C.-D. (1995): Klimaänderungen. Daten, Analysen, Prognosen. Berlin, 224 S.

Settle, C., J.F. Shogren und S. Kane (2007): Assessing mitigation-adaptation scenarios for reducing catastrophic climate risk. Climatic Change 83, 443–456

Statistisches Bundesamt (2008): Statistisches Jahrbuch für die Bundesrepublik Deutschland 2008. Wiesbaden, 734 S.

Stellmach, G. (2006): Gedanken zur Überlebensfähigkeit des heimischen Weinbaus angesichts des globalen Klimawandels. Deutsches Weinbau-Jahrbuch 57, 37–42

United Nations (1998): Kyoto protocol to the United Nations framework convention on climate change. New York, 20 S.

Wendt, D. (1966): Versuche zur Erfassung eines persönlichen Verlässlichkeitsniveaus. Zeitschrift für Psychologie 172, 40–81

Yang, X., Y. Hou und B. Chen (2011): Observed surface warming induced by urbanization in east China. J. Geophys. Res. 116, D14113

Zolina, O., A. Kapala, C. Simmer und S. Gulev (2004): Analysis of extreme precipitation over Europe from different reanalyses: A comparative assessment. Global and Planetary Change 44, 129–161

Das übernatürliche Wetter

Bauernregeln, Gewitterkerzen, Mondkalender

von Helmut Groschwitz

Kaum einer Naturerscheinung kann man sich so schlecht entziehen wie dem Wetter – und von keiner waren die Menschen in einer agrarisch geprägten Gesellschaft so abhängig. Gleichzeitig entzieht es sich als Himmelsphänomen dem direkten, physischen Zugriff. Dabei fordert das Wettergeschehen in seinen vielfältigen, meist unvorhersehbaren Ausprägungen eine enorme Anpassungsleistung und stellt eine kognitive Herausforderung dar: Wie lässt sich Wetter erklären, wie vorhersagen und wie beeinflussen?! Besondere Wetterereignisse (Starkregen, Hagel, Gewitter, Sturm, strenger Frost) wie auch Wetterextreme („Jahr ohne Sommer", Dürren, Überschwemmungen etc.) konfrontieren den Einzelnen mit der eigenen Ohnmacht und fordern Deutungen. Da der Himmel – dies auch kulturübergreifend – sowohl als Sitz von Göttern als auch des Wetters betrachtet wurde, erscheint es naheliegend, dass es zahlreiche Konzepte und Vorstellungen einer übernatürlichen Verbindung von Wetter und transzendenten Kräften gibt, die die Basis für Deutungen, Vorhersagen und Beeinflussungsversuche bilden.

Wetter deuten

Für den Zeitraum vom 18. bis zum frühen 20. Jahrhundert ist ein deutlicher Wechsel von theologischen, magischen und astrologischen hin zu naturwissenschaftlichen Vorstellungen prägend, der allmählich und variantenreich vonstatten ging. Eine gewisse Hoch-Zeit übernatürlicher Wetterdeutungen findet sich davor um das 16./17. Jahrhundert: Auffällige Himmelserscheinungen (Unwetter, spezielle Wolkenformationen, das Auftreten von Kometen, „Blutregen", also durch feinen Saharastaub rötlich gefärbter Regen etc.) wurden in der sogenannten Prodigienliteratur, bestehend aus Flugblättern und kurzen Traktaten, als Hinweise und War-

Ein erschröckliches Wunderzeichen zu Dinckelspühel
geschehen am Sambstag nach Urbani des M. D. LIIII. Jars.

Anno Domini M. D. LIIII. am Sambstag nach Urbani/ welches war der xxvj. tag May/ hat es zu Dinckelspühel warhafftig blut geregnet/ zwischen xj. vnnd xij. der kleynen vhr vmb mittag/ vnnd hat sich erstlich also erfunden. Ein fraw hat jr wesch vor dem Thor auffgehangen/hembd/ leylach/ vnd tischtücher/ Do ist die wesch vol mit bluts tropffen gefallen/ vnd als sie das wider hat außwaschen wöllen/ ist es noch röter worden. Als sie erschrocken ist vnd das gesagt hat/ hat das volck erst warg enumen/ das das blut hin vnd wider auff die baum/ büsch/ vnd zeun gefallen ist gewesen. Vnd haben solcher bletter zu einem wunder in bil andere Sect ein guter freunde dem andern zugeschickt. Vrsach solches blut regens/ weiß Gott allein/ Wiewol es on zweyffel ein erschröckliches warzeichen ist / krieg vnd blutuer giessung/ wie das den allemal auff solch blutregen gefolget hat/ Gott wende es zum besten/ vnd geb vns seinen heyligen Geyst inn vnser hertz/ buß zu thun/ von vnsern vilfeltigen sünden/ von welcher wegen/ der Gottes zoren ob vns angangen ist vnnd prent/ Gott wöll vns gnedig vnd barmhertzig sein/ Amen.

Gedruckt zu Nürnberg durch Hans Glaser/
hinter S. Lorentzen auff dem Platz.

Faksimile eines Flugblattes über einen „Blutregen" in Dinkelsbühl am 26.5.1554 (aus: Schwegler, Michaela. „Erschröckliches Wunderzeichen" oder „natürliches Phänomen"? Frühneuzeitliche Wunderzeichenberichte aus der Sicht der Wissenschaft. München 2002, Abb. 21, S. 112

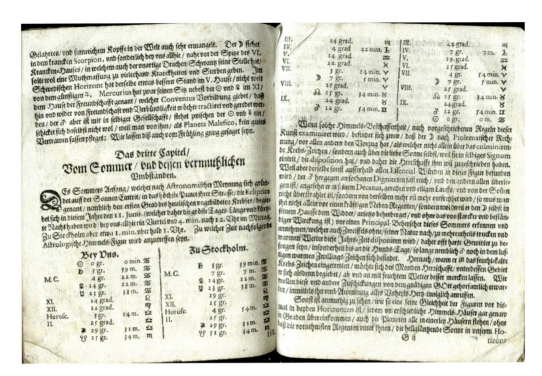

Ausführliche Wettervorhersagen für das kommende Jahr als eigener Anhang in einem Schreibkalender von 1650 (Anhang übertitelt mit: Prognosticum Astrologicum, Oder Natürliche Muthmassung/ Was vor eine Beschaffenheit am Gewitter in den vier Jahres=Zeiten […] Nach Anzeigung des Himmels zu hoffen oder besorgen sey […]. Stralsund 1650. Sammlung Helmut Groschwitz)

nungen Gottes interpretiert. Sie standen dabei auch im Kontext von Konfessionsstreitigkeiten, in denen jede Seite der anderen Unchristlichkeit vorwarf.[1] Doch noch bis ins 19. Jahrhundert wurden Unwetter, Blitzschlag und Hagel oft als göttliches Wirken, als Strafe Gottes für sündhaftes Handeln interpretiert.

Die durch die „Kleine Eiszeit", eine Phase der Abkühlung in der nördlichen Hemisphäre vom 15. bis 19. Jahrhundert, hervorgerufene Häufung von Extremwetterereignissen wurde vor dem Hintergrund der Vorstellungen von Hexerei häufig als Ergebnis von Schadenszauber gedeutet.[2] Und das in der Spätantike durch die Kirchenväter in das christliche Weltbild integrierte neuplatonische Modell einer Entsprechung von Makrokosmos und Mikrokosmos („Wie oben so auch unten") ermöglichte die astrologische Begründung von Wetterphänomenen durch die Planetenläufe und deren „Aspekte", also der Winkelverhältnisse der Planeten zueinander.[3] Wie theologische und naturwissenschaftliche Werke auch, wurden diese Vorstellungen vor allem innerhalb einer gebildeten, städtischen Schicht diskutiert, während die breite, meist bäuerliche Bevölkerung bestenfalls Zugriff auf vereinfachte populäre Druckwerke im Sinne einer frühen Ratgeberliteratur hatte, etwa die in vielen Auflagen gedruckten Wetterbüchlein, „Bauern-Praktiken" und die „Praktiken" in den Schreibkalendern.

Erst mit den Fortschritten einer naturwissenschaftlichen Meteorologie ab dem späten 17. und dem 18. Jahrhundert, den entsprechenden technischen Innovationen (Thermometer, Hygrometer, Barometer, Windmesser, Niederschlagsmesser etc.), mit langjährigen Wetterbeobachtungen und schließlich der Erstellung großflächiger Wetterkarten wurden Wetterphänomene zunehmend als regelhaft und natürlich wahrgenommen.[4] Ein gutes Beispiel für diesen Übergang stellt Zedlers *Universal-Lexikon* aus der Mitte des 18. Jahrhunderts dar. Unter dem Stichwort „Witterung" werden zahlreiche Faktoren der Wetterentstehung wie Sonneneinstrahlung, Luftfeuchte etc. diskutiert und plausible Beobachtungen und Vorzeichen (z.B. ein, je nach Luftfeuchte, klarer oder verschwommener Mond) zur Wettervorhersage aufgeführt. Ebenso sind, wenn auch unter der Überschrift „Zeichen der Witterungen, so nach Aberglauben schmecken" abgetrennt, eine Reihe von Praktiken aufgeführt, mit denen man hoffte, das Wetter langfristig vorhersagen zu können.[5]

Wetter vorhersagen

Auch jenseits der Deutungen von Extremwetterereignissen war die Frage nach dem Werden und Wandeln von Wetter insbesondere für die Landwirtschaft von großem Interesse: Wann ist eine gute Zeit zur Aussaat, damit die Keimlinge nicht erfrieren? Wie lange kann man das gemähte Heu zum Trocknen ausbreiten, ohne dass es durch Regen verdorben wird? Bis wann muss die Ernte eingefahren werden, um nicht am Ende der Vegetationsperiode geschädigt zu werden? Hierzu bekamen die sogenannten Lostage eine erhöhte Aufmerksamkeit: Die Ereignisse an diesen Tagen sollten Hinweise auf die weitere Entwicklung geben. An der Verbreitung von Zusammenstellungen von Lostagen waren Kalender stark beteiligt.
Einen Blick in die kommende Witterung erhoffte man sich etwa von den zwölf Tagen und Nächten nach Weihnachten (25.12.), von denen jeder für einen Monat des neuen Jahres stehen sollte: So wie das Wetter an dem betreffenden Tag war, so sollte es auch für den zugehörigen Monat sein. War etwa der fünfte Tag nach Weihnachten trocken, so sollte es auch einen trockenen Mai geben. Für jeden der zwölf Tage gab es weitere Vorhersagen, je nachdem auf welche Wochentage diese jeweils fielen.
Zahlreiche Lostage sind in Form von „Bauernregeln" ausformuliert. Bis heute bekannt und gerne in den Medien aufgegriffen ist etwa der Siebenschläfertag (27.6.), der Auskunft geben soll für das Wetter der kommenden sieben Wochen: „Regnet es am Siebenschläfertag, es noch sieben Wochen regnen mag" oder „Das Wetter am Siebenschläfertag, 7 Wochen bleiben mag".[6]
Nun ist die Bezeichnung Bauernregeln etwas irreführend, denn sie beruhen eben nicht auf langjährigen Beobachtungen von Bauern, sondern wurden seit dem Mittelalter über Kalender und Landwirtschaftsbücher aus

einem gelehrten Umfeld verbreitet. Einige Aussagen lassen sich gar in die Antike und damit eine andere Klimazone zurückverfolgen. Neben Wetterregeln umfasst die Textgattung Bauernregel zudem allgemeine Orientierungen im Jahreslauf, moralische Belehrungen und Regeln für die Haushaltung.[7]

Das Paradoxe an diesen Regeln ist, dass sie zum einen die Verschiebung des Kalenders um zehn Tage durch die gregorianische Kalenderreform (auf den 4.10.1582 folgte der 15.10.1582) nicht berücksichtigen, denn eigentlich müssten alle Tagesangaben ebenfalls um zehn Tage verschoben werden, zum anderen geben die Bauernregeln vor, für den gesamten mitteleuropäischen Raum zu gelten, obwohl das Wetter bekanntermaßen sehr unterschiedlich verläuft.

Andererseits gibt es spezielle lokale Besonderheiten, z.B. Föhn-Phänomene in den Alpen, bei denen eine bestimmte Windrichtung das Aufkommen von Föhn mit hoher Wahrscheinlichkeit vermuten lässt. Auch das Verhalten von manchen Tieren und Pflanzen kann tatsächlich auf einen Wetterumschwung hindeuten, etwa wenn Schwalben bei der Jagd nach Insekten tief fliegen, weil sich jene bei einem Luftdruckwechsel in Bodennähe halten. Doch kann dies nur für kurzfristige, spürbare Änderungen gelten bzw. eine Reaktion auf das vergangene Wetter darstellen, nicht aber als Aussage für die weitere langfristige Wetterentwicklung.[8]

Problematisch ist die Beobachtungsthese auch, weil nur sehr wenige und dann oft eher grobe Wetteraufzeichnungen vor dem 19. Jahrhundert nachgewiesen werden können. Zudem können kulturelle Vorstellungen und Sehnsüchte die tatsächliche Wahrnehmung überlagern: Tatsächlich existieren einige signifikante Abweichungen vom Mittelwert, sogenannte Singularitäten, die sich aus langjährigen Beobachtungen ableiten lassen. Dazu zählt das „Weihnachtstauwetter"[9], eine Warmphase zwischen dem 24. und dem 28.12., die im Widerspruch zu den romantischen Vorstellungen einer weißen Weihnacht steht – und angeblich habe es doch „früher" immer eine weiße Weihnacht gegeben.

Dem Mond, als dem der Erde nächsten Planeten[10] und seinen Aspekten wurde in der Frühen Neuzeit eine besondere Wirkung zugeschrieben, die sich in Form von sogenannten Erwählungen oder Lunaren in populären Kalendern niederschlug. Auf der einen Seite waren das die Angabe der „Mondsbrüche", der vier Mondviertel (Neumond, zweites Viertel, Vollmond, letztes Viertel), die auch heute noch in vielen Kalendern abgedruckt werden, ohne dass deren astrologischer Gehalt noch bekannt wäre. Dahinter stand die Annahme, dass das Wetter jeweils für eine Woche so bleiben würde, wie es am Tag des Mondsbruches sei. So steht z.B. im Calendarium des Johannes Colerus von 1591:

„[…] vnd wie ein jedes viertel des Monats eintrit / so witters das quartier oder viertel gemeinlich durch […]. Darumb sihet man auch in den alten Calendarijs, das sie nur im anfang eines jeden viertels das Gewitter

Astrologische Wettervorhersagen in einem Schreibkalender von 1650 (Ausschnitt). In den Spalten, von links nach rechts: „alter", also nach der gregorianischen Kalenderreform bis 1699 in protestantischen Gebieten verwendeter julianischer Kalender mit Tagespatronaten; Angabe des Mondlaufes durch die Tierkreiszeichen; Erwählungen (Handlungsvorschläge nach dem Mondlauf), astrologische Aspekte und Wettervorhersagen, die Mondsbrüche am 6., 13. und 19.12. und „neuer", gregorianischer Kalender mit Namenspatronaten; Stand der Sonne in den Tierkreiszeichen zur Mittagszeit. (Schreib=Calender. Stralsund 1650. Sammlung Helmut Groschwitz)

[Gewitter steht hier im Sinne von Wetter, Anm. d. Verf.] prognosticiret haben."[11]

Zum anderen wurden Tendenzen des kommenden Wetters aufgrund astrologischer Berechnungen benannt und waren bis ins 19. Jhd. häufiger Bestandteil des Kalendariums. Obwohl die Kalender jeweils für ein größeres Gebiet erstellt wurden, das alles andere als ein einheitliches Wetter haben konnte, scheinen diese Angaben trotzdem eine gewisse Orientierung geboten zu haben.

Ein bis in die Gegenwart immer wieder aufgelegtes und rezipiertes Sammelwerk ist der „Hundertjährige Kalender". Dieser beruht auf Wetteraufzeichnungen vom 20.3.1652 bis zum 20.3.1658 durch Mauritius Knauer (1613–1664), den Abt des oberfränkischen Klosters Langheim. Er beobachtete das Wetter nur sieben Jahre lang, entsprechend der Annahme, dass sich nach Wiederkehr des astrologischen Jahresregenten auch das Wetter nach sieben Jahren wiederhole,[12] sofern keine weiteren Einflüsse, etwa Kometen, hinzukommen. Den Kalender, dessen Anwendung nur regional geplant war, bezeichnete Knauer als *Calendarium Oeconomicum Practicum Perpetuum*, also als „immerwährenden praktischen Wirtschafts-Kalender". Die Aufzeichnungen bekamen durch den Erfurter Verleger Christoph Hellwig in der ersten Auflage von 1701 den Titel *Auf Hundert Jahr gestellter Curioser Kalender*; bei der ersten Drucklegung wurden aber vermutlich die Manuskriptseiten verwechselt und in dieser fehlerhaften Reihenfolge weiterverbreitet. Ebenfalls 1701 erschien bei Ebersbach in Marburg der *Hundertjährige Hauß=Kalender*. Als *Hundertjähriger Kalender* wurden die Aufzeichnungen von Knauer einer der größten Erfolge der modernen Druckgeschichte.[13] Während zwischen 1750 und 1850 im Zuge der Aufklärung und Volksaufklärung die astrologischen und auf den Mondlauf bezogenen „Erwählungen" aus den populären Kalendern verschwinden, zeigen die Wettervorhersagen des Hundertjährigen Kalenders eine erstaunliche Beständigkeit.[14]

Die erste meteorologische Wetterkarte für Deutschland wurde 1826 erstellt, ab 1863 gab der französische Wetterdienst als Erster tägliche Wetterkarten heraus, aber erst seit 1906 gibt es in Bayern meteorologische Vorhersagen für die breitere Bevölkerung; bis dahin war man im Grunde auf die oben genannten Regeln und die Beobachtung lokaler Wetterphänomene (Wolkenformen, Aufkommen und Abflauen von Wind etc.) angewiesen.[15]

Wetter beeinflussen

Dem der Witterung Ausgeliefertsein steht die Sehnsucht gegenüber, dieses zu beeinflussen. Hierfür gibt es ein breites Spektrum an Objekten und Praktiken, die größtenteils einen theologisch-magischen Hintergrund haben. Eine Trennung zwischen den Sphären der Religion und magischer Praktiken, meist unkorrekt als Aberglaube ausgegrenzt, ist dabei kaum möglich, da einerseits magisch-esoterische Vorstellungen fester Bestandteil der katholischen Theologie sind,[16] zum Anderen weil die ländliche Bevölkerung gerade vom 18. bis frühen 20. Jhd. mit den kirchlichen Angeboten und Objekten oft sehr eigenwillig verfahren ist. So hatte man weniger die theologischen Inhalte, als vielmehr eine pragmatische Instrumentalisierung und „In-Dienstnahme" z.B. von Sakramentalien im Auge, also die Hoffnung, dass ein gesegneter Gegenstand oder ein Spruch aus sich heraus eine schützende Wirkung habe.

Einen großen Bereich nimmt hier der Schutz vor Gewitter, Hagel und Blitzschlag ein. Zuständig für gutes Wetter waren insbesondere die Evangelisten Johannes und Markus, der Erzengel Michael, der Apostel Jakobus und die Heiligen Donatus, Medardus, Urban, Georg, Barbara und Katha-

Wetterkerze Leutkirch im Allgäu. Die Kerze ist aus weißem Wachs, außen ist sie mit braunem Wachs überzogen. Eine Applikation zeigt das Kloster Einsiedeln, darüber auf einer Wolke die gekrönte Muttergottes mit Kind und Zepter. Die Aufschrift lautet „UNSERE LIEBE FRAU VON EINSIEDELN". (1. H. 20. Jh., 21,5 cm hoch; Schwäbisches Bauernhofmuseum Illerbeuren, Inv. Nr. 2000/474)

rina.[17] Durch Hagel- und Wetterprozessionen wurden die Heiligen um Schutz vor Unwettern angerufen. Bei einem aufziehenden Gewitter entzündete man Gewitterkerzen, die bis heute an Wallfahrtsorten verkauft werden, und man ließ spezielle geweihte Glocken läuten, die Blitz und Hagel vertreiben sollten – die aus heutiger Sicht logische Beobachtung, dass gerade Kirchtürme ihrer Höhe wegen ein besonderes Ziel von Blitzen waren, wurde mit besonderer Sündhaftigkeit oder der Nachlässigkeit des Küsters begründet.[18] Einer Reihe von Kreuzen, dem Scheyerer-Kreuz, Caravaca-Kreuz, Donauwörther Pestkreuz und dem Ulrichskreuz, wurde ebenfalls Schutz vor Unwettern zugesprochen.[19] Vergrabene „Antlaß-Eier" (am Gründonnerstag gelegte und anschließend mit der Schale getrocknete Eier, die zu Ostersonntag Teil der Speisenweihe waren) sollten neben Lawinen auch vor Unwetter schützen. Und auch am „großen Frauentag", dem 15. August, gesegneten Kräuterbuschen traute man zu, himmlisches Unbill abzuhalten.[20] Von den oft aufwändig gestalteten „Wettersegen", auf denen neben einem „Agnus Dei" – einer wächsernen Abbildung des Lamm Gottes – verschiedene Segensbriefchen, Kräuter und (Berührungs-)Reliquien appliziert waren, erhoffte man sich eine Art „Rundum-Versicherungspaket".[21]

Da diese Mittel in protestantischen Gebieten wegen der fehlenden Heiligenverehrung und der theologischen Ablehnung einer unmittelbaren Einwirkbarkeit nicht zur Verfügung standen, wurde die Unwetterabwehr nach „innen", zu Buße und Andacht verlagert bzw. wurden katholische Praktiken auch gegen den Willen der Geistlichkeit fortgeführt. Etwa wurde das Wetterläuten zur Gewitterabwehr trotz Verbot dennoch durchgeführt, weil der Pfarrer sonst fürchten musste, im Falle eines Hagelschadens für diesen von der Bevölkerung verantwortlich gemacht zu werden.[22]

Auch auf wissenschaftlicher Ebene wurde lange um das Für und Wider des Wetterläutens gerungen. Der protestantische Kameralist Johannes Marperger (1656–1730) schreibt z.B. in seiner *Horologiagraphia* von 1723, dass es nicht das Läuten der Glocken selbst sei, welches das Gewitter vertreibe, sondern die Gebete der Menschen, die durch die Glocken vor der Gefahr gewarnt und zur Andacht gerufen würden:

„[…] wie dann auch ein solcher Glocken=Klang an sich selbst nichts als ein blosser Schall ist […] ein zur Wetters=Zeit zu GOtt abgeschicktes andächtiges Gebet dringet besser als ein leerer Schall und Klang zu GOtt durch die Wolcken, und so ja bey schweren Ungewittern, die Glocken an denen Protestantischen Oertern noch angezogen werden, so geschiehet solches bloß umb bey Nacht=Zeiten die Leute von den Schlaff zum Gebet zu erwecken".[23]

Mit der Entwicklung des Blitzableiters durch Prokop Divisch 1750 bzw. Benjamin Franklin 1752[24] wurde der natürliche Ursprung von Blitzen deutlich. Er bot fortan die Möglichkeit, die elektrische Energie umzuleiten und von den gefährdeten Hausteilen fernzuhalten. Die Entdeckung stieß lange Zeit aber auf große Skepsis. In der 1790 erschienenen Abhandlung *Beleuchtung einiger Vorurtheile in Ansehung der Donnerwetter und Blitzableiter* des Theologen Johann Jacob Stoll, in der dieser für die neue Erfindung warb, heißt es z.B. eingangs: „Es giebt Personen, welche es sich nicht nehmen lassen, daß – Blitzableiter zu errichten, eine grosse Vermessenheit, ein Eingriff in die Rechte Gottes und seiner Allmacht sey."[25]

Ebenso geht er auf eine ganz andere Angst der Bevölkerung ein: „Der zweyte gewöhnlichste Einwurff, den man gegen die Errichtung der Blitzableiter macht, ist: die Blitzableiter ziehen das Wetter herbey, und können den benachbarten Gegenden und Gebäuden Gefahr bringen, und der Blitz darauf hinführen."[26]

Dagegen argumentiert er mit einer Erklärung der Entwicklungsgeschichte des Blitzableiters und referiert den aktuellen Stand der wissenschaftlichen Erklärung von Gewitterwolken und Blitzen. Dabei argumentiert er mit dem für das Leben notwendige „elektrische Fluidum", das ein Teil der Schöpfung sei – und damit gottgewollt. Solche Texte stehen am Übergang einer zunehmenden Trennung von theologischer und naturwissenschaftlicher Wetterdeutung.[27] Jenseits der theologischen Wettertraktate entstand nun eine stark von der Volksaufklärung geprägte Textsorte, die das richtige Verhalten bei Gewitter thematisierte[28] und Regeln verbreitete, die auch heute in Erziehung und Schule vermittelt werden: Nicht unter Bäume stellen, nicht auf Erhebungen oder im freien Feld aufhalten etc. Auch das *Noth- und Hülfsbüchlein für Bauersleute* von Rudolph Zacharias Becker (erste Auflage 1788), ein Bestseller der Volksaufklärung, ironisiert alltagsmagische Praktiken und bietet stattdessen in erzählerischer Form fundierte Anleitungen zu Haushaltung, Landwirtschaft, Gesundheit, sozialem Verhalten und Wetterschutz.[29]

Insgesamt lassen sich für das 18. und 19. Jahrhundert ein Nebeneinander von theologisch-magischen und naturwissenschaftlich-meteorologischen

Wettersegen in Form einer Monstranz, 19. Jahrhundert (Oberpfälzer Freilandmuseum Neusath-Perschen, Inv. Nr. 17369)

Werbeschild von 1824 einer genossenschaftlichen Hagelversicherung in Leipzig. (aus: Strotdrees, Gisbert. Dem Wetter ausgeliefert? Die „Wetterseite" der Landwirtschaft in Westfalen zwischen 1500 und 1850. In: Burhenne, Verena (Hg.). Wetter. verhext – gedeutet – erforscht. Münster 2006, S. 139–153, Abb. auf S. 148. Photo: Vereinigte Hagelversicherung VVag, Gießen)

Vorstellungen von Wetter und einem als angemessen angesehenen Umgang damit festhalten. Die Persistenz, das Fortleben theologisch-magischer Konzepte und Strategien zeigen zum einen die Antworten aus den Erhebungen 1930–35 des Atlas der deutschen Volkskunde, wo auch nach Wettervorzeichen und Schutzmitteln gefragt wurde,[30] aber auch eine Befragung im späten 20. Jahrhundert, bei der ein Nebeneinander der unterschiedlichen Ansätze für die Wettervorhersage festgestellt werden konnte.[31]

Eine ganz andere Form des Reagierens auf Extremwetter sind die seit dem ausgehenden 18. Jahrhundert im Zuge der genossenschaftlichen Absicherungen eingeführten Hagel- und Unwetterversicherungen. Indem Wetter naturalisiert und enttheologisiert, somit der Schadensfall vom Stigma der sündhaften Selbstverschuldung befreit worden war, konnten die finanziellen Ausfälle auf eine Gemeinschaft verteilt werden. Damit wurde die existenzbedrohende Kraft von Unwettern deutlich gemildert.

Wiederkehr quasi-religiöser Deutungsmuster in der Gegenwart

Nicht nur die regelmäßigen Vergleiche von Wettervorhersagen nach dem Hundertjährigen Kalender in Regionalzeitungen oder die starke Verbreitung von Mondkalendern seit den 1990er Jahren[32] machen deutlich, dass sich die naturwissenschaftlich-meteorologischen Deutungen und Vorhersagen von Wetter nie komplett durchsetzen konnten. Vielmehr tauchen im Zusammenhang mit den Diskursen um den Klimawandel, mit der Frage, ob dieser natürlich oder vom Menschen erzeugt sei, und der Suche nach Strategien gegen die Erderwärmung erneut Deutungsmuster auf, die eine theologische oder übernatürliche Komponente enthalten: Der Mensch habe sich gegenüber der Natur versündigt und dies räche sich nun. So wurde im Zusammenhang mit dem für New Orleans verheerenden *Hurrikan Katrina* (2005) von Sünde und Strafe gesprochen: „Katrina ging mit ökologischer Heimtücke ans Werk. Sie schlug im ‚ökologischen Sündenpfuhl' zu, an einer der wichtigsten Produktionsstätten für Amerikas Öl und Gas […] wo wesentliche Beiträge zur globalen Erwärmung und zur Vergiftung der Umwelt geleistet werden."[33] Die Unwetterabwehr besteht hier in den Versuchen einer Eindämmung der Treibhausgase. Der Klimawandel ist zu einer neuen Deutungsfolie geworden, mit der man trefflich das Wetter – und die jeweils vermuteten Abweichungen vom angenommenen Normalfall auf der lokalen Ebene – kommentieren kann.

Anmerkungen

1 Vgl. Schwegler, Michaela. „Erschröckliches Wunderzeichen" oder „natürliches Phänomen"? Frühneuzeitliche Wunderzeichenberichte aus der Sicht der Wissenschaft. München 2002
2 Vgl. Behringer, Wolfgang. Kulturgeschichte des Klimas: Von der Eiszeit zur globalen Erwärmung. München 5. Auflage 2010; Behringer, Wolfgang; Lehmann, Hartmut; Pfister, Christian (Hg.). Kulturelle Konsequenzen der „Kleinen Eiszeit". Göttingen 2005
3 Vgl. Stuckrad, Kocku von. Geschichte der Astrologie. Von den Anfängen bis zur Gegenwart. München: Beck 2003
4 Vgl. Burhenne, Verena (Hg.). Wetter. verhext – gedeutet – erforscht. Münster 2006
5 Zedler, Johann Heinrich. Großes vollständiges Universal-Lexikon aller Wissenschaften und Künste. Halle, Leipzig 1732–1754. Online-Faksimile der Bayerischen Staatsbibliothek: http://www.zedleriana.de (15.3.2013)
6 Vgl. Malberg, Horst. Bauernregeln. Aus meteorologischer Sicht. Berlin, vierte Auflage 2003 ([1]1989), S. 95
7 Vgl. Hauser, Albert. Bauernregeln. Eine schweizerische Sammlung. Zürich 1973
8 Vgl. Malberg (wie Anm. 6), S. 121–130; Burhenne, Verena. Tiere und Pflanzen als „Wetterpropheten"? In: Burhenne (wie Anm. 4), S. 120–137
9 Vgl. Malberg: Bauernregeln (wie Anm. 6), S. 28
10 Zu den klassischen sieben Planeten („Wanderer") zählten alle Gestirne, die sich über den Fixsternhimmel bewegen: Mond, Merkur, Venus, Sonne, Mars, Jupiter und Saturn.
11 Colervs, Ioannes. Calendarium oeconomicum & perpetuum. Faksimile der Erstausgabe Wittenberg, Axin, 1591, mit einem Nachwort von Gotthardt Frühsorge, Weinheim 1988, B3v.; diese Ansicht findet sich noch in Zedlers Großes vollständiges Universal-Lexikon (wie Anm. 5), Sp. 1068f.
12 Diese Abfolge der Jahresregenten, der sieben klassischen Planeten, bildet auch in modernen Ausgaben des 100-jährigen Kalenders die Grundstruktur. Jedes astrologische Jahr beginnt zur Frühlingstagundnachtgleiche zum 20./21. März, die Planeten „regieren" die Jahre in der Reihenfolge Saturn, Jupiter, Mars, Sonne, Venus, Merkur, Mond.
13 Eine gute Zusammenfassung der Editionsgeschichte bei Heimeran, Ernst: Echter 100jähriger Kalender aufgefunden und zum erstenmal nach der Handschrift von 1652 fürs 20. Jahrhundert herausgegeben von Dr. Ernst Heimeran. o.O., o. J. (ca.

1935); vgl. auch: Dresler, Adolf. Kalender-Kunde. Eine kulturhistorische Studie. München 1972

14 Vgl. Groschwitz, Helmut. Mondzeiten. Zu Genese und Praxis moderner Mondkalender. Münster 2008, S. 88–93
15 Vgl. Weyer, Monika und Christa Koch. Boomende Wissenschaft: Neue Technik, internationale Messnetze und erste Wetterkarten. In: Burhenne (wie Anm. 4), S. 93–109
16 Vgl. Stuckrad, Kocku von. Was ist Esoterik? Kleine Geschichte des geheimen Wissens. München 2004
17 Rosinski, Rosa. Wetterhexen und -heilige – von Nothelfern und Sündenböcken. In: Burhenne (wie Anm. 4), S. 47–65
18 Vgl. Rosinski, Rosa. Unwetterprophylaxe in Mittelalter und früher Neuzeit. In: Burhenne (wie Anm. 4), S. 11–23
19 Vgl. Gockerell, Nina. Bilder und Zeichen der Frömmigkeit. Sammlung Rudolf Kriss. München 1995, 32f.
20 Vgl. ebd. S. 36
21 Schilz, Andrea und Christoph Kürzeder. Der Wettersegen. Ein Rundum-Versicherungspaket des 18. Jahrhunderts. In Freundeskreis Freilichtmuseum Südbayern e.V. (Hrsg.): Freundeskreisblätter 37 (1998), S. 166–188
22 Vgl. Rosinski (wie Anm. 18), S. 15
23 Marperger, Paul Jacob. Horologiagraphia, Oder Beschreibung der Eintheilung und Abmeßung der Zeit […]. Dreßden und Leipzig 1723, S. 49
24 Vgl. Wolf, Anne. Auseinandersetzung zwischen Glaube und Wissenschaft – Das 18. und 19. Jahrhundert. In: Burhenne (wie Anm. 4), S. 111–119
25 Stoll, Johann Jacob. Beleuchtung einiger Vorurtheile in Ansehung der Donnerwetter und Blitzableiter. Von Johann Jacob Stoll, J. U. C. der Reichsstadt Lindau Registrator. Lindau, gedruckt und verlegt bey Ludwig Stoffel. 1790, S. 5
26 Vgl. ebd. S. 21
27 Wolf (wie Anm. 24), S. 114
28 Ebd. S. 114–119
29 Becker, Rudolf Zacharias. Noth= und Hülfsbüchlein für Bauersleute. oder lehrreiche Freuden=und Trauer=Geschichte des Dorfes Mildheim. Für Junge und Alte beschrieben. Grätz, zu finden bei Franz Xaver Miller, im Büchergewölbe unter dem Murther bei Allerheiligen. 1790 (^{1}1788)
30 Vgl. Kapitel „Der Wortlaut der Fragen" In: Zender, Matthias. Atlas der deutschen Volkskunde, Neue Folge. Auf Grund der von 1929 bis 1935 durchgeführten Sammlungen im Auftrage der Deutschen Forschungsgemeinschaft. Erläuterungen zur 1. Lieferung, Karte NF 1–12. Marburg: Elwert 1959, S. 22–32. Das Wetter im weitesten Sinne betreffen die Fragen 66, 179, 180, 181, 183, 230.
31 Vgl. Hartmann, Andreas. Wetter und Wahrheit. Volkskundliches zur Meteorologie. In: Becker, Siegfried, Andreas C. Bimmer, Karl Braun, Jutta Buchner-Fuhs, Sabine Gieske, und Christel Köhle-Hezinger (Hg.). Volkskundliche Tableaus. Münster u.a. 2001
32 Vgl. Groschwitz (wie Anm. 14)
33 Vgl. Manfred Prisching, zitiert nach: Rieken, Bernd. Vom Nutzen volkskundlich-historischer Zugänge für die Katastrophenforschung. New Orleans 2005. In: Hartmann, Andreas, Silke Meyer und Ruth-E. Mohrmann (Hg.): Historizität. Vom Umgang mit Geschichte. Münster 2007, S. 149–162, hier S. 161

Wir reden über das Wetter

Eine wissenschaftliche Plauderei

von Maximilian Keck

Manchmal ist es ruhig, mal tritt es mit Getöse in den Vordergrund. Dennoch macht es nie Pause. Es schlägt auf die Stimmung oder stimmt uns heiter. Es nimmt uns Entscheidungen ab und durchkreuzt Pläne. Mal nützt es uns, mal schadet es. „Wenn Wetter und Wetterverhältnisse in den meisten Gesprächen einen festen Gegenstand problemloser Kommunikation bieten, liegt dies ganz wesentlich daran, daß sich das Wetter als unumgängliche Erscheinung wie von selbst aufdrängt."[1] Das Wetter[2] in all seinen Formen begleitet unseren Alltag und bietet unendlich viel Gesprächsstoff.
Wie ist nun der mündlichen Wetterkommunikation schriftlich beizukommen? Eine methodische Abhandlung zu Kommunikationsforschung und Sprachsoziologie vor dem Hintergrund meteorologischer Eigenheiten Bayerns läge auf der Hand, aber auch bleischwer im Magen. Vor diesem Hintergrund reifte der Entschluss, sich der Wetterkonversation so zu nähern, wie sie selbst daher kommt: als leichtfüßiger Plausch in jedermanns Umfeld, aber auch als wissenschaftlich hinterfragtes, mitunter gar existenzielles Kommunikationsmittel. Herausgekommen ist eine Annäherung an das Thema, – in Karl Valentins Worten – eine „wissenschaftliche Plauderei"[3].
Ein Augenmerk soll auf die Berichterstattung in den Medien gelenkt werden, ohne die eine öffentliche Wetterdiskussion, sowohl auf privater Ebene als auch vor beruflichem Hintergrund nicht so umfänglich stattfinden könnte.[4]

„Huschala! Heid is' aber wieder g'scheid kalt." –
Wetterkommunikation im privaten Umfeld

„Bei dem Wetter jagt man doch keinen Hund vor die Tür!" – „Es ist viel zu mild für Anfang Januar." – „Auf den Wetterbericht kann sich kein Mensch mehr verlassen." Solche Gesprächsfetzen erleichtern zuverlässig den Einstieg in ein Gespräch mit Fremden. Jeder hat sie schon so oder so ähnlich ausgesprochen. Mal reflexartig, mal bedacht. Beim Frisör, im Taxi, mit dem Arzt, im Wartezimmer, beim Metzger, auf der Straße, im Büro, am Telefon, beim Essen – vielleicht sogar auf dem Sterbebett.

Warum reden wir so gerne über das Wetter? Die Frage, ob der nächste Tag wohl angenehmes Freizeitwetter bringt, hat enorm an Relevanz gewonnen. Das öffentliche Wetterinteresse hat sich von der Landwirtschaft hin zu Freizeit und Straßenverkehr verschoben.[5] Man will Wettersicherheit, möglichst schon auf der Fahrt in den Urlaub. Vor Ort eine frische Brise zum Surfen, aber trotzdem strahlenden Sonnenschein. Kaum eine Postkarte, kein Urlaubsbericht erspart den Daheimgebliebenen Informationen zur Wetterlage.

Der wetterdominierte Small Talk findet gerne unter Menschen statt, die sich nicht oder nur wenig kennen. Experten begründen dies mit einer als angemessen wahrgenommenen Distanz, die in unserem Kulturkreis vorherrscht. Man tritt Unbekannten weder körperlich noch mit Worten zu nahe. Daher sparen Zeitgenossen, die als höflich erkannt werden möchten, verfängliche Themen, wie Politik, Religion, Gesundheit sowie Belange des privaten Bereichs, zunächst aus. Wetter und Mensch führen eine lebenslange Beziehung, folglich hat jeder eine gewisse Kompetenz in Wetterfragen. Außerdem ist das Wetter Ursache von Emotionen: Es ist stets zu heiß oder zu kalt, zu trocken oder zu regnerisch. Diese Emotionen zu zeigen ist die erste kleine vertrauensbildende Maßnahme gegenüber einem Unbekannten. Gemeinsamkeit schafft Sympathie.[6]

Ein Spaziergang durch eine bayerische Kleinstadt auf der Suche nach wetterkundigen Gesprächspartnern soll Aufschluss bringen.[7]

„Es ist ja kein Wunder, dass man krank wird bei dem Wetter." Die Bäckereiverkäuferin bestätigt, dass sie etwa jeder zehnte Kunde auf das Wetter anspricht. Ähnliche Zahlen nennt der Angestellte des Sportgeschäftes. „Manche Kunden möchten ihre Ausrüstung einstellen lassen, da muss man schon wissen, wie das Wetter in den nächsten Tagen werden soll." Der Austausch über das Wetter sei Teil des Verkaufsgesprächs. Welches Skiwachs ist bei höheren Temperaturen zu wählen, welcher Belag ist bei eisiger Kälte geeigneter?

Als besonders gefragter Gesprächspartner in Wetterangelegenheiten erweist sich der Apotheker. In Spitzenzeiten, das ist für Apotheker vor allem der Winter, verwickelt ihn knapp ein Drittel seiner Kunden in ein Gespräch über das Wetter. Sie thematisieren mit Vorliebe die negativen Begleiterscheinungen des Wetters und vermuten oftmals einen direkten Zusammenhang ihres Unwohlseins mit der aktuellen Wetterlage. „Es ist ja kein Wunder, dass man krank wird bei dem Wetter." Insbesondere gegen Ende des Winters erlebt die Stimmung in der Apotheke ihren Tiefpunkt. Die

Kunden würden langsam ungeduldig und sehnten den Frühling herbei. „Jetzt wird's langsam Zeit, dass der Winter zu Ende geht", bekommt der Pharmazeut regelmäßig zu hören.
Die Frisörin berichtet dagegen, dass das Wetter in ihrem Geschäft nahezu keine Rolle spielt. Weder gebe es Gespräche darüber, noch spiegele sich der Wettereinfluss spürbar im Kundenzulauf wieder. Erstaunt musste der Autor feststellen, dass in der vermeintlichen Hochburg der Wetterkommunikation in gut anderthalb Stunden an einem Samstagvormittag tatsächlich kein Gespräch über Wetter zu notieren war. Gesprächiger zeigte sich die Runde im nächsten Geschäft: „Viele beschweren sich übers Wetter, aber ich sag dann immer: Wir haben doch eh keinen Einfluss darauf. Wir müssen es nehmen wie es kommt." „Es kommt wie es kommt", klinkt sich eine Kundin ein und fasst zusammen: „Wenn wir auf etwas keinen Einfluss nehmen können, dann aufs Wetter!" Allgemeines Nicken. Es ist das eingetreten, worauf es beim Small Talk ankommt: Das Gespräch hat sich zu einer zwar trivialen, aber für alle Beteiligte befriedigenden Unterhaltung dreier sich fremder Menschen entwickelt. Es herrscht Konsens.
So schnell man ins Gespräch kommt, so unvermittelt aber zugleich schmerzlos lässt es sich mit einem schnellen „Aufwiedersehen" oder „Ich muss weiter" beenden, ohne dass der Gegenüber betrübt sein müsste, weil man ihn mit dem oftmals nur unzureichend problematisierten Sachverhalt alleine lässt.

„So ein Sauwetter!" Das Wetter steht in einer Reihe mit den Politikern und dem Bierpreis: Es gibt nur wenige Themen, über die mit ähnlicher Hingabe geschimpft, geflucht oder gegrantelt wird. Dass es beim Austausch über das Wetter nicht immer zimperlich zugeht, zeigt schon das Vokabular, das auch sittsamen Menschen mitunter herausrutscht, wenn es um die Schilderung ihnen unpassender Wetterauswüchse geht. „Gewettert" wird in allen Bevölkerungsschichten, in Hochsprache und Dialekt.

„Da helfen auch kein Genmais oder andere Mittel" – Wettergespräche von Berufs wegen

„Der Regen ist eine primöse Zersetzung luftähnlicher Mibrollen und Vibromen, deren Ursache bis heute noch nicht stixiert wurde. Schon in früheren Jahrhunderten wurden Versuche gemacht, Regenwasser durch Glydensäure zu zersetzen, um binocke Minilien zu erzeugen. Doch nur an der Nublition scheiterte der Versuch."[8]
Ernsthaft über das Wetter zu reden muss nicht so aussehen, wie es der Münchner Komödiant Karl Valentin in seinem quasi-wissenschaftlichen Sprachspiel „Der Regen. Eine wissenschaftliche Plauderei" erdichtete. Wetterforscher rätseln bis heute, was uns Valentin mit seinen Ausführun-

gen eigentlich mitteilen wollte. Dennoch ist für manche Berufsgruppen der Austausch über aktuelle Wettergeschehnisse, ihre Vorhersage und das langfristige Klima von besonderer Bedeutung, denn „80 bis 90 Prozent aller Unternehmen auf der Welt sind direkt oder indirekt vom Wetter abhängig."[9]

Der Humorist Gerhard Polt stellt dazu fest: „Das Reden übers Wetter haben wir ja von den Bauern geerbt. Die Bauern haben das Wetter immer benutzt, um in Brüssel mehr Subventionen zu kriegen."[10] Schon einige Jahrhunderte vor der Europäischen Idee und Polts überspitzter These war das Wettergeschehen tatsächlich ein existenzielles Thema der Landwirtschaft treibenden Bevölkerung. Vor allem der Versuch seiner Vorhersage beschäftigt die Bauern seit jeher.

„Steigt Nebel empor, steht Regen bevor." Breiter Beliebtheit erfreuen sich bis heute bäuerliche Wetterregeln, die bereits in den oralen Kulturen vieler Völker einen bedeutenden Platz einnehmen. Sie sind wertvolle klimageographische und volkskundliche Quellen, auf die viele Menschen nach wie vor verweisen. Regional haben sie durchaus Gültigkeit. Bis zum Beginn der modernen Klimabeobachtung Anfang des 19. Jahrhunderts galten die erfahrungsmäßigen Wetter- und Ernteprognosen, die sich aus langjähriger intensiver Naturbeobachtung ergaben, als wertvolle Orientierungshilfen im bäuerlichen Jahr. Um sich die Regeln besser merken zu können, wurden sie in Sprüchen und gereimten Versen gefasst. Die Vermittlung von Wetterwissen war ein zentrales Element der sozialen Praxis.[11]

Der ARD-Kulturmoderator und Bio-Bauer Dieter Moor bestätigt die Rolle, die das Wetter trotz aller technischen Veränderungen in der modernen Landwirtschaft – speziell der biologischen – noch immer spielt. „Das Wetter ist in meinem Job unglaublich wichtig. Ich habe auf meinem iPhone alle Wetter-Apps und Dienste, die ich kriege. Diese Informationen sind essenziell. Wenn ich mich entscheide, auf fünfzig Hektaren Heu zu machen, dann muss es vier bis fünf Tage trocken sein. Wenn das Heu geschnitten ist, liegt es da. Punkt. Es gibt kein Zurück. Somit prägt das Wetter mein Leben als Bauer enorm."[12]

Auch wenn landwirtschaftliche Betriebe heutzutage über verlässliche Agrarwetterprognosen, widerstandsfähige Sorten, technische Frostschutz- und Bewässerungsmaßnahmen, moderne Kommunikationsmittel und wetterfestes Gerät verfügen, kann ungünstiges Wetter noch immer die Existenz eines Bauernhofs gefährden. „Wenn die Ernte zerstört ist, wird es bei einem Bauer knapp. (…) Da helfen auch kein Genmais oder andere Mittel der modernen Landwirtschaft. (…) Aber wenn ich durch die trockenen Felder laufe und mich wie in einem Wildwestfilm fühle, weil es einfach nicht regnet und trocken wie in einer Prärie ist, schimpfe ich gen Himmel."[13]

Der oben erwähnte Spaziergang führt zu Leuten, die sich von Berufs wegen der Wetterkommunikation widmen. Die Betreiber von Hotels berichten etwa, dass sich Feriengäste sehr für die Wettervorhersage interessieren. Deshalb wird stets ein Ausdruck der aktuellen Prognose an der Rezeption ausgehängt. Schlechtes Wetter kann für die Hoteliers „sehr anstrengend" sein, denn die Stimmung der Gäste sinkt mit jedem Regentag und irgendwann können selbst Touristikprofis aus dem bayerischen Oberland eine hartnäckige Schlechtwetterperiode nicht mehr schönreden. Ähnlich ergeht es der Mitarbeiterin der Tourist-Info. Mehrmals täglich erreichen sie Anrufe zur aktuellen Wetterlage. „Wie ist das Wetter bei Euch? Lohnt sich ein Ausflug ins Voralpenland?" Die Anrufer suchen nicht das ungezwungene Geplauder über das Wetter, sondern gezielte Informationen zu aktueller Lage und Vorhersage. Vergleichbare Aufklärungsarbeit leistet die Servicemitarbeiterin, die viele Übernachtungsgäste schon am Frühstückstisch über die zu erwartenden Temperaturen und die Sonnenscheindauer informieren muss.

„Hoch Herbert sorgt für mildes Wetter in weiten Teilen Bayerns" – Wetter in den Medien

„In seiner Zeit als Chef der Tagesschau antwortete Heiko Engelkes in kleinem Kreis auf die Frage, warum der Wetterbericht am Ende der Tagesschau stehe, sinngemäß mit dem Hinweis darauf, daß die meisten Zuschauer nur deshalb die ganze Sendung anschauen, weil sie auf die Wetterkarte warten."[14] Statt vor einer großen Landkarte mit Wolkensymbolen, gelben Sonnen und bedeutsamen Zahlen stehen Wetterreporter knietief im Schnee und berichten über den Wintereinbruch, haben stets einen lockeren Spruch auf den Lippen oder stemmen sich in gelben Regenjacken und mit Wuschelmikrofon auf der Zugspitze gegen Windböen. Mittlerweile stellt auch die ARD ihrem eher schlicht anmutenden Wetterbericht zum Ende jeder „Tagesschau" eine moderierte und deutlich agiler inszenierte Wettersendung voran.[15]

Meteorologie in medialer Vermittlung. Die Geschichte des Wetterwissens zeigt auf, dass Fortschritte der Meteorologie mit der Medienentwicklung einhergehen. Mit dem Einsetzen des typographischen Zeitalters und der Massenkommunikation stiegen die Zahl der Wetterdarstellungen und damit auch die Berichte über Wetterphänomene und Wetterkatastrophen, wie etwa Himmelserscheinungen, Windhosen, Sturmfluten oder Überschwemmungen.[16] „Wenn die alltägliche Wetterberichterstattung noch heute Wetterregeln und Wetterweisheiten neben Satellitenbilder und Computersimulationen stellt, dann kommt darin neben dem oralen und ältesten Medium zur Vermittlung des Wetterwissens der aktuelle

Stand einer Meteorologie zum Ausdruck, die ohne die Errungenschaften modernster Technologien und deren Anknüpfung nicht mehr arbeiten könnte."[17]

Vor Ort. Der Sendeleiter eines lokalen Radiosenders berichtet von der großen Bedeutung, die die Wetterberichterstattung im Hörfunk genießt. „Wie wird das Wetter?" ist „eine der ersten Fragen, die sich Menschen stellen, wenn sie morgens aufstehen. Zusammen mit dem aktuellen Tagesgeschehen und dem Verkehr zählt der Wetterbericht damit zu den drei wichtigsten Service-Themen." Jährliche Umfragewerte bestätigen, dass das Wetter zu den wichtigsten Elementen des Programms von Radio Oberland gehört. Außerdem erwarten Hörer eines lokalen Senders eine noch bessere Auskunft über das Wetter direkt vor Ihrer Haustüre. Im Winter geht es gar so weit, dass engagierte HörerInnen in der Redaktion anrufen, um über die Situation auf den Straßen des Sendegebiets zu informieren.

Die Wetterberichterstattung in der regionalen Tageszeitung, so berichtet eine Redaktionsmitarbeiterin, wird zwar weiterhin gelesen, allerdings scheint sie etwas an Bedeutung verloren zu haben. Das Internet und Wetter-Apps für Smartphones zaubern aktuelle, nahezu hausnummerngenaue Wetterdaten und laufend aktualisierte Prognosen in Sekundenschnelle auf die stets griffbereiten Bildschirme. Einen wetterinteressierten Leser mit gehobenen Aktualitätsansprüchen wird der Blick in eine Tageszeitung, deren Redaktionsschluss womöglich schon viele Stunden zurückliegt, dagegen enttäuschen. Abgesehen von der täglichen Berichterstattung auf bunten Karten mit Angaben zu Höchst- und Tiefsttemperatur, Pollenflug und einer Dreitagesvorschau stößt das Wetter insbesondere bei Katastrophen oder Wettergroßereignissen auf breites Interesse und findet seinen Weg in die Tageszeitung.

Persönliche Note im Wetterbericht. Seit 1954 geben die Wetterforscher am Institut für Meteorologie der Freien Universität Berlin Hoch- und Tiefdruckgebieten Namen. Im Rahmen der Aktion „Wetterpate" können Bürger seit 2002 Druckgebiete benennen. Mit dem Erlös – für Hochs sind 299 Euro, für Tiefs 199 Euro fällig – wird die Fortführung der studentischen Wetterbeobachtung an der Station Berlin/Dahlem finanziert. Seinen eigenen Vornamen über Tage in der bundesweiten Wetterberichterstattung zu verfolgen, scheint für viele Bundesbürger verlockend zu sein: Mehr als 1.800 Menschen haben seither eine Wetterpatenschaft übernommen.[18] Das Interesse der Öffentlichkeit am Thema Wetter und die ständige Medienpräsenz kann der meteorologischen Arbeit in Deutschland nur förderlich sein. Würden viele Menschen direkt nach der „heute"-Sendung abschalten oder den Markforschern ihr Desinteresse am Wetterbericht im Radio verkünden, würden die Verantwortlichen nicht so viel Geld für qualitätsvolle Wetterberichterstattung aufwenden. Die bayerischen Hörfunkprogramme liefern sich einen stürmischen Wettbewerb um die Gunst der Wetterinteressierten und „Bayerns besten Wetterbericht"[19].

„Alle reden vom Wetter. Wir nicht." Mit dieser auf Werbeplakaten und in TV-Spots verbreiteten Losung bemühte sich die Deutsche Bahn ab Mitte der 1960er Jahre, ihre Unabhängigkeit vom Wetter hervorheben.[20] Egal, ob es stürmt, schneit oder gefriert: „Wir fahren immer!" Bis heute wird die Bahn mit dieser großspurigen Aussage konfrontiert, wenn es wetterbedingt zu den allseits gefürchteten „Störungen im Betriebsablauf" kommt. Die Durchsagen des Zugbegleiters lassen erkennen: Auch die Bahn muss mittlerweile vom Wetter reden.

Gesprächspartner

Cornelia Bader, Garmisch-Partenkirchner Tagblatt/Murnauer Tagblatt, Garmisch-Partenkirchen; Lars Peter Schwarz, Radio Oberland, Garmisch-Partenkirchen; sowie neun Gewerbetreibende bzw. Angestellte in Murnau und Eschenbach/Opf.

Literatur

Balzer, Konrad, Wolfgang Enke und Werner Wehry. Wettervorhersage. Mensch und Computer – Daten und Modelle. Heidelberg 1998
Blüthgen, Joachim und Wolfgang Weischet. Allgemeine Klimageographie. Berlin 1980
Fründt, Steffen. Wer gute Geschäfte mit schlechtem Wetter macht. In: Die Welt, 27.05.2012 (=http://www.welt.de/10638300, 20.02.2013)
Hartmann, Andreas. Wetter und Wahrheit. Volkskundliches zur Meteorologie. In: Becker, Siegfried u.a. (Hg.). Volkskundliche Tableaus. Eine Festschrift für Martin Scharfe zum 65. Geburtstag von Weggefährten, Freunden und Schülern. Münster 2001, S. 97–106
Knauss, Jürgen. Alte Bauernregeln. Wettervorhersagen und Ernteprognosen (= Hefte zur Geographie und Geschichte der Kulturlandschaft; Heft 16). Crimmitschau 2007
Knittel, Walter und Bettina Zundel. An allem ist das Wetter schuld… Eine kulturhistorische Wetternachhersage (=Kleine Schriften Freilichtmuseum Neuhausen ob Eck; Heft 20). Tuttlingen 2000
Lermer, Stephan. Small Talk: Nie wieder sprachlos. Planegg 2003
Nensel, Kuno. Wir müssen mal reden – übers Wetter. In: Die Welt, 05.02.2007 (=http://www.welt.de/716272, 19.02.2013)
Settekorn, Wolfgang. Weltbilder der Wetterberichte. Frankfurt/Main 1999
Torcasso, David. Fluchen und Hoffen, dass es nützt. Interview mit Dieter Moor. In: Verlag Neue Zürcher Zeitung AG (Hg.). Gentlemen`s Report. Nr. 6, Oktober 2012, Zürich 2012, S. 6–10 (=http://gentlemensreport.nzz.ch/wp-content/uploads/2012/10/10_23_GR_No6_S62_2.pdf, 22.02.2013)
Valentin, Karl. Der Regen. In: Ders.: Karl Valentin`s Gesammelte Werke. München 1961, S. 38–39

Onlinequellen

http://www.antenne.de/bayern/Guten-Morgen-Bayern__morningshow_123119_radio.html (11.03.2013); http://www.br.de/radio/bayern3/sendungen/fruehaufdreher/index.html (11.03.2013); http://www.daserste.de/wetter/ (11.03.2013); http://faustkultur.de/kategorie/gesellschaft/gesprch-jrgen-roth-mit-gerhard-polt.html (09.03.2013); http://www.fu-berlin.de/presse/informationen/fup/2012/fup_12_270/index.html (22.02.2013); http://www.geo.fu-berlin.de/fb/e-learning/pg-net/themenbereiche/klimageographie/einleitung/klima_begriffe/index.html (04.03.2013)

Anmerkungen

1 Settekorn 1999, S. 13
2 Auf ein besseres Verständnis bedacht, wird im Folgenden stets der Begriff „Wetter" verwendet, auch wenn der Experte von „Witterung" (das Charakteristische einer Aufeinanderfolge von Wetterzuständen während mehrerer Tage oder auch Wochen) oder „Klima" (als typischer, mittlerer Verlauf der Witterungsvorgänge im Jahreslauf auf Grundlage einer möglichst langjährigen Messung) sprechen würde. Vgl. Balzer/Enke/Wehry 1998, S. 176; Blüthgen/Weischet 1980, S. 5, geo.fu-berlin.de (04.03.2013)
3 Vgl. Valentin 1961, S. 38 f.
4 Vgl. Settekorn 1999, S. 13 f.
5 Vgl. Hartmann 2001, S. 98, Nensel 2007
6 Vgl. Lermer 2003, S. 60, Nensel 2007
7 Es folgt ein subjektiver, stichprobenartiger Überblick über die wetteraffinen Kommunikationserfahrungen auf dem bayerischen Land.
8 Valentin 1961, S. 38
9 Zit. aus Fründt 2012
10 Zit. aus faust-kultur.de (09.03.2013)
11 Vgl. Knauss 2007, S. 3 f., Knittel/Zundel 2000, S. 14 ff., Settekorn 1999, S. 16 ff.
12 Torcasso 2012, S. 6
13 Ebd., S. 8
14 Settekorn 1999, S. 11
15 „Wetter vor acht" Montag bis Freitag um 19:50 sowie „Das Wetter im Ersten" nach den „Tagesthemen", vgl. daserste.de/wetter/ (11.03.2013)
16 Vgl. Settekorn 1999, S. 14 ff.
17 Ebd., S. 14
18 Vgl. fu-berlin.de (04.03.2013)
19 „Bayern 3" leitet seinen Wetterbericht gerne mit diesem Claim ein. Konkurrent „Antenne Bayern" attestiert sich „das zuverlässigste Wetter in Bayern" mit der „besten Wetter-Expertin". vgl. antenne.de, br.de (11.03.2013)
20 http://de.wikipedia.org/wiki/Alle_reden_vom_Wetter._Wir_nicht. (09.03.2012)

Warme Stube – trockene Wand

Historische Befunde zu Wärmedämmung und Wetterschutz am Haus

von Herbert May

Die Frage, wie man den Wärmeverlust im Haus reduzieren kann, beschäftigt die Menschen nicht erst in Zeiten von Klimaveränderung und abnehmenden Ölreserven. Vor einigen Jahren entdeckten Archäologen bei einer Grabung in der Nähe von Hanau Reste einer in die Zeit um 1400 v. Chr. zu datierenden Hauswand, die einen verblüffenden Befund offenbarte: Die mit Lehm verputzte Wand bestand aus zwei Lagen Flechtwerk und war dazwischen mit Gras gefüllt. Die Berechnung der Dämmwirkung ergab, dass die bronzezeitlichen Häuslebauer mit dem beschriebenen Wandaufbau die Vorgaben der bundesdeutschen Wärmeschutzverordnung von 1995 eingehalten hätten.[1]

Wärme ist ein flüchtiger Gast – historische Dämmverfahren

Immer wieder stoßen BauforscherInnen bei Untersuchungen historischer Gebäude auf bauliche Phänomene, die einen ganz ähnlichen Hintergrund haben. In der Stube eines Bauernhauses in Uehlfeld (Landkreis Neustadt/Aisch-Bad Windsheim) hat man kürzlich einen Befund gemacht, der sich kaum von der Situation im bronzezeitlichen Hanauer Haus unterscheidet: Dem Bruchsteinmauerwerk wurde wohl im 19. Jahrhundert eine aus senkrechten Latten gebildete, mit Lehm-Strohgemisch versehene Wand vorgeblendet; der Hohlraum zwischen den beiden Wandschalen war gefüllt mit Heu und Stroh.[2] Ein ähnlicher, auch ins 19. Jahrhundert weisender Wandaufbau zeigte sich in der Stube eines Bauernhauses in Erlangen-Bruck (Fürther Str. 59), wo man in einem Abstand von etwa 8 cm den Außenwänden aus Sandstein eine hölzerne Ständerkonstruktion vorgesetzt hat: In die genuteten Ständer sind in engem Abstand schmale, wiederum mit einem Lehm-Strohgemisch versehene waagrechte Hölzer eingelassen worden, allerdings ohne Füllung

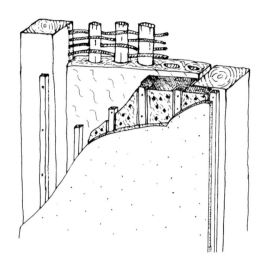

Ausgesprochen durchdacht zeigt sich die Innendämmung mittels Lehmvorsatzschale in der Stube der Nonnenmühle (Landkreis Neustadt/Aisch-Bad Windsheim). Die Lehmvorsatzschale passt sich ganz dem Verlauf der bauzeitlichen Fachwerkwand (hinten) an, d.h. sie nimmt den 8 cm tiefen Versatz im Bereich der Gefache auf. (Zeichnung: Dieter Gottschalk)

des Hohlraums mit Stroh oder ähnlichem Material.[3]

Ausgesprochen durchdacht zeigt sich das einer Umbauphase im frühen 19. Jahrhundert (wohl 1819) zuzuordnende Dämmverfahren in der Stube der Nonnenmühle (Landkreis Neustadt/Aisch-Bad Windsheim).[4] Auf die bauzeitliche, 1685 (d) datierte Fachwerkwand zum Flur hat man stubenseitig im Abstand von 15 bis 20 cm senkrecht Dachlatten genagelt und die Zwischenräume mit einem Lehm-Strohgemisch aufgefüllt. Danach wurde ein 1 cm starker Kalkputz aufgetragen, dem durch kleine eingedrückte Löcher Halt gegeben wurde. Es gibt also keinen Hohlraum zwischen der Fachwerkwand und der „Lehmvorsatzschale", wie man die ganzflächige Dämmung von Innenwänden heute bezeichnet; Dämmschicht und Wand bilden einen direkten Verbund. Insgesamt erreicht der Wandaufbau (Fachwerkwand + Vorsatzschale) einen stattlichen Querschnitt von 22 cm, was zur Vermutung Anlass gibt, dass der Dämmwert kein schlechter sein kann, ohne es bislang allerdings messtechnisch verifiziert zu haben. Die Effizienz der Dämmung in der Nonnenmühle scheint auch dadurch bewiesen, dass heutige Empfehlungen für eine ganzflächige Innendämmung auf ökologischer Basis erstaunliche Parallelen zum aufgezeigten Verfahren aufweisen – mit dem einzigen Unterschied, dass die moderne Lehmvorsatzschale statt der eingedrückten Löcher ein Schilfrohrgewebe als Putzuntergrund erhält.[5]

Weit häufiger als die beschriebenen historischen Lehmvorsatzschalen finden sich bei Fachwerk-, aber auch bei Sandsteinwänden innen vorgeblendete Aufmauerungen aus Ziegel – gewissermaßen Steinvorsatzschalen. Auch hier zeigt sich der Hohlraum zwischen Fachwerk- und Ziegelwand nach den bisherigen Befunden in der Regel ohne Füllung aus Stroh oder anderem organischen Material. Bauphysikalisch ist ein derartiger Wandaufbau nicht unproblematisch, weil sich in dem Hohlraum zwischen den beiden Wandschalen im Falle einer kalten Außen- und einer warmen Innenwand schnell Kondenswasser bilden kann.

Belegt ist eine Dämmung mit Ziegelvormauerung mittlerweile in einer ganzen Reihe von Bauernhäusern in Franken, so zum Beispiel in Unterlindelbach (Landkreis Forchheim, transloziert ins Fränkische Freilandmuseum Bad Windsheim), Nürnberg-Großgründlach (Volkacher Str. 22), Nürnberg-Schniegling (Schnieglinger Str. 233) und Nürnberg-Schweinau (Hintere Marktstr. 48), wobei die Vormauerung meist die Stube betrifft.[6] Auch in der Stube eines Bauernhauses in Rüdisbronn (Landkreis Neustadt/Aisch-Bad Windsheim, Waldstr. 4) ist ein derartiger Befund erhoben wor-

Innnendämmung im alten Haus – Stube in einem Bauernhaus aus Unterlindelbach (Landkreis Forchheim, wiederaufgebaut im Fränkischen Freilandmuseum Bad Windsheim). Oben die mit der wohl im 19. Jahrhundert vor der Fachwerk-Außenwand erfolgten Ziegelaufmauerung. Unten ist die Situation vor Einbringung der Ziegelwand dargestellt, als eine wandhohe, sehr schlichte hölzerne Vertäfelung für ein behagliches Raumklima in der Stube sorgte. Holz als Wärmespeicher ist im historischen Hausbau eine feste Größe, wie bereits die Bohlenstuben zeigen, die im späten Mittelalter und der frühen Neuzeit im Bürger- und Bauernhaus des oberdeutschen Raumes fast obligatorisch waren. (Zeichnungen: Konrad Bedal)

den: Hier haben wir es mit hochkant gestellten, weich gebrannten Ziegeln zu tun, die folglich keine hohe Festigkeit aufweisen, doch da die Ziegel im Innenraum verbaut sind, ist frostbeständiges Baumaterial auch gar nicht notwendig.[7] Im Falle der Bauernhäuser in Rüdisbronn und Unterlindelbach wird zudem noch deutlich, wie die vorgemauerte Ziegelwand statisch gesichert wurde: Lange, hinten weit aufgebogene krampenartige Nägel sind in die Fugen des Ziegelmauerwerks eingeschlagen, halten somit die Wandschale und verbinden sie mit der Außenwand.

Doch können die Ziegelmauern der Fachwerkkonstruktion auch außen vorgeblendet sein, dafür gibt es mehrere Beispiele in Erlangen und vereinzelte Belege auch in Nürnberg.[8] Am zweigeschossigen Totengräberhaus in Nürnberg-Wöhrd ist beispielsweise ein Großteil des Obergeschosses (mit Stube und Stubenkammer) mit einer äußeren, vor die Holzkonstruktion gesetzten Mauerschale aus – in diesem Fall hart gebrannten, frostbeständigen – Ziegeln versehen, die auf dem vorspringenden Sandsteinmauerwerk des Erdgeschosses aufsitzt und ins 19. Jahrhundert (vermutlich 1874) zu datieren ist.[9] Eine außen aufgebrachte Vormauerung bot neben der Dämmwirkung, die wohl nicht der eigentliche Zweck der Baumaßnahme gewesen sein mag, auch den Vorteil eines effizienten Wetterschutzes und eines tragfähigen Putzuntergrundes vor der (inneren) Fachwerkkonstruktion, was in der barocken, von verputzten Fassaden domi-

Dämmung im Dach: An einem 1670 (d) erbauten Wohnhaus in Zirndorf (übertragen ins Fränkische Freilandmuseum Bad Windsheim) wurde – für eine kleine Dachwohnung, die offenbar als Austrag gedient hat – wohl schon bauzeitlich zwischen die Sparren eine Füllung aus Stickscheiten mit Lehm-Strohgemisch eingebracht. (Herbert May)

Unterschiedliche Dachdeckung an einem Bauernhaus aus Unterlindelbach (Landkreis Forchheim, wiederaufgebaut im Fränkischen Freilandmuseum Bad Windsheim) – Das erste Dachgeschoss diente überwiegend zu Wohnzwecken und erhielt eine Biberschwanz-Doppeldeckung, das zweite Dachgeschoss und der Spitzboden wurden mit einer Einfachdeckung versehen, weil dort der Luftdurchzug aufgrund der Lagerung von Hopfen erwünscht war. (Herbert May)

nierten Residenzstadt Erlangen von nicht unerheblicher Bedeutung gewesen ist. Hier sind die äußeren Vormauerungen häufig ins 18. Jahrhundert zu datieren, während die innen vorgeblendeten Ziegelmauern nach dem derzeitigen Kenntnisstand meist ins 19. Jahrhundert verweisen.

Auch in den Dachgeschossen alter Häuser finden sich nicht selten Hinweise auf historische Dämmverfahren und damit Belege für durchaus schon recht frühe Wohnnutzungen unterm Dach. Dabei wurde zwischen die Sparren – analog zu Lehmdecken – eine Füllung aus Stickscheiten mit Lehm-Strohgemisch eingebracht, so geschehen beispielsweise im Dachgeschoss eines 1670 (d) erbauten Bauernhauses in Zirndorf (Landkreis Fürth, transloziert ins Fränkische Freilandmuseum Bad Windsheim), das offenbar schon bauzeitlich als eine kleine Austragswohnung mit Stube und Küche gedient hat.[10] Ähnliche Befunde existieren in den Dächern von Bauernhäusern in Seubersdorf (1684 d, Landkreis Ansbach, ebenfalls ins Fränkische Freilandmuseum Bad Windsheim transloziert) und Nürnberg-Neunhof (Soosweg 5, 1745/46 d)[11] sowie im Dachgeschoss eines kleinen, aus dem frühen 15. Jahrhundert stammenden Handwerkerhauses in Nürnberg (Kühnertsgasse 22), wo die Dämmung möglicherweise sogar noch aus der Bauzeit stammt.[12] Ein bemerkenswerter, wohl aus einer Umbauphase 1778 (d) stammender Befund ist zu einem Bauernhaus in Unterlindelbach (Landkreis Forchheim, ins Fränkische Freilandmuseum Bad Windsheim transloziert) überliefert, wo die unterschiedliche Dachdeckung sehr augenfällig wirkt: Hier hat man zum einen im bewohnten ersten Dachgeschoss Bretter vor die Sparren genagelt und zum anderen eine Biberschwanz-Doppeldeckung als Dachhaut aufgelegt, während das zweite und dritte Dachgeschoss Lagerzwecken (Hopfen) diente und lediglich mit einer Einfachdeckung versehen ist.

Ein Gebirge aus Stein: Der massive Westgiebel einer Scheune in Reuth am Wald (Landkreis Weißenburg-Gunzenhausen), deren übrige, dem Wetter weniger ausgesetzten Außenwände in Fachwerk konstruiert sind. (Jürgen Schlosser)

„…den im Wetter stehenden Giebel von Steinen zu bauen"

Eine massive Bauweise hält der Witterung dauerhafter stand als eine Fachwerkkonstruktion, insofern sind die Westseiten historischer Gebäude vielfach „versteinert". Ein höchst eindrucksvolles Beispiel für eine solche Wetterseitenarchitektur steht in Reuth am Wald (Landkreis Weißenburg-Gunzenhausen), wo der gewaltige, aus Kalkbruchsteinen gemauer-

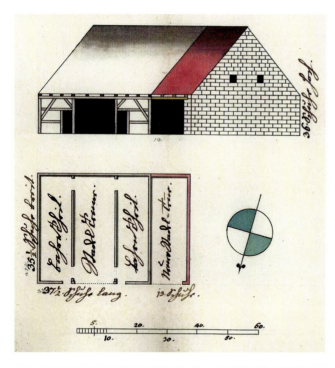

te Westgiebel einer 1715 (d) ansonsten ganz in Fachwerk erbauten Scheune fast 300 Jahre dem rauen Klima auf der Jurahöhe trotzte. Demnächst wird es der Reuther Steingiebel mit der milderen Wetterlage im westlichen Mittelfranken zu tun haben, denn die Translozierung des Gebäudes ins Fränkische Freilandmuseum Bad Windsheim steht unmittelbar bevor.

Im Raum Nürnberg spielt der steinerne Westgiebel eine herausgehobene Rolle: Der Rat der Stadt Nürnberg als Besitzer des die Stadt umgebenden Reichswaldes drängte schon seit dem 16. Jahrhundert auch in den Nürnberger Landgebieten auf die Massivbauweise, um einen zu starken Verbrauch des wertvollen Rohstoffs Holz zu verhindern. Die anlässlich einer Brandkatastrophe in Großgeschaidt (Landkreis Erlangen-Höchstadt) erhobene Forderung des Nürnberger Waldamtes Sebaldi aus dem Jahre 1739, dass bei den Neubauten der „in das

1769 will Johann Paul Bierlein aus Neunhof (heute ein Ortsteil von Nürnberg) seinen Fachwerk-Stadel nach Westen verlängern lassen. Das ging nur mit einem steinernen Westgiebel, wie das als Bauordnungsbehörde tätige Nürnberger Waldamt Sebaldi dem Bauherrn auf diesem Plan deutlich machte. (Staatsarchiv Nürnberg, Nr. 76-I-334-25-P3)

Einen ausgesprochen dekorativen Westgiebel erhielt 1738 dieses Bauernhaus in Großgründlach (heute ein Ortsteil von Nürnberg). Aufnahme von 1944. (Stadtarchiv Erlangen)

Wetter zu stehen kommende Giebel u. [die dazugehörige] Wand völlig von Steinen" aufzuführen sei, ist in den Nürnberger Waldamtsakten ab etwa den 1720er Jahren so oder so ähnlich zahlreich belegt.[13] Die massive Bauweise kam den Interessen der Nürnberger Waldämter, die im Landgebiet Nürnbergs gewissermaßen die Funktion einer Baugenehmigungsbehörde inne hatten, in doppelter Hinsicht entgegen: sie war einerseits holzsparend, andererseits langlebiger als der Fachwerkbau. Als Georg Wendler in Tauchersreuth (Landkreis Nürnberger Land) 1735 sein Wohnhaus neu bauen wollte, forderte das Waldamt Sebaldi ihn auf, „den im Wetter stehenden Giebel mit Steinen ausführen zu lassen".[14] Als Michael Fuchs aus Laufamholz (Stadt Nürnberg) 1738 seinen Stadel neu bauen lassen wollte, hieß es in der Baugenehmigung gar, dass „die zwey Wetter-Seiten von Steinen zu bauen"[15] seien, womit wohl die West- und die Nordseite des Gebäudes gemeint waren.

Schieferverkleidung in Neukenroth (Landkreis Kronach, bezeichnet „1828". (Bertram Popp)

Auch im erhaltenen Baubestand in den ländlichen Ortsteilen Nürnbergs lässt sich die Baupolitik der Nürnberger Waldämter noch nachvollziehen. So wurde die West- wie auch die Nordseite des 1745/46 (d) erbauten Wohnstallhauses in Neunhof (Sooswweg 5, Stadt Nürnberg) in Quadermauerwerk ausgeführt.[16] Ein weiteres Hausbeispiel steht in Großgründlach (Hans-Fellner-Straße 7, Stadt Nürnberg): Das Gebäude ist 1738 in Fachwerk – aber mit vollständig gemauertem Westgiebel – errichtet worden.[17] Auch die nachträgliche „Versteinerung" des Westgiebels lässt sich am überkommenen Baubestand belegen, bisweilen findet man am ersten fassadenseitigen Dachgespärre noch die Zapfenlöcher der einstigen Fachwerkkonstruktion. Man hat also die überflüssig gewordenen Fachwerkhölzer – wohl in der Absicht, sie anderweitig wieder verwenden zu können – ausgebaut, um dann den steinernen Giebel zu errichten, so geschehen beispielsweise an einem Bauernhaus in Schoppershof (Stadt Nürnberg, Längenstr. 4): erbaut 1698/99 (d), der Austausch des westlichen Fachwerkgiebels durch einen steinernen Volutengiebel erfolgte 1754 (i).[18]

Wandverkleidungen als Wetterschutz

Es gab noch eine andere, weniger aufwändige Möglichkeit des Wetterschutzes als den kompletten Austausch des Giebels: die Verkleidung der Westseite mit Natursteinplatten, Ziegel oder Holzschindeln.
Schieferverkleidungen findet man vor allem im nördlichen Oberfranken und hier besonders im Frankenwald. Der meist aus den Brüchen in der na-

Ziegelverkleidung des Westgiebels an der aus dem Spessart stammenden Flederichsmühle, wiederaufgebaut im Fränkischen Freilandmuseum Bad Windsheim. (Herbert May)

hegelegenen thüringischen Ortschaft Lehesten stammende Schiefer ist im nördlichen Oberfranken schon bemerkenswert früh zur Verschalung von (Blockbau-) Fassaden verwendet worden: So haben sich in Zeyern (Landkreis Kronach) und in Mistelfeld bei Lichtenfels Giebelverkleidungen erhalten, die 1673 bzw. 1711 datiert sind.[19] Eine äußerst dekorative Wirkung erhielten die schieferverkleideten Fassaden durch Stanniol- und Weißmalerei-Verzierungen: Aus Stanniol ausgeschnittene und aufgeklebte oder mit Bleiweiß oder Zinkweiß aufgemalte Säulen, Girlanden, Räder, Rosetten und Fensterschürzen, aber auch Blumenmuster oder Darstellungen von Heiligen und Tieren gliederten und schmückten vor allem im Landkreis Kronach die Schieferfassaden, die generell bis in den Bamberger und Forchheimer Raum verbreitet waren. Selbst in Fürth sind sie heute noch nachweisbar.[20]

Ziegelverkleidungen kamen in Franken scheinbar relativ selten zur Anwendung – und wenn, dann hauptsächlich in den Mittelgebirgen (Spessart). Die Biberschwanzziegel werden wie beim Dach in Doppeldeckung auf eine wandseitig genagelte Lattung aufgelegt. Durchgesetzt hat sich der Ziegel als Wandverkleidung im außerbayerischen Raum vor allem im Harz, wo neben den Biberschwanzziegeln auch Hohlpfannen und Krempziegel verwendet wurden.[21]

Holzschindeln als Wetterschutz sind im alpinen und voralpinen Raum verbreitet, aber auch in den Mittelgebirgen des Bayerischen Waldes und der Rhön, wo die langen „Wettbretter" den Wetterseiten der Häuser aufgenagelt wurden. Im oberbayerischen Landkreis Traunstein schützten die kürzeren Scharschindeln die Westseiten der großen Vierseithöfe, die mit geschweiftem, über die Dachflächen ragendem Umriss eine fast monumentale Wirkung erreichen konnten.[22]

Eine besondere Art des hölzernen Wetterschutzes ist in zahlreichen Hausbeispielen aus dem Oberharz überliefert, wo ein Wandbehang aus wandhohen, senkrecht gestellten Brettern ohne Unterkonstruktion – aber meist mit Deckleiste – die Fachwerkfassaden vor dem extremen Gebirgsklima mit intensiven Regen- und Schneefällen schützte. Dabei wurden an die Schauseiten gehobelte Dielen genagelt und an die rückwärtigen Seiten und Nebengebäude einfache Bretter und Schwarten.[23]

Ähnliche Befunde zum Holzbehang sind aus dem Sauer- und Siegerland bekannt, dort wurden an älteren Gebäuden sogar Bekleidungen mit „wei-

„Wettbretter" an einem Bauernhaus mit Scheune aus der Rhön: Waldberg (Landkreis Rhön-Garbfeld), wiederaufgebaut im Fränkischen Freilandmuseum Fladungen. (Herbert May)

chen" Materialien wie Stroh, Ginster und Lehmschindeln beobachtet. Stroh und Schilf sind als Wandverkleidungen und Wetterschutz von Archäologen auch an prähistorischen Häusern ermittelt worden,[24] womit sich der Kreis schließt und wir wieder am Anfang dieses Beitrags und dem bestens gedämmten bronzezeitlichen Haus aus Hanau angekommen wären: Wärmedämmung und Wetterschutz bewegen die Hausbewohner nicht erst in heutiger Zeit – man denke an die Eternitverkleidungen von Hausfassaden der 1960er und 1970er Jahre –, sondern schon seit Jahrtausenden.

Anmerkungen

1 Diekmann, Ralph. Wärme mit Nebenwirkungen. In: Süddeutsche Zeitung v. 04.01.2013
2 Freundlicher Hinweis von Thomas Wenderoth, Bayerisches Landesamt für Denkmalpflege
3 Eigene Baubeobachtungen im August 2010. Da das Brucker Haus erst 1802/03 (d) erbaut wurde, kann diese Dämmung also auch erst frühestens im 19. Jahrhundert erfolgt sein. Das Gebäude ist im September 2010 abgebrochen worden.
4 Die folgenden Informationen zur Nonnenmühle stellte freundlicherweise Dieter Gottschalk (Restaurator am Fränkischen Freilandmuseum Bad Windsheim) zur Verfügung, der die Untersuchungen zum historischen Dämmverfahren in der Nonnenmühle geleitet hat.
5 Vgl. die Internetseite der „Fachagentur für nachwachsende Rohstoffe": www.lehmbauer.com
6 Eigene Baubeobachtungen an dem Gebäude in Unterlindelbach. Zum Gebäude in Nürnberg-Großgründlach vgl. Baudokumentation und verformungsgenaues Auf-

maß durch M. Müssigbrodt, M. Goldhammer, A. Iberl, M. Maul, D. Sapper, I. Vieweg. Studienarbeit Bauaufnahme an der FH Nürnberg, 1999 (Archiv des Fränkischen Freilandmuseums Bad Windsheim). Zum Gebäude in Schniegling vgl. Bauordnungsbehörde Nürnberg/Abteilung Denkmalschutz: Baudokumentation zum Gebäude Schnieglinger Str. 233 durch Fa. Conn und Giersch, Juli 2005. Zum Gebäude in Schweinau vgl. Bauordnungsbehörde Nürnberg/Abteilung Denkmalschutz: Baudokumentation zum Gebäude Hintere Marktstr. 48 durch Arbeitsgemeinschaft Studtrucker und Giersch, Januar 1989.

7   Freundlicher Hinweis von Dieter Gottschalk, Fränkisches Freilandmuseum Bad Windsheim
8   Freundlicher Hinweis zu Erlangen von Thomas Wenderoth, Bayerisches Landesamt für Denkmalpflege
9   Vgl.: May, Herbert. Das Totengräberhaus in Wöhrd. Ein altes Haus mit bewegter Geschichte. In: Nürnberger Altstadtberichte, 35. Jahrgang (2010), S. 82 und Bauordnungsbehörde Nürnberg/Abteilung Denkmalschutz: Befundbericht zum Gebäude Bartholomäusstr. 44 durch Adalbert Wiech, Dezember 2009
10 Freundlicher Hinweis von Konrad Bedal
11 Vgl. zum Bauernhaus aus Neunhof: Bauordnungsbehörde Nürnberg/Abteilung Denkmalschutz: Baudokumentation zum Gebäude Soosweg 5 durch Holger Schatz, November 2011
12 Bauordnungsbehörde Nürnberg/Abteilung Denkmalschutz: Befundbericht zum Gebäude Innstr. 45 durch Claus Giersch, April/Mai 1996
13 Staatsarchiv Nürnbrg (StAN), Rep. 76 I, Reichsstadt Nürnberg, Waldamt Sebaldi, Nr. 305, Fasz. 16 (Unterstützungsmaßnahmen für die Opfer des Brandes von 1739)
14 StAN, Rep. 76 I, Reichsstadt Nürnberg, Waldamt Sebaldi, Nr. 366, ohne Fasz.-Nr. (Bauantrag Georg Wendler)
15 StAN, Rep. 75 I, Reichsstadt Nürnberg, Waldamt Laurenzi, Nr. 455, Fasz. 19 (Bauantrag Michael Fuchs)
16 Bauordnungsbehörde Nürnberg/Abteilung Denkmalschutz: Baudokumentation zum Gebäude Soosweg 5 durch Holger Schatz, November 2011
17 Vgl.: Bauernhäuser in Bayern, Band 1: Mittelfranken. Hrsg. von Helmut Gebhard und Konrad Bedal, München 1994, S. 259 f.
18 Dendrochronologisches Gutachten der Universität Bamberg, Institut für Archäologie, Denkmalpflege & Bauforschung/Abteilung Dendrochronologie v. 10.06.2008
19 Vgl.: Popp, Bertram. Bäuerlicher Hausbau in Oberfranken. In: Bauernhäuser in Bayern. Band 2 (Oberfranken) Hrsg. von Helmut Gebhard und Bertram Popp, München 1995, S. 66
20 Vgl. dazu auch: Seuling, Margret. Schmuckformen am schieferverkleideten Haus. In: Haus, Hof. Landschaft. Festschrift zum 80. Geburtstag von Karl Bedal. Hrsg. von Kilian Kreilinger und Georg Waldemer, Hof 1994, S. 60–73
21 Schmid-Engbrodt, Anja. Regionaltypische Baumaterialien und deren Verwendung als Wandbehang. In: System Denkmalpflege – Netzwerke für die Zukunft. Bürgerschaftliches Engagement in der Denkmalpflege Hrsg. von Christiane Segers-Glocke, Hannover 2004, S. 226
22 Waldemer, Georg. Räumliche Grundlagen und zeitliche Entwicklung. Entwicklung des ländlichen Hausbaus [im südlichen Oberbayern]. In: Bauernhäuser in Bayern. Band 6.2 (Südliches Oberbayern). Hrsg. von Helmut Gebhard und Helmut Keim, München 1995, S. 55
23 Vgl.: Schmid-Engbrodt, Anja (wie Anm. 21), S. 227; Dörfler, Wolfgang und Heinrich Stiewe. Historischer Wetter- und Brandschutz am Fachwerkbau (=Bericht über die Tagung des AK für ländliche Hausforschung in Nordwestdeutschland, 20-222.54.2012). In: Der Holznagel. Zeitschrift der Interessengemeinschaft Bauernhaus, Heft 1 (2013), S. 16
24 Dörfler, Wolfgang und Heinrich Stiewe (wie Anm. 23), S. 17

Ist der Bliz das Strafgericht, das über uns ergehen soll?

Blitzschäden und Blitzschutz an Gebäuden

von Wolfgang Dörfler

Verschienen Sommer, ahm 24. Julii, [1622 war] *dieses Orth[s] ein grausames Donnerwether, so hin und wieder großen Schaden gethan, in der Eil uffgestiegen und dasselbe Wetter zwei Mägdt im Dorf Wafenschen, welche Kohl pflantzen wollen und fur dem großen Regen under einen Baum im Hoiff in Schuer gangen, uff der Stett zue Todt geschlagen.*[1] Zu diesem Ereignis hatte Johann von Hohnhorst ein Schreiben für seine beiden Erbpächter ("Meier") Cord und Heinrich Eggers aus der niedersächsischen Ortschaft Waffensen, 35 Kilometer östlich von Bremen, verfasst.[2] Dort referierte er, dass die beiden Eltern *gen Ottersberg kommen und sich wegen ihrer Kinder – so Gott der Herr durch seine große Crafft und Almacht mit einem Donnerschlage heimgesucht – Straffe zu geben.* Ihr Gutsherr versucht mit diesem Schreiben zu erreichen, *daß sie mit keiner mehrer Strafe beschweret werden, dan sie in alle Wege ihrer Kinder lieber behalten alse entbähret, auch sie hiran ja nicht schüldig, sondern Jehova.*
Aus diesem Zitat sind drei zeitgenössische Auffassungen zu extrahieren: 1. Die elektrische Natur des tödlichen Blitzes war noch nicht erkannt, so dass man den „Donnerschlag" für verantwortlich hielt und dass man 2. Bäume bei Gewitter meiden sollte, war diesen Kindern auch nicht gesagt worden. Heute lehrt man, dass es auch noch wichtig ist, wenn man Schutz im Freien sucht, nicht mit gespreizten Beinen zu stehen oder zu laufen sondern immer mit eng beieinander gestellten Füßen zu verharren, um den „Schrittströmen" zu entgehen. Dass 3. „Jehova" als schuldig angesehen wurde zeigt, dass man – anders als Überschwemmungen oder Feuersbrünste – das Donnerwetter schon von seiner Herkunft aus den Wolken als göttliches Strafgericht verstanden hat; eine Auffassung, die engstirnige Kirchenmänner dahin brachte, die Einführung von Blitzableitern aus religiösen Gründen zu bekämpfen. Doch dazu später.

Die elektrische Natur des Blitzes

Postuliert worden war die elektrische Natur dieses Phänomens durch Eduard Guericke um 1670, der eine Analogie zwischen der durch Reibung (von Bernstein) erzeugten elektrostatischen Entladungen und der Blitzentladung erkannte. Benjamin Franklin war der entscheidende Mann, diese Dinge zu untersuchen und zu enträtseln. Er kam 1749 zu dem Ergebnis, dass sich die elektrische Energie der Wolken an hohen Punkten entlädt und so dort sichtbar wird.[3] Franklin war zu diesem Zeitpunkt noch Anhänger der Theorie, dass man durch rechtzeitig stille Entladung das Entstehen von Blitzen würde verhindern können.[4]

Experimentell nachgewiesen wurde die in Gewitterwolken enthaltene elektrische Energie erstmals 1752. Der französische Botaniker und Physiker Thomas Francois Delibard hatte in Marly bei Paris eine Apparatur gebaut, die aus einer 12 m langen Eisenstange mit vergoldeter Spitze bestand, welche gegen die Erde isoliert war. In einem lebensgefährlichen Experiment zog am 10. Mai 1752 nicht er selbst, sondern sein Gehilfe Coiffer in Anwesenheit des Dorfpfarrers bei Gewitter Funken von einigen cm Länge aus dieser Eisenstange. Ob der vielfach kolportierte Versuch von Benjamin Franklin, der aus einer mit Regen getränkten Drachenschnur Funken gezogen haben soll, wirklich stattgefunden hat, ist umstritten. Diese Experimente nutzten die unterschiedliche Ladung der Erde gegen die durch *eine Reihe von Ladungstrennprozessen in Verbindung mit vertikalen Luftbewegungen und Schwerkrafteinwirkungen* (so die heutige Diktion)[5] erzeugte Ladung der Gewitterwolken. Die primäre Idee war also, mit den hohen eisernen Gestängen eine „stille Entladungen" von Gewitterwolken durchzuführen, um so Blitze zu verhindern.

Das französische Experiment mit der nicht geerdeten Eisenstange wurde wiederholt und zwar im August 1753 in St. Petersburg durch Professor Richmann. Dabei traf ein Blitz die Eisenstange und entlud sich durch den die Stange berührenden oder ihr sehr nahe stehenden Forscher. Das führte zum vorläufigen Ende dieser Forschungsrichtung; der Entladungsstrom war für Richmann tödlich gewesen.

Erster Nachweis von Gewitterelektrizität 1752 durch Francois Delibard: Bei dem Experiment wurden während eines Gewitters Funken aus einer 12 m langen Eisenstange mit vergoldeter Spitze gezogen. Abbildung aus: L. Figuer. Les merveilles de la science ou description populaire des inventions modernes. Paris 1870

Die Entdeckung des Blitzableiters

Als älteste Nachricht zu einem Gebäudeschutz durch metallische Gegenstände wird die Beschreibung des jüdisch-römischen Historikers Josephus Flavus – er lebte von 37 bis 100 unserer Zeitrechnung – vom salomonischen (ersten) Tempel in Jerusalem angesehen. Wände und Dach des Tempels seien mit Goldplatten belegt gewesen und das Regenwasser durch metallene Röhren vom Dach in Zisternen geleitet worden. Der Tempel sei trotz seiner höhenexponierten Lage in den 338 Jahren seines Bestehens – von 925 bis 587 vor unserer Zeitrechnung – nicht durch Blitzeinschläge geschädigt worden. Anders der *Campanile di San Marco* in Venedig (Abb. S. 87); dieser wurde allein zwischen 1388 und 1766 – dann erhielt er eine „Franklin'sche Fangstange" – neunmal vom Blitz getroffen und schwer beschädigt.[6]

Benjamin Franklin wird zugeschrieben, den Blitzableiter erfunden zu haben; doch hat er ihn wohl eher entdeckt. Seinen langen spitzen Eisenstangen mit Erdung war ursprünglich die Funktion der Elektrizitätssammler zugedacht gewesen. Seine Erkenntnis, dass diese Stangen für die Ableitung von Blitzen viel nützlicher als zur stillen Entladung sind, lässt sich erstmals mit dem folgenden, allerdings unsicher datierten Zitat belegen: *May not the knowledge of this power of points be of use to mankind, in preserving houses, churches, ships &c. from the stroke of lightning, by directing use to fix on the highest parts of those edifices, upright rods of iron made sharp as a needle […] and from the foot of those rods a wire down the outside of the building into the ground […]?*[7]

Diese von Ludwig Christian Lichtenberg 1775 publizierte Zeichnung zeigt in Anlehnung an die Erfindung von Benjamin Franklin, wie ein großes Gebäude durch zwei Spitzen und einen verbindenden sowie geerdeten Draht vor Blitzeinschlag geschützt werden kann. Abbildung aus: Hasse, Peter. Der Weg zum modernen Blitzschutz. Berlin/Offenbach 2004

Aufklärungsliteratur wie dieses 1800 erschienene Werk von Carl Heinrich Nicolai haben bei der Propagierung der Blitzableiter eine wichtige Rolle gespielt.

Ludwig Christian Lichtenberg referierte die Erfolge der Franklin´schen langen spitzen Eisenstangen für den deutschen Leser 1778 mit folgenden Worten: *Im Jahre 1760 fiel in Philadelphia der Blitz auf des Herrn West Haus, der mit einem Ableiter versehen war. Er ergriff sogleich die Spize des Ableiters und gieng durch den Draht ruhig zur Erde. Ebendaselbst wurde im Jahre 1774 der Ableiter auf dem Hause des Herrn Joseph Moult vom Blize getroffen, die Spitze ward geschmolzen, aber das Gebäude blieb unversehrt.*[8] Die 1775 von Lichtenberg publizierte Zeichnung zeigt, dass er schon vorgeschlagen hatte, lange Häuser durch zwei Spitzen und einen sie verbindenden Draht zu schützen. Eine Art des Anlagenbaus, die unserer heutigen noch stark ähnelt.

Kirchliche Befürwortung und kirchlicher Widerstand gegen Blitzschutzanlagen

Auf kirchlicher Seite scheint es erhebliche Widerstände gegen die Neueinführung von Blitzableitern gegeben zu haben. Dies lässt sich daraus folgern, dass die Befürworter dieser Anlagen sich genötigt sahen, ausführliche Gegenargumentationen aufzubauen. Bei Lichtenberg liest sich die Argumentation 1775 so: *Ist der Bliz oder der Brand das Strafgericht, das über uns ergehen soll und dem man sich nicht widersetzen darf? Der uns von dem gütigen Schöpfer so weislich eingepflanzte Trieb für unsere Erhaltung zu sorgen, rechtfertigt den Gebrauch dieser Mittel, wodurch sie sich bey nahen Donnerwettern gegen die schädlichen Wirkungen des Blizes größtentheils in Sicherheit setzen können. Ich halte eine Einleitung dieser Art für um so nöthiger, ie mehr man geneigt ist, dergleichen noch ungewöhnliche Anstalten für Eingriffe in die Rechte Gottes [...] anzusehen.*[9] Noch 25 Jahre später argumentierte der Prediger und Ökonom E. H. Nicolai aus Dresden in seiner Aufklärungsschrift (Abb. S. 85) vehement gegen das kirchliche Verdikt gegen den Bau von Blitzschutzanlagen, was vermuten lässt, dass solche Meinungen verbreitet waren. Sein Zitat lautet:
O! Wenn werden wir doch die grobe sinnliche Vorstellung ablegen, als wenn der große Schöpfer und Erhalter der Welt da stünde und die Blitze und Donnerkeile dahin schleuderte, wo er sie hin haben wollte, um die Menschen damit zu strafen! – Eine Vorstellung, die unseres großen Gottes so unwürdig und eine wahre Lästerung seines höchst vollkommenen Wesens ist. Donner und Blitz sind eine Art Witterung; eine Natur-Erscheinung, wie Regen, Schnee, Schlossen, Frost und dergleichen und folgen nach eben so richtigen Gesetzen der Natur. Greifen wir denn dem lieben Gott auch in Regierung, wenn wir Schirme und Mäntel umnehmen, dass uns Regen und Schnee nicht durchnässe? Oder wenn wir unter Obdächer treten und unsere Stuben durch Oefen erwärmen, dass wir nicht erfrieren? Für die aufgeklärte kirchliche Seite steht die Tatsache, dass bereits 1769, drei Jahre nach dem Campanile in Venedig, die Hamburger St. Jacobi Kir-

Der 1745 vom Blitz getroffene Campanile di San Marco in Venedig. Abbildung aus: L. Figuer. Les merveilles de la science ou description populaire des inventions modernes. Paris 1870

che den ersten „Wetterableiter" in Deutschland erhielt. Lichtenberg zitierte auch genüsslich, dass fünf Pfarrer unter den ersten waren, die solche Anlagen in Deutschland und Österreich bauen ließen.[10] So veranlasste auch schon im Jahr 1769, also sehr früh, der Augustiner *Abt J. I. von Felbiger*, auf der Stadtpfarrkirche in Sagan (Niederschlesien) *einen Eisendraht an der Turmspitze befestigen und zu einer großen Eisenplatte in einem tiefen Loch an Fuße des Turms führen* zu lassen. Überhaupt waren die Kirchen und ihre Türme die ersten Gebäude, die flächendeckend mit Blitzableitern ausgerüstet wurden. Dass sie so anfällig für Blitzeinschläge waren, ist denn ja auch ein offensichtliches Argument gegen die Mitwirkung des christlichen Gottes an dem Blitzgeschehen, denn warum hätte er bevorzug die zu seinen Ehren erbauten Türme und Häuser zerstören sollen?
Der erste Blitzableiter Münchens wurde 1776 auf dem Gasthaus „Schwarzer Adler" errichtet. Friedrich Schillers Haus in Jena erhielt auf Veranlassung und Kosten seines fortschrittlichen Verlegers Johann Friedrich Cotta 1798 einen Blitzableiter. Solche Blitzableiter waren aber im 18. Jahrhundert noch exotische Ausnahmen. So ist einer Reisebeschreibung aus der sächsischen Schweiz von 1801 über das Dorf Lohmen folgendes Zitat zu entnehmen. *Seit einigen Jahren findet man auch zwei Blitzableiter über Strohdächern in diesem Dorf. Ein merkwürdiger Schlag eines Blitzes auf eine Linde, die auf dem Damm des großen Teiches steht, gab die Veranlassung, daß sowohl die ganzen Gebäude des Herrn Oberförsters als auch die, die zur Pfarrwohnung gehören, mit Blitzableitern auf die leichteste und wohlfeilste Weise von bloßen Blechstreifen belegt wurden.*[11]

Propaganda für Blitzableiter

Derselbe Autor, Carl Heinrich Nicolai, begründete in einer fast zeitgleich erschienenen Aufklärungsschrift die erwähnte Verwendung von Blechstreifen: *Die die erste Ableiter anlegten, nahmen eiserne Stangen. Diese legten sie auf eiserne Stützen über den First weg und befestigten die, die an den Seiten herunter giengen, mit vielen eisernen Klammern an die Wände. Das macht aber viele Arbeit und verursacht auch noch große Kosten. Mühe und Kosten erleichtert man sich merklich, wenn man statt der Stangen, nur breite Streifen von Metall anlegen lässt.*[12]

Aufklärungsbücher wie die von Felbiger und Nicolai haben bei der Propagierung der Blitzableiter eine wichtige Rolle gespielt.[13] Der wichtigste Titel mit dieser Zielsetzung ist der schon zitierte von *Ludwig Christian Lichtenberg*: *Verhaltens-Regeln bey nahen Donnerwettern, nebst den Mitteln sich gegen die schädliche Wirkung des Blizes in Sicherheit zu setzen: zum Unterricht für Unkundige.* Das Büchlein erschien in drei Auflagen von 1775 bis 1778.

Die Statistiken der Feuerversicherungen

Ich komme nun zu den statistischen Auswertungen, die natürlich im Zusammenhang mit Feuerversicherungsfragen entstanden sind. Das 1880

Brand eines Stallstadels in Degernbach, Landkreis Rottal-Inn, Niederbayern, im Jahr 1911 (Bildarchiv Freilichtmuseum Massing)

erschienene Buch von *W. Holtz Über die Zunahme der Blitzgefahr und ihre vermuthlichen Ursachen etc.*[14] enthält eine ambitionierte statistische Untersuchung zu vielen Fragen der Gefahr durch Blitze und natürlich eine Propaganda für den Bau von Blitzableitern. Heute interessiert an diesem Band nicht die auf schwachen Indizien beruhende Annahme von der zunehmenden Häufigkeit von Gewitter. Bemerkenswert sind aber die akribischen Erhebungen, die der Autor in bester volkskundlicher Manier durch Verschicken von Fragebogen an Gewährsleute in ganz Deutschland und Österreich zu Wege gebracht hat. Er forderte seine Gewährsleute – hauptsächlich Lehrer – auf, in ihrer unmittelbaren Umgebung das Folgende zu ermitteln: *Unter 500 ländlichen Gebäuden alle Nebengebäude mitgezählt, Kirchen nicht gezählt, haben nach ungefährer Schätzung 1. Wieviel einen Blitzableiter? 2. Wieviele eine Windfahne? 3. Wieviele eine innere Pumpe (…) 4. Wieviele Stroh- und Rohrbedachung? 5. Bei wie vielen mag diese ganz oder theilweise mit Draht befestigt sein?*[15] So liefert er der Hausforschung für das Jahr 1879 höchst interessante Angaben zur Häufigkeit solcher Einrichtungen und der Bauweise der Häuser. Windfahne und Pumpen im Hausinneren sieht er als blitzanziehend und also als große Gefahr an und fragt daher danach. Sie sind eher selten und kommen durchschnittlich bei 12 % (Wetterfahnen) bzw. 34 % (Pumpen) der Häuser vor. Blitzableiter sind noch seltener (5 %) und nur in Westholstein bei 62 % und im Königreich Sachsen bei 18 % der Gebäude vorhanden. Das Vorkommen von weichgedeckten landwirtschaftlichen Gebäuden ist

Blitz und Hagel über Schwabach in der Nacht vom 29. auf den 30. September 1732. Das Unwetter verwüstete weite Teile der mittelfränkischen Kleinstadt. Kupferstich, gedruckt von Johann Jacob Enderes, 1732 (Stadtarchiv Schwabach)

kleinräumig höchst unterschiedlich. Es gibt Gegenden in denen fast 90 % der Häuser ein solches Dach aufweisen (Schleswig, Holstein, Lübeck, die Kreise Hannover, Stade, Vorpommern, Altpommern und Posen), dann gibt es Gegenden mit ca. 2/3 weichgedeckten Häusern, so Schlesien, Teile von Bayern, das Königreich Sachsen, Oldenburg, Mecklenburg und Bremen. In Westfalen waren 1875 nur noch 10 % der landwirtschaftlichen Gebäude mit Stroh oder Reet gedeckt. Die Drahtvernähung der Stroh- und Reetdächer ist mit 50 % eine schleswig'sche Besonderheit und 1875 gerade dabei, sich nach Holstein und über die Elbe nach Stade auszubreiten; sonst kommt sie überall noch gar nicht oder bei einigen ganz wenigen Gebäuden vor. Die Blitzgefahr ermittelt der Autor durch Auswertung der bei den Versicherungen in einem Fünf-Jahres-Zeitraum eingegangenen Schadensmeldungen in Relation zur Zahl der versicherten Gebäude und zeigt auch hier große Unterschiede.

Eine naheliegende Quelle zur Ermittlung der Gefahr durch Blitzeinschläge sind die bei den Versicherungen geführten Schadenslisten.[16] Die Versicherungen haben die Aufgabe, realistische Prämien für die von ihnen versicherten Gebäude zu berechnen, und dazu haben sie bereits früh Statistiken geführt. So hat die „Verdensche Brandcasse zu Stade" für den Bereich der Herzogtümer Bremen und Verden in den Jahren 1860 bis 1877 eine Zunahme der durch Blitz geschädigten Gebäude diagnostiziert: 1860 wurden demnach nur sechs Blitzschäden registriert, 1873 aber bereits 35.

Eine vom königlich-bayerischen statistischen Bureau erhobene Statistik zu dem Zeitraum 1859 bis 1869 kommt für ganz Bayern zu einem ähnlichen Ergebnis. 1859/60 ist Blitzschlag in 51 Fällen als Brandursache angegeben, 1866/67 und 1867/68 schnellte die Zahl auf 101 bzw. 140 Fälle hoch. Kommentiert wurde das Ergebnis in der Zeitschrift des königlich-bayerischen statistischen Bureaus folgendermaßen: *Sehr auffällig ist, dass die zwei Jahre mit der höchsten allgemeinen Brandfrequenz [1866/67 und 1867/68] auch die meisten zündenden Blitzschläge nachweisen. Sollten nicht etwa Fälle, unter der Brandursache ‚Blitz' stecken, in denen während eines Gewitters nicht durch den Blitz die Entzündung erfolgte?*[17]
Eine ausführliche Statistik erhob das königlich-bayerischen statistische Bureau für das Jahr 1868/69 (Bayern ohne Pfalz):
Brandfälle des Jahres 1868/69 nach Entstehungsursachen (Sonstige 2,2 %):

Blitzschlag	7,4 %
Vorsätzliche Brandstiftungen	14,2 %
Fahrlässige Brandstiftungen	10,2 %
Mutmaßliche / vorsätzliche	2,9 %
Fehlerhafte Bauart	3,3 %
Schadhaftigkeit der Kamine	3,6 %
Unbekannt	56,2 %

Neben den Brandstiftungen war der Blitzschlag demnach die häufigste definierte Brandursache, bei allerdings einer hohen Zahl nicht ermittelter Ursachen.

1909 stellte der Königlich Bayrische Ökonomierat und Bezirks-Feuerwehr-Vertreter L. C. Frauenknecht in seiner Schrift „Feuerschutz in der Landwirtschaft" fest, *daß die Zunahme der Blitzschläge nur eine scheinbare ist und daß in der vermeintlichen Zunahme der Blitzgefahr keine in den physikalischen Verhältnissen der Erde und des Luftmeeres begründete Tatsache erblickt werden darf, sondern eine soziologische Erscheinung* sei.[18] Als Grund führt er *das Gebrauchmachen des Ersatzrechtes auch bei geringen Schäden* auf. Zum Beweis für die verstärkte Inanspruchnahme der Versicherung zieht er den Vergleich mit der übrigen Brandversicherung heran, bei er in einer dreißigjährigen Beobachtungsreihe die gleichen Steigerungsraten wahrnimmt. Von ihm stammt noch eine nette Aufstellung, nach der *Stärkebäume und Fettbäume, die während des Sommers arm am Öl sind, z.B. Eiche, Pappel, Weide vom Blitz bevorzugt werden* und abgestorbene Äste bei allen Bäumen die Blitzgefahr erhöhen sollen. Dann stellt er fest, dass *jedes Jahr Millionen des Nationalvermögens durch Blitzschläge vernichtet und eine große Anzahl von Menschen gelähmt oder getötet werden,* aber trotzdem die Frage des Blitzschutzes auch 150 Jahre nach der Erfindung der Blitzableiteranlagen noch nicht genug Beachtung gefunden habe. So empfiehlt er, wie alle fortschrittlichen Männer seiner Zeit, den verstärkten Bau von Blitzableitern.

Zum Schluss: der Nutzen von Blitzableitern

Wenn man sich heute um die Sinnhaftigkeit des Baus einer Blitzschutzanlage kümmert, sind vor allem zwei Einflussfaktoren zu klären:
1. Die Häufigkeit von Blitzschäden, also das Risiko
2. Die Wirksamkeit, also Risikominderung für Gebäude durch solche Anlagen

Zur Abschätzung der Häufigkeit von Blitzeinschlägen ist zunächst einmal die Häufigkeit von Blitzereignissen selbst (den sog. positiven Wolke-Erde-Entladungen) zu messen. Die Geräte dafür sind schon seit Jahrzehnten in Gebrauch, arbeiten aber erst seit etwa 15 Jahren mit befriedigender Präzision. Frühere, nur durch Wetterbeobachtungen gewonnene Zahlen ergaben für Bayern, dass mit jährlich 4–6 Blitzeinschlägen je km^2 zu rechnen ist. Nimmt man nun die Schadensstatistik der Versicherungen und die Schätzung über die Zahl an Gebäuden hinzu, dann ergibt sich ein Wert für das Risiko eines Schadensfalles. 96 % der Schadensumme bei Blitzeinschlägen werden durch Brände verursacht.[19] Auffällig bei allen differenzierten Schadensstatistiken ist, dass unbewohnte Gebäude ein höheres Risiko haben getroffen zu werden

Nicolaus Adler aus Neunhof bei Beerbach [Landkreis Nürnberger Land] will 1772 *sein vom Wetter entzündet- und eingeäschertes Wohnhaus [...] von neuem auf eine steinerne Vierung und mit dergleichen Giebel-Mauern [...] herstellen*, wie es im Text zu diesem Bauplan des Nürnberger Waldamtes Sebaldi heißt. Das durch Blitzeinschlag zerstörte Gebäude mit Strohdach ist in dem Plan unten dargestellt, der geplante Neubau oben mit Grundriss und Ansicht. (Staatsarchiv Nürnberg, 76-I-334-46/P1)

und abzubrennen als bewohnte. Das mag mit der ableitenden Funktion von Metallrohren für Gas, Wasser und Regenwasser in bewohnten Gebäuden zusammenhängen, lässt aber auch Spekulation zu.

Die zweite Frage, nach der Risikominderung, ist nicht zu beantworten. Es gibt keine Statistik, die vergleicht, wie häufig und in welcher Höhe Schäden an Gebäuden mit und ohne Blitzableiter auftreten. Handicap bei der Wirksamkeitsermittlung ist, dass es den Blitzableitern zumeist nicht anzusehen ist, wenn sie einen Blitz aufgefangen und abgeleitet haben, da keine Materialveränderungen aus diesem Vorgang resultieren müssen. Blitzzähler an Blitzschutzanlagen sind eine große Seltenheit.

Schließlich ist das reine Vorhandensein einer Anlage kein Garant für ihr Funktionieren. Schlecht gewartete Anlagen sind häufig und sind vielleicht sogar eher geeignet Blitze anzuziehen und den Schaden erst zu provozieren als ihn zu verhüten. Alle Vorschriften zu Blitzschutzanlagen verlangen die regelmäßige Wartung und subventionierten diese in der Vergangenheit auch durch Beitragsermäßigungen oder Kostenübernahme.[20] Auch als diese Subventionen weggefallen waren, galt, dass wer eine solche Anlage hat, verpflichtet ist, sie in Stand zu halten. Wer es unterlässt, macht sich strafbar und entgeht dem nur dadurch, dass er sie entfernt. Daneben scheint es auch Regionen zu geben (z.B. Schleswig-Holstein) in denen die Baubehörde den Bauherren vorschreiben darf, Blitzschutzanlagen zu bauen; in Niedersachsen ist dies nicht der Fall.[21]

Anmerkungen

1   StA Stade Rep 5b Fach 84 Nr. 13e, Bl. 157–158; vom 24.11.1622
2   Wie vor, Bl. 154; vom 22.8.1622. Zur Überlieferung des Falles hatte Anlass gegen, dass sich das Ereignis in einer strittigen Grenzregion ereignet hatte. Es ging darum, welchem Landesherren eine als „Grabwinnung" bezeichnete Geldabgabe, quasi eine Leicheschaugebühr, zugestandene hatte.
3   Schreiben Benjamin Franklins an John Mitchell vom 29. April 1749, zitiert nach der digitalen Edition der Benjamin Franklin Papers, http://www.franklinpapers.org/franklin/framedVolumes.jsp
4   Wie vor, Schreiben Benjamin Franklins an Peter Collinson vom 2. März 1750
5   Wiesinger, Johannes. Blitzforschung und Blitzschutz. Deutsches Museum, Abhandlungen und Berichte, Heft 1/2, München 1972, S.17
6   Hasse, Peter. Der Weg zum modernen Blitzschutz. Von der Mythologie zum EMV-orientierten Blitz-Schutzzonen-Konzept. Geschichte der Elektronik 20, Berlin und Offenbach 2004, S. 34. Aufzeichnungen vor 1388 für den bereits in karolingischer Zeit begonnenen Turm liegen nicht vor.
7   Möhring, Christa. Eine Geschichte des Blitzableiters. Die Ableitung des Blitzes und die Neuordnung des Wissens um 1800. Inauguraldissertation Bauhaus-Universität Weimar 2005, S. 59. Das Zitat ist zeitlich nicht eindeutig zuzuordnen. Spätesten 1755 hatte Franklin jedenfalls die beiden Wirkungen seiner Stangen erkannt und behauptet nun, diese schon immer vorhergesagt zu haben, wofür allerdings die Belege fehlen.
8   Lichtenberg, Ludwig Christian. Verhaltungs-Regeln bey Donnerwettern nebst den Mitteln sich gegen die schädliche Wirkung des Blizes in Sicherheit zu setzen: zum

Unterricht für Unkundige. Gotha ³1778, hier zitiert nach Wiesinger, wie Anm. 5, S. 8. In den beiden ersten Auflagen seines Buches (1774 und 1775) hatte Lichtenberg diese Beispiele noch nicht gekannt.

9   Lichtenberg wie Anm. 8, Gotha ²1775, S. VII–IX
10 ebenda, S. XI–XII
11 Nicolai, Carl Heinrich. Wegweiser durch die Sächsische Schweiz. Pirna 1801, 4. Nachdruck Dresden 1990, S. 23
12 Nicolai, Carl Heinrich. Gänzlich gehobene Bedenklichkeiten wegen Anlegung der Blitzableiter, nebst Anweisung, wie sie am leichtesten und wohlfeilsten angelegt werden können. Dresden 1800 (siehe Abb. S. 85), S. 23
13 Siehe dazu Möhring wie Anm. 7, S. 94/95, FN 249
14 W. Holtz. Über die Zunahme der Blitzgefahr und ihre vermuthlichen Ursachen. Eine Statistik der Gewitter, der Blitzeinschläge in Gebäude, der blitzbezüglichen baulichen Einrichtungen und der Verluste durch Blitz, auf Grund zahlreicher Mittheilungen aus Deutschland, Österreich und der Schweiz. Greifswald 1880
15 wie vor, S. 99
16 Ritterschaftliches Archiv Stade Brandkasse Nr. 134
17 Zeitschrift des königlich-bayerischen statistischen Bureaus, 2. Jhrg., 1870, Nr. 3, S. 144
18 L. C. Frauenknecht. Feuerschutz in der Landwirtschaft. München 1909, S. 22–26
19 Wiesinger 1972 wie Anm.5, S. 59
20 StA Stade Rep 174 Stade Nr. 1147; darin: *Maßnahmen zur Förderung der Anlage von Blitzableitern der Direktion der vereinigten landschaftlichen Brandkasse vom 15. Juni 1910*. Das gleiche Problem galt auch für elektrische Anlagen im Haus, die wegen schlechter Wartung eine erheblich Erhöhung der Brandgefahr mit sich brachten, wozu Beispiele in der Akte gegeben werden.
21 Mündliche Auskunft Helmut Meyer, Vereinigte Versicherungsgruppe Hannover (VGH) Januar 2012

Der Mensch im Schafspelz
Kleidung im Arbeitsalltag

von Bertram Popp

Seit der Mensch seine Urheimat auf dem afrikanischen Kontinent verlassen hatte, schützte er seinen Körper je nach Reiseziel mit mehr oder weniger Bekleidung. Das eigene Fell hatte er schon lange verloren. Seit er unter dem Baum der Erkenntnis seine Unschuld einbüßte, bedeckt er seine Blöße aus Schamgefühl. Seit er mehr als ein Paar ist, schmückt er sich, um zu imponieren. Weil er aber immer noch durch Angst angetrieben wird, setzt er sich Masken auf und verkleidet sich, um nicht als der erkannt zu werden, der er ist.

Dem Ursprung der Kleidung nähert man sich auf archäologischem, philosophischem oder theologischem Wege. Die Nacktheit hat im kulturanthropologischen Sinn durchaus Vorteile für die Entwicklung der sozialen und an Partner gebundenen Wesen. Dafür muss sich der Mensch allerdings in der unwirtlichen Welt behaupten. Nur geringe Abweichungen seiner Kerntemperatur um 1–2 °C können zum Ausfall wichtiger Funktionen führen. Er zieht sich warm an, um sich behaglich zu fühlen und um nicht zu erfrieren. Nicht nur Kälte sondern auch Wind und vor allem Nässe fördern die Unterkühlung. Er zieht sich leicht an und bedeckt seinen Kopf, um sich vor Hitze, Sonne und Sonnenbrand zu schützen. Luftige Kleidung und Beschattung verhindern Überhitzung. Durch die Verdunstung des Schweißes wird der Körper gekühlt, der Organismus trocknet aber aus.

Nehmen wir an, dass dem Menschen während der Besiedelung der Welt der Status und die Bedeutung von Kleidungsritualen vollständig vertraut geworden und in Fleisch und Blut übergegangen sind. Kleidung besitzt Zeichencharakter. Sie macht deutlich, ob ein Mann oder eine Frau darin steckt. Sie vermittelt, ob der Träger, die Trägerin zu einer bestimmten Gruppe oder Gesellschaft gehören. Bekleidung unterliegt den Veränderungen von Geschmack und Konvention. Sie ist ein Kind des Zeitgefühls und die zeitgemäß herrschenden Vorurteile nennt man Mode. Trotzdem unterliegt die Art, Bekleidung herzustellen, zu kaufen und zu tragen, den einfachsten Gesetzen von Verfügbarkeit und Erschwinglichkeit einerseits und der Bequemlichkeit und des Komforts andererseits. Für einen Grönländer sind Federn und Bast nicht erhältlich und sie wären ebenso wenig tauglich, wie ein Eisbärfell für einen Äquatorianer. Der Mensch hat, seit er sich kleidet, die natürlichen Ressourcen seiner Umgebung genutzt. Wenn sich die klimatischen Verhältnisse verändert haben oder der Mensch weit gewandert ist, hat er seine Gewohnheiten geändert oder ändern müssen.

Wildfütterung mit dem Pferdeschlitten. Der junge Helfer trägt einen Schaffellmantel. Die Jagdpächter können unter einer Schlittendecke sitzen. Schwarzenbach an der Saale, Landkreis Hof, um 1925 (Foto Helga Schneiderbanger)

Die Kulturgeschichtsschreibung hat regionale, konfessionelle, soziale Unterschiede der Kleidung beschrieben. Oder haben die Politik, die Herrschaft, die Kirche und das Militär erst unterschiedliche, beziehungsweise unterscheidbare Kleidung propagiert und durchgesetzt? Ausgeprägte regionale Besonderheiten bei der Bekleidung erscheinen heute doch relativ jung. Jedoch soll die Beschreibung der regionalen, der ästhetischen und modischen Aspekte der Kleidung hier in den Hintergrund treten. Denn die Volkskunde, die Kultur- und die Kunstgeschichte haben sich intensiv mit der „Volks- oder Bauerntracht" und den regionalen Besonderheiten der Kleidung beschäftigt. Die differenziertere Quellenkritik der heutigen Bekleidungsforschung hinterfragt zu Recht manche überlieferte Trachtenbelege und kann einerseits die „Entstehung" eines regionalen Trachtenbewusstseins mitunter als gesellschaftliches Konstrukt des 19. Jahrhunderts einordnen.[1] Andererseits werden die Quellen zur regionalen und meist ländlichen Bekleidung in vielen umfangreichen Publikationen beschrieben, was in diesem Rahmen gar nicht geleistet werden soll.[2] Gesellschaftliche Unterschiede, die sich weniger in den Kleidungsstücken sondern vielmehr in deren Ausschmückung und Qualität und in der Verwendung kostspieliger oder schwer verfügbarer Stoffe manifestieren, werden ebenso wenig vertieft.[3] Entledigen sich Frau und Mann ihrer Hüte, Mäntel, Pelze, Umhänge, bleiben Hemd und Hose übrig, bei der Frau Röcke. Darunter gibt es Unterwäsche und darüber Schürzen.

Die Schürze war nicht der Frau allein vorbehalten. In der Arbeit trug sie der Mann genauso. Die Schürze diente sozusagen als Nachweis für Erwerbsfleiß. Je nach Art der Tätigkeit wurden Leinen-, Jute- oder Lederschürzen getragen. Nicht-Tätigkeit wurde beim Mann durch das Einstecken eines Schürzenzipfels in den Bund signalisiert. Der Mann legte die Schürze im Lauf des 20. Jahrhunderts ab, während sie bei der Frau un-

verzichtbarer Kleidungsbestandteil blieb.⁴ Die Arbeitsschürze wurde durch die Kittelschürze, die Latzhose oder den „Blaumann" abgelöst.⁵
Blicken wir auf die konstruktiven und funktionalen Qualitäten der Kleidung und hier besonders auf die Arbeitskleidung. In den gemäßigten Breiten muss sich der Mensch auf wechselnde Witterung einstellen und seine Kleidung an die Jahreszeiten und an die Unterschiede zwischen freier Natur und häuslichem Bereich anpassen. Wie ist der Mensch im ländlichen Raum den Veränderungen der Witterung und der Jahreszeiten begegnet? Es gibt kein schlechtes Wetter, sondern allenfalls unpassende Kleidung. Die Erkenntnis stammt nicht aus der Sportwerbung. Sie ist viel älter. Daraus folgt jedoch nicht, dass unseren Vorfahren ungemütliches Wetter egal war. Man fühlte sich noch bis in das 20. Jahrhundert hinein bei besonderen Wetterereignissen gefährdet. Wechselnde Produktivität und veränderte Arbeitsabläufe im Wandel der Jahreszeiten waren viele Jahrhunderte selbstverständlich und werden erst seit wenigen Generationen nicht mehr akzeptiert. Dass man im Winter zurückgezogener lebte, weniger mobil war, erschien nicht als Mangel und Einbuße am Erwerbsfleiß. Jede Jahreszeit besaß ihre Qualitäten und die Produkte der Natur wurden dann genossen oder verarbeitet, wenn sie „zeitig" waren.
Die Auswirkungen der Witterung auf den Menschen wurden im Laufe der Epochen unterschiedlich gewertet. Das Sonnenlicht, das wir als heilsam und positiv für die Psyche empfinden, wurde – wenn man es sich leisten konnte - lange Zeit gemieden. Bis in das frühe 20. Jahrhundert galt blasse Haut als vornehm. Bürger und Bürgerinnen besuchten Strände oder „Sommerfrischen" stets in vollständiger Kleidung mit Sonnenschutz bis zu den Handrücken. Nur wer in der Landwirtschaft, im Wald, im Steinbruch

Frauen überqueren die Saale, um auf die Wiesen am anderen Ufer zu gelangen. Sie sind barfuß, einige tragen Pantoffeln mit gerafftem Rock und Schürze in der Hand. Trotz der Sommerwärme verzichten sie bei der Heuarbeit nicht gerne auf langärmelige Blusen. Hirschberg an der Saale um 1900 (Fotoarchiv König, Bad Lobenstein)

Zwei junge Männer an einem Winterfeiertag. Der junge Bauer rechts hat eine frische Schürze an und den Schürzenzipfel hochgesteckt. Leupoldsgrün, Landkreis Hof, um 1905 (Fotosammlung Rudolf Bayreuther im Fotoarchiv Oberfränkisches Bauernhofmuseum Kleinlosnitz)

oder eben an der Luft arbeiten musste, konnte Kopf und Arme der Sonneneinstrahlung nicht entziehen. Luft- oder Lichtbäder wurden in Hinblick auf die „atmende" Haut als therapeutische Maßnahmen betrachtet. Die medizinische Betrachtungsweise führte allmählich zu neuen Anschauungen: Maßvolle Körperbräune als Zeichen eines gesunden Lebensstils. Die Naturheilkunde rechtfertigte Nacktheit über die medizinische Argumentation.[6] Eine gleichmäßige und maßvolle Bräune erfordert Zeit. War diese nicht durch Muse und Freizeit in der Natur zu erzielen, halfen Höhensonnen, Bräunungscremes und Solarien nach. Zur arbeitenden Bevölkerung blieb nach wie vor ein Unterschied. Die konnte keine gleichmäßige Bräunung erreichen und blieb unter dem Hemd blass. Spät wurden die gefährlichen Auswirkungen zu intensiver Sonneneinstrahlung auf die Haut erkannt.

Heute ist der Mensch in der Lage, sich stärkere Unabhängigkeit von Witterungseinflüssen durch das Tragen normierter Schutz- und Sicherheitskleidung zu verschaffen. Im Alltag fand seit der rasanten Entwicklung der Mobilität die Schutzbrille Verbreitung. Die Verwendung farbiger Gläser diente zum Dämpfen oder Abwenden schädlicher Strahlen. Der wesentliche Nutzen lag jedoch im Schutz vor Fremdkörpern bei Eisenbahn-, Rad-, Moped- oder Autofahrten und bei Flügen.[7] Entwickelte sich die Sonnenbrille zu einem Modeartikel und zu einem Objekt der Selbstdarstellung und der Verhüllung gleichermaßen, breitete sich die Schutzbrille in vielfältige Arbeitsbereiche aus. Immer mehr motorisierte und mechanisierte Arbeitsabläufe erfordern heute einen Augenschutz. Mähen mit der Sichel oder mit der Motorsense, Sägen mit der Zug- oder mit der Motorsäge, Hobeln mit der Raubank oder mit einem Elektrohobel. Staub, Steinchen und Späne werden schneller, unberechenbarer und gefährlicher. Dienten bis zum Anfang des 20. Jahrhunderts in der Regel abgenutzte Stücke als Arbeitskleidung, entwickelte sich infolge vieler Unfälle ein Bewusstsein für die Notwendigkeit von Schutzkleidung. Durch bekleidungsphysiologische Untersuchungen wird der Tragekomfort von Schutz- und Berufskleidung dauernd verbessert.[8]

Mit welchen Stoffen kleidete man sich?

Die natürlich vorhandenen Materialien für die Kleidung waren seit der Frühgeschichte überschaubar: Leinen, auch Hanf oder Nessel, Baumwolle, Tierhaare, vor allem Schafwolle und Filz, Stroh, Pelz beziehungsweise Leder. Dass unter diesen Naturmaterialien nicht Wolle gleich Wolle und Leder gleich Leder ist, geriet im Bewusstsein der Konsumenten schleichend abhanden. Die besonderen Qualitäten und Verarbeitungstechniken für je unterschiedliche Verwendung von Bekleidungsmaterial werden in ältesten archäologischen Funden deutlich.[9] Dabei handelt es sich verständlicherweise um außergewöhnlich seltene Befunde. Denn kaum etwas vergeht so schnell, wie textiles Material. Allenfalls im Eis, im Wasser, im Moor, vielleicht noch in der klimatisierten Kleiderkiste können Stoffe überdauern.

Betrachten wir die ländliche Arbeitskleidung, so können wir auf eine große Zahl von Genredarstellungen seit dem ausgehenden Mittelalter zurückgreifen. Der Bauer trägt lederne Schuhe oder hohe Stiefel, enganliegende, wohl lederne Hosen, das heißt eigentlich zwei Beinlinge, ein knielanges Hemd, einen Gürtel und einen breitkrempigen Hut oder eine Haube möglicherweise aus Wolle oder Pelz. Die Bäuerin ist abgebildet mit einem oder mehreren langen Röcken, Schürze, Hemd und Mieder oder Jacke und Kopftuch. Bei Kälte trägt der Bauer einen kurzen Mantel und die Bäuerin ein Schultertuch oder einen Umhang. Diese starke Verkürzung soll nicht die Mühe vieler Wissenschaftler gering reden, die sich ausführlich mit der Entstehung und dem Wandel der Bekleidung beschäftigen. Sie soll Fragen nach dem Schutz vor Wind und Wetter auf möglichst einfache Weise klären.

Was leisten die ursprünglichen Bekleidungsstoffe?

In der Hausweberei der Neuzeit entstanden aus Leinen und später aus Baumwolle durch besondere Webverfahren robuste Stoffe, wie Cord oder Manchester. Neben den beiden wichtigsten Pflanzenfasern gehören die tierischen Fasern (Wolle) zu den hauptsächlichen Ausgangsstoffen.

Leinen besitzt einen Celluloseanteil von ca. 65 % und gehört zu den Bastfasern. Die unregelmäßige Verteilung der Bastfaserbündel bedingt eine etwas „robuste" Oberflächenstruktur des Leinens. Die glatte und harte Oberfläche der Leinenfasern sorgt für einen kühlen und spröden Griff und für eine geringe Neigung zur Schmutzaufnahme. Leinen besitzt eine sehr hohe Nassreißfestigkeit, das Material ist sehr gut wärmeleitend und kann gut Feuchtigkeit aufnehmen. Es eignet sich also für Sommerbekleidung und ist als Arbeitskleidung nicht sehr empfindlich.

Die Baumwolle kann sehr viel mehr Wasser aufnehmen als die Leinwand, ist allerdings im nassen Zustand nicht so reißfest. Baumwolle eignet sich

Roggenernte mit der Hand. Die ältere Aufnehmerin trägt eine grobe Schürze und einen groben Leinenärmel zum Schutz vor den Strohhalmen. Die jüngere Frau trägt bereits eine Kittelschürze. Schlegel bei Münchberg, Landkreis Hof, um 1935 (Fotoarchiv Oberfränkisches Bauernhofmuseum Kleinlosnitz)

für Unter- und Oberbekleidung. Beim Schwitzen verschließen sich die Stoffporen und der Feuchtetransport wird eingeschränkt. Das führt zu einem unangenehmen Kältegefühl auf der Haut. Baumwollstoff kann aufgeraut werden. Dadurch verringert sich die Wärmeleitfähigkeit. Aufgeraute Baumwollwäsche eignet sich gut für die kalten Jahreszeiten.

Wolle, in der Regel Schafwolle, besteht aus Eiweiß- oder Proteinfasern. Je nach Aufbau dieser Fasern kräuselt sich die Wolle mehr oder weniger. Die Hülle der Faser bilden Schuppen, die sich gegenseitig überdecken. Wolle kann verfilzen und stark schrumpfen. Wolle kann Wärme nur dann gut speichern, wenn sie trocken ist. Bei einer Feuchte von 33 % gibt es keinen ausreichenden Kälteschutz mehr. Wolle ist dehnbar und elastisch, passt sich dem Körper also gut an, besitzt aber die niedrigste Reißfestigkeit. Während Baumwolle und Leinen gekocht werden können und hohe hygienische Qualität besitzen, ist Wolle überhaupt nicht pflegeleicht und als Eiweißfaser für viele Schädlinge ein gefundenes Fressen. Noch empfindlicher ist Seide, die für Leibwäsche eigentlich ungeeignet ist. Die messbaren Eigenschaften dieser Grundbekleidungsstoffe dienen noch heute als Bezugsbasis für die Beschreibung und Klassifizierung von Chemiefasern.[10]

Im 20. Jahrhundert begann der Aufschwung der Kunst- oder Chemiefasern. Die Polyamidprodukte Nylon oder Perlon wurden seit den 1940er Jahren fast zu Synonymen für Kleidungsstücke. Seit 1969 gibt es ein Verfahren, mit Polytetrafluorethylen, landläufig durch die „Teflonpfanne" bekannt, Textilien mit einer wasserundurchlässigen aber dampfdiffusionsoffenen Membran auszurüsten. Heute tragen wir Arbeits- oder Freizeitkleidung, die völlig wind- und wasserdicht ist, aber trotzdem Feuchtigkeit

nach außen transportieren kann.¹¹ Dass wir uns bei widrigen Einflüssen darin wohlfühlen, ist eine Errungenschaft der Bekleidungsphysiologie, die die Auswirkung von Kleidungsstücken auf das körperliche Wohlbefinden untersucht und Fragen des Tragekomforts und der Ergonomie berücksichtigt. Mit der industriellen und technischen Veränderung von Arbeitsprozessen müssen Fragen zu Arbeitssicherheit, Unfallschutz und Hygiene beantwortet werden. Wir fragen bei der Bekleidung ja nicht nur nach modischen oder trachtentypischen Erscheinungsbildern sondern nach Wärmeisolation oder nach Luftdurchlässigkeit, nach Feuchtigkeitsaufnahme oder nach Hygiene, nach Hautfreundlichkeit oder Widerstandsfähigkeit und Haltbarkeit. Diese Eigenschaften sind messbar. So wurden die Kleidungsstücke, die man an der Gletschermumie Ötzi gefunden hat, untersucht, nachgeschneidert und mit moderner Funktionskleidung verglichen. Die nachgemachten Lederstücke schnitten hinsichtlich der Atmungsaktivität und der Wärmeeigenschaften um ein Vielfaches schlechter als Baumwollwäsche und moderne Funktionskleidung ab. Die starke Feuchtigkeitsaufnahme und die sehr lange Trocknungszeit der historischen Bekleidung barg ein großes gesundheitliches Risiko für den Träger. Das vergleichsweise große Gewicht der Leder- und Fellkleidung führte zu hoher körperlicher Belastung.¹² Diese Probleme haben sich erst gebessert, als Leinen und später Baumwolle zur Verfügung standen. Aber nach wie vor blieb die Durchnässung der Kleidung die größte Gefahrenquelle. Nur trockene Kleidung konnte die Wärme halten.

Die Physikatsberichte aus den bayerischen Landgerichten geben Auskunft über das Kleidungsverhalten im 19. Jahrhundert. Darin wird die ge-

Grasmähen mit der Sense. Die „Geiers Kunnl" mit traditioneller Kleidung: Wahrscheinlich Trägerrock mit Schürze, Kuttel (Jacke) und dickem Kopftuch. Die Füße stecken in geschnürten Schuhen. Nentschau, Landkreis Hof, um 1930 (Fotosammlung Rosenbusch)

Die junge Mäherin arbeitet barfuß in Pantoffeln und trägt keine Kopfbedeckung. Horbach, Landkreis Kulmbach, 1934 (Fotoarchiv Oberfränkisches Bauernhofmuseum Kleinlosnitz)

Dienstboten vor dem Gasthof. Zum Haushalt gehören ein Knecht, eine Küchenmagd und eine Stallmagd, die man durch die Schürzen und die Schuhe zuordnen kann. Eppenreuth, Landkreis Kulmbach, um 1910 (Fotosammlung Kumbernuß im Fotoarchiv Oberfränkisches Bauernhofmuseum Kleinlosnitz)

wöhnliche Kleidung meist in Gegenüberstellung zur bürgerlichen Kleidung erwähnt. Die Sonntagstracht wird besonders dargestellt. Hinweise auf die Schutzfunktion der Kleidung finden sich kaum.

„Als Kleidung trägt der männliche Bewohner des Bezirks für gewöhnlich eine bis zu den Knöcheln reichende weite Hose von Baumwollenstoff, selten von Tuch, eine bis zu den letzten Rippen reichende Weste und eine ebenso lange Jacke, ausschließlich von dunkelblauem Tuch. Die Kopfbedeckung ist eine meist tuchene Mütze. Für die Feiertage und insbesondere zur Kirche trägt der nur halbweg[s] Bemittelte eine Tuchhose und einen dunkelblauen Tuchrock[13] mit kurzer Mitte und langen bis zu den Waden reichenden Schößen. Die Jahreszeit ändert die Kleidung nur wenig, im Winter trägt man noch einen Tuchmantel, die weniger Bemittelten einen abgelegten Soldatenmantel." (Bamberg, 1861)[14] „Im Winter und bei Regen schützt sich überdies der Mann mit einem grauen oder blautuchenen Mantel, mit kurzen Oberkragen, ferner mit wollenen Handschuhen, und das Weib mit manchesternen mit Belz besetzten an den Fingerspitzen offenen Handschuhen und einem Teppich, welchen es über den Kopf und über den Schultern trägt." (Dr. Staub, Burgebrach, 1833)[15]

„Diese Kleider werden Winter u. Sommer getragen, wo im Winter beim männl. Geschlecht ein Tuchmantel, Pelzrock od. Pelzjanker, bei dem weibl. Geschlechte ebenfalls ein Mantel aus Tuch od. ein wollener Schawls hinzukommt. Weniger reichlich ist die Kleidung der Bewohner des gebirgigen Theils des Bezirks, eben weil der ärmere Boden das nicht giebt, wie der fette Boden auf dem Flachlande. Der Bauer und Bauerssohn im Walde tragt an Feiertagen seinen grobwollenen Janker u. Hose, selten Rok, u. an den Werktagen Kleider aus Baumwollstoffen, Zwillich etc., das weibl. Geschlecht Kleider v. Baumwolle, (…) Kattun u. mittlerer Leinwand hie u. da ein seidenes Tuchel, Strumpfe aus Wolle od. Baumwolle. Im Sommer geht das männliche Geschlecht von Kind bis zum Erwachsenen bei ihren Arbeiten bes. im Walde meistens baarfus; im Winter haben sie Schuhe aus Holz mit Leder besetzt." (Deggendorf, 1860)[16]

Versuchen wir die Bekleidung einer Person zu konkretisieren, dann müssen wir uns auf Nachlassinventare stützen.[17] Der Umfang der „von Todes wegen" zustande gekommenen Aufzählungen gibt verständlicherweise nicht den ganzen Bestand einer einstigen Garderobe wieder, aber im Detail und im Vergleich lassen sich doch Schlüsse ziehen. Dabei finden sich in der Regel die meist leinene Leibwäsche und die „tuchene" oder lederne Oberbekleidung.

„Max Hann" wendet Heu in langärmeligem Hemd, Fürtuch (Schürze) und Filzdappen an den nackten Füßen. Horbach, Landkreis Kulmbach, 1934 (Fotoarchiv Oberfränkisches Bauernhofmuseum Kleinlosnitz)

In der Hinterlassenschaft des unvermutet von einem Baum erschlagenen Bauern Nikolaus Dietel aus Kleinlosnitz wurden 1719 an „Manns Kleidern" verzeichnet:

1 schwarz tücherner Rock	1 schwarz ledernes baar Hoßen
1 Huth	1 Belz-Müzen
1 baar lederne HandSchuh	1 baar tuchene Strümpff

Zusätzlich werden in der Liste der Bettwäsche noch zwei Männerhemden aus Leinwand erwähnt. 1774 fanden sich im selben Haushalt folgende „Mannskleider":

2 fl an 1 schwarzen Rock	24 x an 1 alt grauen Rock
30 x an 2 Brustflecken	6 x an 1 Hut
5 x an 2 paar Strümpf	6 x an 1 paar alte Gamaschen
12 x an 1 paar Handschuh	30 x an 2 Hemden"[18]

Bei Ulrich Ruckteschel in einem vergleichbaren Hof in Großlosnitz wurde 1750 folgendes verzeichnet, „An Kleidern":

1 schwarz tuchener Rock	1 blau tuchen Camisohl[19]
1 paar lederne Hosen	1 zeugener Brust-Latz
1 paar alte Stiefeln	1 paar schwarz wollene Strümpf
2 Hüth	1 Käplein
1 paar lederne und	1 paar Pölz Handschuh
3 Hembden	2 Halß- und
2 Schnupf-Tüchlein[20]	

Der Rittergutspächter Heinrich Köppel zu Hohenberg, das heißt auf dem oberen Regnitzlosauer Schlossgut, hinterließ 1821, „An Kleidungsstücken":

an 1 Tuchrock	3 fl
an 1 dergl.	2 fl

an 1 Tuchgoller[21]	30 x
an 1 paar ledernen Beinkleidern	1 fl 30 x
an 1 dergl.	1 fl
an 1 paar Stiefeln	1 fl 15 x
an 1 paar Schuhen	12 x
an 1 paar alten Strümpfen	12 x
an 1 Hut	24 x
an 1 alten Wintermütze	15 x
an 5 alten Mannshemden	1 fl 15 x
an 3 feinern dergl.	3 fl 45 x
an 1 gearbeiteten Bockhaut	3 fl 30 x
an 2 gearbeiteten Schweinshäuten	4 fl
an 1 Fach Rindsleder	2 fl[22]

1813 starb die ledige Bauerstochter Katharina Dietel aus Kleinlosnitz im Alter von 24 Jahren. Sie hinterließ ihre vollständige und für eine Eheschließung vorbereitete Aussteuer. Darunter war zum Kleiden:

1 blau gestreifter Rock	1 fl 30 x
1 schwarztuchenes Camisol und dergleichen solchener Rock	3 fl
1 rötlich gestreifter vorstellenden Rock	1 fl 45 x
1 schwarzgestreifter solchener Rock und Camisol	2 fl
1 rötlig (…) Wamms	1 fl
1 rötlig gestreiftes dergleichen	1 fl
1 blautüchener Brustlatzen	50 x
1 schwarzgestreifter solchener dergleichen	50 x
1 paar solchene Schnürleib	50 x
2 Ellen rötlichgestreiftes Weberzeug zu einer Schürze	2 fl
1 schwarz kreppene Schürze	1 fl
1 blau gestreifte zeuchene dergleichen	1 fl 10 x
1 dergleichen ältere	1 fl
1 blaugedrückte dergleichen	30 x
3 bunte baumwollene Tüchlein	1 fl 15 x
2 schwarz und weiß gegitterte dergleichen	40 x
1 schwarzleinenes dergleichen	20 x
1 paar wollene Strümpfe	40 x
5 Weiberhauben	1 fl 10 x
1 paar Handschuh	20 x
3 Ellen Seidenband	10 x
1 seiden Halsbudel	10 x
1 Weibermuff	1 fl
1 paar Schuh und Pantoffel	1 fl
1 gutes Weiberhemd	1 fl
4 gröbere dergleichen	3 fl[23]

Aus vielen Quellen wird deutlich, dass es keine ausgesprochene Schutz-, Arbeits- oder Wetterbekleidung gab. Abgenutztes wurde repariert, geflickt und als Arbeitskleidung aufgetragen. Gesicht, Nacken, Arme und sogar Füße waren im Arbeitsprozess dem Sommerwetter ungeschützt ausgesetzt. Bei kalter Witterung kam das „Zwiebelschalenprinzip" zur Anwendung. Jedoch schränkte die vielschichtige und schwere Kleidung die Beweglichkeit ein. Die Balance zwischen wärmendem Arbeitsprozess und schädlichem Feuchte- und Kälteeinfluss musste individuell gefunden werden. Ob besonders gut gefütterte oder wattierte Röcke aus Gründen des Wärmeschutzes getragen wurden, oder ob sie ihrem Zweck in der Betonung – oder der Verhüllung – der Figur dienten, erscheint nicht eindeutig begründbar zu sein. Der Wärmeschutz funktioniert jedenfalls nur im trockenen Zustand. Wurden die Männer bei der Waldarbeit oder Frauen beim Kirchgang im Winter nass, musste schnellstens für trockene Kleidung gesorgt werden.

Am Donnerstag, dem 13. Februar 1908 starb in Kleinlosnitz der Müller Johann Heinrich D. im Alter von 57 Jahren. Der Nachbar Johann Nikol D. lud die Verwandten im Umkreis von fast 10 Kilometern zu Fuß zur Beerdigung in Zell ein. Er war mehr als einen ganzen Tag bei stürmischem und nassem Schneewetter unterwegs. Nach der Trauerfeier wurde aus seiner Erkältung eine Lungenentzündung, die ihm am Donnerstag, dem 2. April, sieben Wochen später, das Leben kostete. Er wurde 50 Jahre alt.

Anmerkungen

1. z. B. bei Weid, Inge. Kleidung und Tracht in der Oberpfalz. Zu Identitätsbildung und Folklorismus in einer Region im 19. Jahrhundert. Würzburg, 2007
2. Nur ein kleiner Überblick: Jauernig, Birgit. Trachtengraphik aus Südthüringen – Zum Kleidungsverhalten im fränkisch-thüringischen Raum im 19. Jahrhundert. Ahorner Beiträge, Bd. 4. Ahorn, 2004; Sternitzky, Isolde u.a. Vogtländische Tracht gestern und heute. Vom Kleidungsverhalten der ländlichen Bevölkerung des Vogtlandes im 19. Jahrhundert bis zum Trachtenbrauchtum und zur Trachtenerneuerung. Schneeberg, 1999; Gillmeister-Geisenhof, Evelyn. Kleidungsweise in Mittelfranken um 1850. Bad Windsheim, 1988. Schriftenreihe der Trachtenforschungs- und Beratungsstelle des Bezirk Mittelfranken, Bd. 2; Zander-Seidel, Jutta. Textiler Hausrat – Kleidung und Haustextilien in Nürnberg von 1500–1650. München, 1990
3. Christina Burde wertete unter anderem Inventare Nürnberger Patrizierinnen aus. Die darin genannten Kleidungsstücke finden sich auch in den Nachlässen von einfachen Leuten. Burde, Christina. Bedeutung und Wirkung der schwarzen Bekleidungsfarbe in Deutschland zur Zeit des 16. Jahrhunderts. Bremen, 2005
4. Gaugele, Elke. Schurz und Schürze – Kleidung als Medium der Geschlechterkonstruktion. Köln, Weimar, Wien, 2002
5. Schreiter-Grünwedel, Dagmar. Die Schürze – ein unscheinbares Kleidungsstück. In: Kleidung auf dem Land. Hohenfeldener Hefte 3. Hohenfelden, 2007. S. 37–40
6. vgl. Tavenrath, Simone. So wundervoll sonnengebräunt – kleine Kulturgeschichte des Sonnenbadens. Marburg, 2000
7. vgl. Hartewig, Karin. Der verhüllte Blick – kleine Kulturgeschichte der Sonnenbrille. Marburg, 2009

8 „Seit der Gründung im Jahre 1946 beschäftigt sich das internationale Textilforschungs- und Dienstleistungszentrum Hohenstein Institute in Bönnigheim unter anderem intensiv mit dem Wechselspiel zwischen Textilien und menschlicher Physiologie. (…) Dank des von den Hohensteiner Spezialisten entwickelten Hautmodells und der thermischen Gliederpuppe „Charlie" sowie spezieller hautsensorischer Messmethoden verfügt die Wissenschaft der Bekleidungsphysiologie heute über eine Reihe kleidungsspezifischer Kenngrößen, um den Tragekomfort objektiv zu beurteilen." Hohenstein Institute, 2009 (http://www.hohenstein.de/media/downloads/FC_DE_Bekleidungsphysiologie_mail.pdf)

9 Egg, Markus und Konrad Spindler. Kleidung und Ausrüstung der Gletschermumie aus den Ötztaler Alpen. Monographien des Römisch-Germanischen Zentralmuseums Mainz, Band 77. Mainz, 2009

10 Der stark verkürzte Überblick nach: Loy, Walter. Die Chemiefasern – ihr Leistungsprofil in Bekleidungs- und Heimtextilien. Berlin, 1997

11 Umwelt- und Gesundheitsaspekt bei Produktion, Gebrauch und Wiederverwertung von Outdoor-Bekleidung treten erst jüngst in das Bewusstsein: „Outdoorkleidung: Giftige Chemikalien – Wasserdicht, aber zu welchem Preis?" wird in der ZDF-Sendung WISO am 10.9.2012 gefragt. (http://www.zdf.de/WISO/Outdoorkleidung-Giftige-Chemikalien-24213844.html)

12 http://www.hohenstein.de/media/pdf/451-DE_16_Tragekomfort_Steinzeit_2012_32640.pdf

13 Den Rock des Mannes kann man sich als verlängerte Jacke vorstellen. Der „Gehrock" ist als festliches Kleidungsstück noch bekannt.

14 Medizinische Topographie und Ethnographie des königlichen Landger[ichts] Bezirks Bamberg II. Bayerische Staatsbibliothek, Cod. Germ. 6874/13. Gefertigt Bamberg, 6. August 1861, Dr. Rapp, Königlicher Gerichtsarzt. Freundlicher Hinweis von Dr. Birgit Jauernig

15 Griebel, Armin. Amtliche Berichte zur Tracht in Franken (=Veröffentlichungen zur Volkskunde und Kulturgeschichte 49). Würzburg, 1991 S. 14

16 Unterthänigster Bericht des k. Bezirks- und L[an]dge[ri]chtsarztes Dr. Appel in Deggendorf. „mediz. topographische und ethnographische Beschreibung des Physikatsbezirks" betr; Deggendorf, den 23. März 1860

17 Knüttel, Barbara. Manns- und Weibskleider in Unterfranken. Nachlassinventare aus den Gerichtsbezirken Dettelbach, Kitzingen, Ochsenfurt und Sommerhausen als Quellen zur Bekleidungsforschung. Würzburg, 1983; Singer, Friedrich Wilhelm. Vollständig eröffneter, nach seinem Aussehen und nach seinem Inhalt zergliederter Gwandt-Ulmen, Kleider-Kasten, Kleider-Behälter oder Sechsämterischer Kloaida-Schrank samt Truhen, Halb-Truhen, Laden, Halb-Lädlein, Koffern und Reis-Kästlein, vorgestellt und in zwei Hauptstücken verfaßt, deren Erster Teil: Die Tracht der Männer in Wunsiedel und im östlichen Fichtelgebirge behandelt. Angebunden Zweiter Teil: Die Tracht der Frauen in Wunsiedel und im östlichen Fichtelgebirge. Sowie Dritter Teil: Die Tracht in Bildern. 119 Zeichnungen von Emil Richter. Arzberg, 1979 und 1980; Merz, Christina. Kleidung in niederbayerischen Verlassenschaftsinventaren des 18. Jahrhunderts. Passau, 1992

18 Oberfränkisches Bauernhofmuseum, Dietelarchiv Nr. 115 und 119

19 Ein Kamisol ist ein in der Regel ärmelloses enges Oberteil, vergleichbar mit einer Männerweste.

20 Oberfränkisches Bauernhofmuseum, Archiv Aktenbestand Schödel, Wurlitz, Landkreis Hof

21 Ein Goller ist ein verlängerter Kragen, der Hals und Schulter bedeckt.

22 Aus einem privaten Nachlass in Draisendorf, Landkreis Hof

23 Oberfränkisches Bauernhofmuseum, Dietelarchiv Nr. 321

Historische Wetterbeobachtung und -aufzeichnung in Bayern

Wie wir die Atmosphäre heute verstehen

von Peter Winkler

Die Atmosphäre mit ihrem Wetter verstehen wir heute als chaotisches System, das sich allerdings durch mathematische Gleichungen beschreiben lässt. Diese Gleichungen erlauben aber keine komplette Lösung, sondern sie müssen auf großen Computern in kleinen Zeitschritten näherungsweise berechnet werden. Die Ergebnisse bilden die Grundlage für die Wettervorhersagen. Kleinräumige Wettervorgänge wie Turbulenz oder Quellbewölkung können dabei nicht berechnet, sondern müssen in anderer Weise behandelt werden. In einem chaotischen System entstehen immer wieder kritische Situationen, in denen kleinste Veränderungen nach einiger Zeit zu einer völlig andersgerichteten Wetterentwicklung führen, weshalb sich kleine Messfehler gelegentlich in einer Fehlprognose auswirken. Dies wird gerne als Flügelschlag eines Schmetterlings im Urwald beschrieben, der sich später zum Sturm über dem Atlantik oder anderswo entwickelt. Die Wetterberechnung hat auch gelehrt, dass für mehrtägige Wettervorhersagen für Bayern schon Daten der gesamten Erde und sogar der Zustand der Atmosphäre in sehr großer Höhe, des Erdbodens mit der Vegetation, des Meeres bis in eine gewisse Tiefe, Andauer und Dicke einer Schneedecke usw. berücksichtigt werden müssen.

Die Anfänge

Diese Sachverhalte waren um 1780, als man begann, zentral gesteuerte meteorologische Beobachtungsmessnetze aufzubauen, noch nicht bekannt. Sehr wohl wusste man aber um die Folgen nasser und kühler oder heißer und trockener Jahre für die Vegetationsentwicklung und die Ernte. Man kannte auch gesunde und ungesunde Klimabedingungen und vermied das Siedeln in ungünstigen Gebieten, z. B. dem Donaumoos. Wetterextreme wie Sturm, Spätfröste, Dauerregen mit Hochwasser, Un-

Abb. 1: Titelblatt des 100jährigen Kalenders, konstruiert von einem Verleger aus den 7jährigen Wetterbeobachtungen des Abtes Mauritius Knauer vom Kloster Langheim

wetter wie Hagel- oder Blitzschläge hatten unmittelbare Folgen für die Nahrungsmittelproduktion, Handarbeit war noch entscheidend. Die Bauern hatten nur ihre Bauernregeln, mit denen sie ihre Feldarbeit steuerten oder glaubten, die Witterung der kommenden Saison einschätzen zu können.

In Bayern finden sich schon früh Personen, die das Wetter aufgezeichnet haben. Der Humanist Kilian Leib (1471–1553), Prior des Augustiner-Klosters Rebdorf[1], hatte ein großes Hauptanliegen: die Verbesserung der Landwirtschaft. Zusammen mit seinen Wetterbeobachtungen schrieb er gleichzeitig phänologische Beobachtungen über Getreidewuchs, Heuernte, Knospen der Bäume u. a. auf. Er ergänzte dies durch jährliche Ernteberichte. Leib erkannte, dass die Bauernregeln unzuverlässig waren und die Planeten keine Wirkung im Wetter zeigten und konsequenterweise bekämpfte er die Vorhersagen der Astrologen.

Mauritius Knauer (1613–1664), Abt des fränkischen Klosters Langheim, gelang es, das am Ende des Dreißigjährigen Krieges völlig mittellos gewordene Kloster wieder zur Blüte zu bringen. Er war überzeugt, jeder der damals bekannten fünf Planeten sowie Sonne und Mond würde für die Dauer eines Jahres die Witterung regieren. Um diese Wirkung herauszufinden, beobachtete er sieben Jahre das Wetter und erstellte damit Witterungsvorhersagen für die Folgezeit. Sein wirtschaftlicher Erfolg mag darin begründet sein, dass die Feldarbeiten bei ungünstiger Prognose frühzeitig angegriffen wurden und bei günstiger Prognose Hoffnung bestand, es würde noch eine weitere Gelegenheit kommen, wenn die Feldarbeit wegen dringender anderer Arbeiten einmal verschoben werden musste. Was er nur für sein Kloster vorgesehen hatte, griffen später pfiffige Verleger auf und strickten aus seinen siebenjährigen Beobachtungen durch Wiederholung den Hundertjährigen Kalender (Abb. 1). Für einen Preis von nur 2 Kreuzern vermarktet, hatten sie ein Produkt, das sich jeder leistete, weil er ein Leben lang Gültigkeit versprach. Das ist also eine andere Geschichte.[2]

Beide Äbte waren von den Kirchenvätern angeregt, die die Ansicht vertraten, Gott habe die Welt wohlgeordnet geschaffen und den Himmelskörpern einen Einfluss auf das Wetter zugemessen.[3]

Das erste bayerische Messnetz

Mit der Gründung der Bayerischen Akademie der Wissenschaften im Jahr 1759 wurden Wetterbeobachtungen angestrebt, es dauerte allerdings bis 1781, ehe ein organisiertes bayerisches Beobachtungsnetz zustande kam. Die wissenschaftliche Konzeption dazu war bereits 1761 von dem Mathematiker Johann Heinrich Lambert (1728–1777) formuliert worden: Dreimal pro Tag sollten Barometer, Thermometer und ein Feuchtigkeitsmesser abgelesen und zusammen mit Himmels- und Wetterbeobachtungen aufgezeichnet werden. Dazu kamen Regen- bzw. Schneemenge, die Windrichtung und -geschwindigkeit, ergänzt durch weitere Naturbeobachtungen aus der Landwirtschaft und außerdem Angaben zu Geburten, Sterbefällen sowie Krankheiten von Mensch und Nutztieren. Als Fernziel erhoffte sich Lambert die Möglichkeit, dereinst auch das Wetter vorhersagen zu können. Erst nachdem Kurfürst Karl Theodor 1777/78 die Regierung übernommen hatte, wurde der Plan Realität. Dieser hat 1780 in Mannheim die berühmt gewordene Societas Meteorologica Palatina gestiftet. Sein geheimer Sekretär Stephan von Stengel ergriff nun auch in Bayern Initiative und regte hier ebenfalls ein meteorologisches Beobachtungsnetz an. Von Stengel hatte eine Reihe von Klöstern bereist und die Stationen Hohenpeißenberg, Andechs, Ingolstadt, München, Tegernsee, St. Zeno (Reichenhall) für das Netz der Mannheimer Meteorologischen Gesellschaft gewonnen. In der Akademie in München wurde der Exjesuit Franz Xaver Epp beauftragt, weitere Klöster und interessierte Personen zur Beteiligung an dem regionalen bayerischen Beobachtungsnetz anzuregen. Epp hatte 1780 in der Akademie eine Rede gehalten und eine Beobachtungsanweisung verfasst. Er richtete nach der kurfürstlichen Zustimmung einen Aufruf zur Mitarbeit an Klöster und Beamte und stieß auf große Bereitwilligkeit. Vor allem die Prälatenklöster wollten durch die Übernahme solcher Aufgaben ihre Bereitschaft zeigen, an derartigen neuen vom Staat vorgegeben Aufgaben mitzuwirken, denn es herrschte damals eine allgemeine antimonastische Stimmung. Die sogenannten realwissenschaftlichen Tätigkeiten sollten helfen, wieder eine bessere Wertschätzung in der Öffentlichkeit aufzubauen. Hinzu kam, dass es noch kein Versi-

Abb. 2 (oben): Thermometer von 1781 (Deutsches Museum München)

Abb. 3 (links): Barometer von 1781 (Meteorologische Observatorium Hohenpeißenberg)

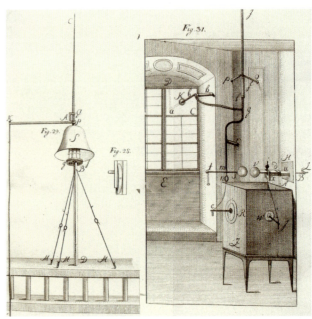

Abb. 4: Regensammler von 1781, gebaut von G. F. Brander in Augsburg (Meteorologische Observatorium Hohenpeißenberg)

Abb. 5: Luftelektrometer der Station Hohenpeißenberg (1781), damals das einzige Gerät dieser Art in Bayern, mit dem die elektrische Feldstärke der Atmosphäre bestimmt werden konnte

cherungswesen gab, und die Prälaten in schlechten Jahren immer wieder Steuererlass gewähren oder Saatgut ausgeben mussten. Da sie in ihrem Bereich bei der Bewältigung von Naturgefahren wie Hagel- oder Sturmschäden, Überschwemmung, Missernten wegen Spätfrösten usw. helfen mussten, erwarteten sie von der Mitarbeit in dem neuen Beobachtungsnetz hierzu neue Erkenntnisse.

Im Gegensatz zur Mannheimer Akademie waren in der Münchner Akademie keine Mittel vorhanden, um gute Instrumente zur Verfügung zu stellen, daher mussten die Stationen ihre Instrumente selbst beschaffen (Abb. 2–4), meist bei dem berühmten Augsburger Feinmechaniker Georg Friedrich Brander. In armen Klöstern wie Rott am Inn baute man die Geräte sogar selbst. Einzelne Stationen betrieben auch Verdunstungsmesser und Deklinometer zur Beobachtung der magnetischen Nordrichtung, am Hohenpeißenberg sogar ein Luftelektrometer (Abb. 5) zur Beobachtung des elektrischen Feldes insbesondere bei Gewitter.

Die Akademie sammelte die Beobachtungen ein und veröffentlichte neun Jahrgänge mit Beobachtungen, die sogenannten meteorologischen Ephemeriden (Abb. 7).[4] Sie enthalten in komprimierter Form die Daten (Mittel- und Extremwerte) und sonstigen Beobachtungen. In den ersten Bänden finden sich Beschreibungen der Stationen und auch von lokalen Wetterphänomenen wie z. B. einem periodischen Windwechsel am Tegernsee.[5] Im Juni 1783 wird von einer besonderen Erscheinung, einem „Höhenrauch" berichtet: „Die Sonne gieng aller Orten roth und in Gestalt einer glühenden Scheibe auf und unter. Unter Tags war sie ganz blaß anzusehen, und unsre ziemlich nahen Gebürge entzogen sich fast immer

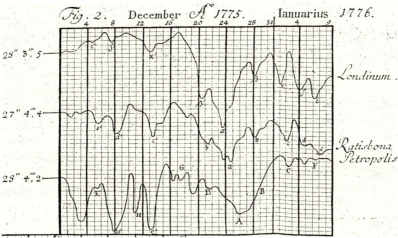

Abb. 6: Meteorologische Beobachtungsstation Hohenpeißenberg (Aufnahme etwa 1899)

Abb. 7: Titelblatt der „meteorologischen Ephemeriden", in denen die Akademie der Wissenschaften in München die Ergebnisse der Wetterbeobachtungen von 1781 bis 1789 veröffentlichte

Abb. 8: Vergleich von Luftdruckgängen an den Stationen Regensburg, London und St. Petersburg, zusammengestellt von Cölestin Steiglehner, OSB St. Emmeram in Regensburg

unsern Augen." Dieser „Höhenrauch" stammte von einem Vulkanausbruch in Island. Niederaltaich meldete dazu: „Der Weitzen war sehr brandig, hatte wenig Stroh, war wegen Regen ausgewachsen." Andernorts fiel die Weizenernte ebenfalls schlecht aus. Einzelne Beobachter berechneten damals Summen aller positiven Temperaturen und versuchten so ein Wettermaß zu schaffen, an dem die Ernte gemessen werden konnte. Alljährlich wurde analysiert, ob der Mond einen Einfluss in den Luftdruckschwankungen zeigt.

Abb. 9: Netz der ersten bayerischen Wetterstationen (um 1785), das von der bayerischen Akademie der Wissenschaften betrieben wurde

Schon zehn Jahre früher, also 1771, hatte der Benediktiner Cölestin Steiglehner in Regensburg mit Wetteraufzeichnungen und Messdaten von Instrumenten begonnen, er hielt an der Universität Ingolstadt auch Vorlesungen über Meteorologie. Er gehörte zu den ersten, die Ähnlichkeiten im Verlauf eigener Luftdruckbeobachtungen (Abb. 8) und denen in London und Petersburg feststellte und so die Großräumigkeit der meteorologischen Tiefdruckgebiete erahnen konnte. Andere verfassten Anleitungen zur Herstellung von Thermometern und Barometern, wie z. B. der Gunzenhausener Pfarrer Luz. Es war daher der neuer Gedanke in der Gesellschaft gekeimt, der Natur durch systematische Beobachtungen einige ihrer Geheimnisse abzulauschen.

44 Stationen waren insgesamt in Bayern in Betrieb gegangen (Abb. 9), die zum Teil aber nur kurze Zeit aktiv waren. Nachdem Epp 1789 gestorben war, sollte das Kloster St. Emeram in Regensburg die Herausgabe der Beobachtungsergebnisse übernehmen. Dies gelang nur für den Jahrgang 1789, danach blieben die Meldebögen unbearbeitet, da der Arbeitsaufwand in einer Zeit, als alles noch mit Hand gerechnet und geschrieben wurde, unterschätzt worden war. Das war trotz mancher Unzufriedenheit

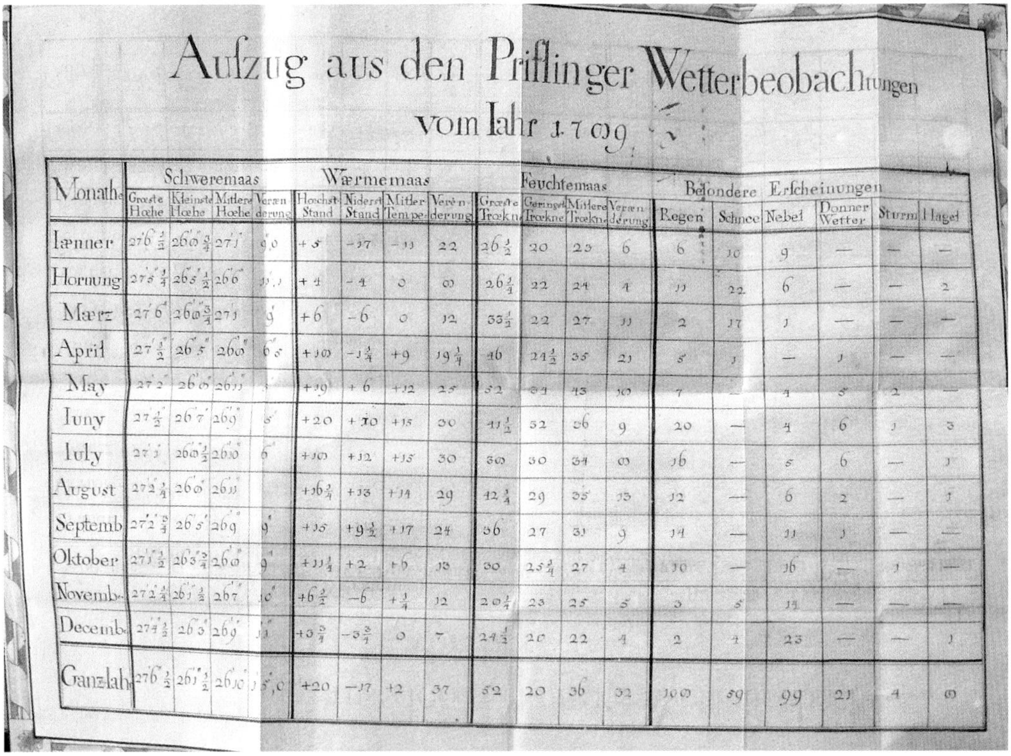

Aufzug aus den Priflinger Wetterbeobachtungen vom Iahr 1709

Monathe	Schweremaas				Wærmemaas				Feuchtemaas				Besondere Erscheinungen					
	Græste Hœhe	Kleinste Hœhe	Mittlere Hœhe	Verænderung	Hœchst Stand	Niderst Stand	Mitler Tempe.	Verænderung	Græste Trœkn.	Geringste Trœkne	Mittlere Trœkn.	Verænderung	Regen	Schnee	Nebel	Donner Wetter	Sturm	Hagel
Iænner	27 6 ½	26 0 ¾	27 1	9,0	+5	−17	−11	22	26½	20	23	6	6	10	9	—	—	—
Hornung	27 5 ¼	26 5 ½	26 6	11,1	+4	−4	0	0	26¼	22	24	4	11	22	6	—	—	2
Mærz	27 6	26 0 ¾	27 1	9	+6	−6	0	12	33½	22	27	11	2	17	1	—	—	—
April	27 ½	26 5	26 0	6 5	+10	−1¾	+9	19¼	16	24½	35	21	5	1	—	1	—	—
May	27 2	26 0	26 11	[illegible]	+19	+6	+12	25	52	34	43	10	7	—	4	5	2	—
Iuny	27 ½	26 7	26 9	6	+20	+10	+15	30	41½	52	26	9	20	—	4	6	1	3
Iuly	27 1	26 0 ½	26 10	6	+10	+12	+15	30	30	30	34	0	16	—	5	6	—	1
August	27 2 ¼	26 0	26 11		+16¾	+13	+14	29	42¼	29	35	13	12	—	6	2	—	1
Septemb	27 2 ¾	26 5	26 9	9	+15	+9½	+17	24	36	27	31	9	14	—	11	1	—	—
Oktober	27 1 ½	26 3 ¾	26 0	9	+11¼	+2	+6	13	30	25¼	27	4	10	—	16	—	1	—
Novemb.	27 2 ¼	26 1 ½	26 7	10	+6½	−6	+¼	12	20¼	23	25	5	3	5	11	—	—	—
Decemb.	27 4 ½	26 3	26 9	11	+3¾	−3¾	0	7	24½	20	22	4	2	4	23	—	—	1
Ganz Iahr	27 6 ½	26 1 ½	26 10	15,0	+20	−17	+2	37	52	20	36	32	100	59	99	21	4	0

Abb. 10: Jahresübersicht der meteorologischen Beobachtungen des Klosters Prüfening von 1789 (Archiv Kloster Metten, Prüfeninger Mansarde: PM 600/601, EW 66)

darüber kein Anlass, die Beobachtungen einzustellen, sondern die meisten Stationen setzten sie bis zur Säkularisation fort. Z. B. berichtet das Kloster Prüfening (Abb. 10) bei Regensburg aus dem Winter 1802[6] nicht nur von einem Donauhochwasser von mehr als 7 m über Normal, sondern auch, dass Anfang Januar an der Schwäbischen Alb so viel Schnee gefallen war, dass die Fuhrleute trotz Vorspannen von 20 Pferden nicht die Geislinger Steige bewältigen konnten. Auch in Elchingen war es nicht gelungen, mit 12 Klosterpferden einen Weg zu bahnen.

Erste Erkenntnisse

Anhand der Daten war nachgewiesen worden, dass der Mond allenfalls geringe regelmäßige Druckwellen verursachte. Eine zweite Erkenntnis war, dass für die Mitteltemperatur die Höhenlage eines Ortes entscheidend ist und nicht etwa seine Nähe zu den Alpen.[7] Die erste klimatologische Übersicht über zehn Jahre Beobachtungen hatte Albin Schwaiger 1792 für die Station Hohenpeißenberg zur fünfzigjährigen Profess seines Propstes verfasst. Mit dem Luftelektrometer am Hohenpeißenberg konnte man nicht nur im Sommer, sondern schon im Winter die elektrische Aktivität der Atmosphäre feststellen und sogar erkennen, ob ein Blitz von der

Wolke zur Erde oder von der Erde zur Wolke schlug. Trotz langandauernden Zweifeln war der Nutzen der Blitzableiter erwiesen worden und neue Errichtungen von der Münchner Akademie gelegentlich prämiert worden. Es waren Abhandlungen erschienen, dass das Gewitterläuten nutzlos oder gar schädlich ist und allenfalls vom Gewitterschießen (Abb. 11) eine Wirkung zu erhoffen war[8]; allerdings würde durch Schießen ein von einem Ort vertriebenes Gewitter den Nachbarn schaden. Als Konsequenz wurde auch das Gewitterschießen verboten, auch wenn sich nicht alle daran hielten. 1811 wurde dann in München durch einen öffentlichen Demonstrationsversuch gezeigt, dass große Qualmwolken durch Kanonenschüsse weder zerteilt noch vertrieben wurden.

Abb. 11: Titelvignette der Philosophischen Abhandlungen von 1785, in der das damals verbreitete Schießen zum Vertreiben von Gewittern illustriert ist

Karner berechnete 1810 aus Luftdruckmessungen die Meereshöhen einiger Städte über dem Mittelmeer (Abb. 12)[9], denn die Vermessungstechnik war noch nicht soweit fortgeschritten.

Somit stellte die Verfügbarkeit von Messdaten einen Fortschritt dar gegenüber den von persönlichen Empfindungen mitgeprägten bisherigen Wetteraufzeichnungen. Die Publikation der Messdaten kam zwar nach der Publikation des Jahrgangs 1789 zum Erliegen, aber die Beobachtungen wurden bis zur Säkularisation fortgeführt.

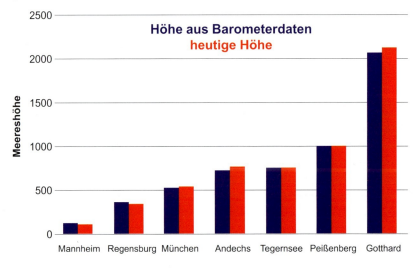

Abb. 12: Gegenüberstellung der Meereshöhe von einigen Städten, die 1810 aus Luftdruckbeobachtungen berechnet worden waren mit Höhen, wie sie heute gelten

Schwieriger Neuanfang nach der Säkularisation

Nach Auflösung der Klöster entschied die Regierung im Jahr 1803, die Gerichtsärzte sollten die meteorologischen Beobachtungen übernehmen, um für ihr Physikat Zusammenhänge zwischen Krankheiten und Wetter zu erkennen. Dieser Auftrag war ein rein juristischer Akt, dem kein Erfolg beschieden war. Das Netz funktionierte nur kurze Zeit, denn es gab keine Instruktion, es fehlte eine Zentralstelle, welche die Daten sammelte und die Ergebnisse bewertete und publizierte. Schon bald fanden sich Bemerkungen, dass die Beobachtungen dem praktischen Arzt viel Zeit raubten. Zusammenhänge zwischen lokalen Erkrankungen und dem Wetter waren kaum zu erkennen. Nur einzelne Ärzte, wie z. B. der Münchner Mediziner Häberl führten die Beobachtungen langfristig durch und die Ergebnisse wurden später publiziert.[10] Als ein weiteres Beispiel ist in Abb. 13 eine im Physikatsbericht des Mühldorfer Gerichtsarztes Dr. Weißbrodt enthaltene Grafik[11] zu sehen, in der dieser den Verlauf des Luftdrucks und der Temperatur graphisch dargestellt hat.

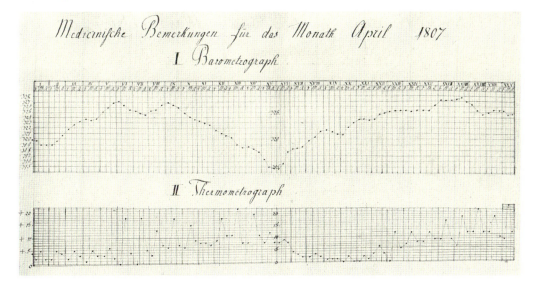

Abb. 13: Grafik des Mühlheimer Gerichtsarztes Dr. Weißbrod zum Verlauf des Luftdrucks und der Temperatur für April 1807 (Hauptstaatsarchiv München, GR-1192-83)

Die Akademie plante nach der Gründung des Königreiches 1806 wieder ein von ihr geleitetes Messnetz, das aus mancherlei Gründen sich anfangs hinschleppte und letztlich scheiterte, weil die ministerielle Genehmigung versagt wurde. Damals wurden auch Überlegungen angestellt, ob Beobachtungen zum Verhalten von Tieren, insbesondere von Spinnen, die Wetterentwicklung im Voraus erkennen lassen würden.[12]

Aus dem ehemaligen Netz wurden nur noch die Stationen München und Hohenpeißenberg vom Staat finanziert. In Regensburg, das erst 1812 säkularisiert wurde, führte der Benediktiner Placidus Heinrich aus eigenem Interesse die Beobachtungen weiter. Ab 1812 begann in Augsburg der Be-

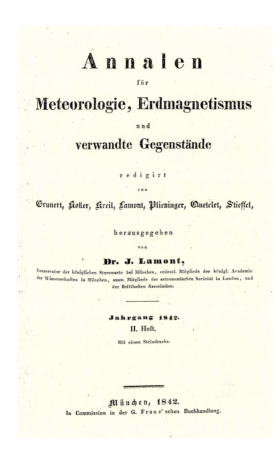

Abb. 14: Annalen der Sternwarte Bogenhausen, in denen die meteorologischen Beobachtungsergebnisse von 1842 bis 1844 veröffentlicht wurden

nediktiner Augustin Stark meteorologische Beobachtungen. Auch in anderen Städten, z. B. Bamberg, wurden Messreihen begonnen. So war es überwiegend dem Engagement interessierter Einzelpersonen überlassen, ob Messreihen zustande kamen, die dann oft genug bruchstückhaft blieben.

Die Hagelgefahr war aber nach wie vor groß. Als ein französischer Apotheker 1821 sogenannte Hagelableiter anpries, die aus mit Eisenspitzen versehenen und Strohzöpfen umwickelten hohen Holzstangen bestanden, kam Hoffnung auf, durch technische Maßnahmen Schäden vermeiden zu können. Der landwirtschaftliche Verein von Bayern musste durch Gutachten der Akademie allerdings zur Kenntnis nehmen, dass Hagel sehr wohl in einiger Entfernung von den Hagelableitern entsteht und dann herunterfällt, wogegen Ableiter wirkungslos sind.

Einen neuen Vorstoß unternahm Johann von Lamont, der 1835 Direktor der Sternwarte in Bogenhausen geworden war. Er erinnerte sich an die Verpflichtung der Gerichtsärzte zu meteorologischen Beobachtungen von 1803. Um das ehemalige Argument zu entkräften, feste Beobachtungstermine seien nicht einzuhalten, erlaubte er Beobachtungen zu beliebigen Zeiten, denn er hatte eine Methode entwickelt, wie er die Ergebnisse vergleichbar machen konnte. Er erhielt die Genehmigung und Mittel, um die Ärzte mit geprüften Instrumenten auszurüsten, die anfangs auch große Bereitschaft zur Mitarbeit zeigten. Lamont konnte die Ergebnisse von 1841–1843 drucken lassen (Abb. 14). Danach wurde das erfolgreich begonnene Projekt durch Entzug der geringen Mittel gestoppt. Lamont versuchte zwar weiterhin die Daten zu sammeln, weil sie aber nicht mehr gedruckt werden konnten, ließ der Meldeeifer der Ärzte rasch nach. Den eigenen Namen in einer Druckschrift zu lesen, war offenbar die wichtigste Motivation bei der Mitarbeit gewesen. Lamont schrieb Eingaben und Anträge, wandte sich an den König und erreichte auch dessen Unterstützung. Eine ministerielle Zusage von 1856, im nächsten Haushalt würden Mittel für ein meteorologisches Messnetz vorgesehen, wurde nicht eingehalten. Auf seine Nachfrage erfuhr er, er hätte den Antrag für den nächsten Haushalt erneut einreichen müssen. Es gab im Ministerium also große Widerstände gegen sein Vorhaben, und des Königs Wort hatte hier kein Gewicht.

Mehr Erfolg hatte der Forstwissenschaftler Ernst Ebermayer in Aschaffenburg. Er versprach sich durch ein meteorologisches Messnetz Erkenntnisse zur Steigerung der Holzproduktion. Da zur damaligen Zeit die Einnahmen aus der Holzwirtschaft 25% des Staatshaushaltes ausmachten, bedeuteten bessere Holzerträge auch höhere Staatseinnahmen. Ebermayer konnte ein forstmeteorologisches Messnetz mit zehn Stationen einrichten und von 1868–1878 betreiben. Waldreiche Länder wie Schweden und Russland, aber auch Österreich, imitierten sein Modell.

Internationale Bewegung

Bis dahin wurden meteorologische Beobachtungen als Kostenfaktor angesehen, als eine Art Luxus der Wissenschaft, den sich ein wohlhabender Staat leisten konnte, auch wenn sie keinen sichtbaren Nutzen brachten. Immerhin erschien 1869 eine Arbeit zur Verbreitung von Gewittern und eine Karte über die Blitzhäufigkeit (Abb. 15).[13] Das war für die Versicherungswirtschaft natürlich eine wichtige Grundlage. Andere Beschreibungen von lokalen Wetterphänomenen behandelten z. B. den am Kochelsee[14] auftretenden Südwind. An der Landwirtschaftsschule in Weihenstephan wurden die vorhandenen Erkenntnisse zur Meteorologie in die Ausbildung von Land- und Forstwirten einbezogen.

Abb. 15: Wilhelm von Bezold veröffentlichte 1869 die erste Gewitterkarte von Bayern, auch die erste ihrer Art in Deutschland.

Ab 1873 begannen aber die umliegenden Staaten mit internationalen Verhandlungen, um die nationalen Netze zu koordinieren. Man hatte erkannt, dass das Wetter an den Landesgrenzen nicht Halt macht und eine staatenübergreifende internationale Organisation erforderlich war, um in der Beobachtung und dem Verständnis des Wetters Fortschritte zu machen. Auf zwei internationalen Kongressen (1872 in Leipzig und 1873 in Wien) wurden die nötigen fachlichen Vereinbarungen erzielt. Damit entstand ein gewisser Druck, dem auch Bayern sich nicht mehr entziehen konnte. 1878 unterschrieb Ludwig II. das Dekret zur Gründung einer meteorologischen Zentralanstalt in München mit einem flächendeckenden Netz aus Beobachtungsstationen II. und III. Ordnung. Rund 90 Jahre nach dem Ende des ersten Netzes der Akademie entstand ein moderneres meteorologisches Netz unter zentraler Führung. Die Ergebnisse wurden in Jahrbüchern gedruckt. War Hohenpeißenberg mit 988 m Meereshöhe zunächst die einzige Bergstation, so kamen 1887 der Wendelstein und 1900 die Zugspitze (Abb. 16) hinzu, womit zur Erforschung der dritten Dimension wichtige Voraussetzungen geschaffen wa-

Abb. 16: Bauzeichnung der 1900 auf der Zugspitze eingeweihten höchsten bayerischen Beobachtungsstation (Staatsarchiv München, Iba-3867)

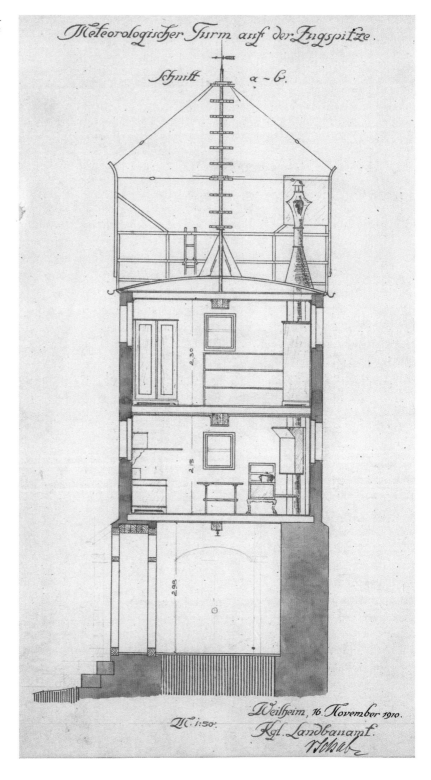

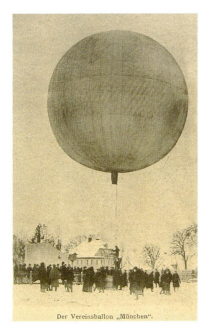

Der Vereinsballon „München".

ren. Gelegentlich wurden Ballonflüge (Abb. 17) unternommen, aus denen neue Erkenntnisse zum Vertikalaufbau der Atmosphäre gewonnen wurden.

Die international getroffenen Vereinbarungen betrafen auch den kostenlosen Datenaustausch. Dies wurde von der Meteorologischen Zentralanstalt in München genutzt, um die Ursache der markanten Kälterückfälle im Mai zu untersuchen: die Eisheiligen. Bezold konstruierte 1883[15] eine Europakarte mit Temperaturanomalien und kam zu der Erkenntnis, dass mit steigender Sonnenhöhe der Kontinent sich über Ungarn besonders stark erwärmt, während der Atlantik noch kühl ist. Er folgerte, dass sich aus diesem Temperaturgegensatz ein Tiefdruckgebiet bildete, an dessen Westflanke Polarluft nach Deutschland einfließen und Spätfröste verursachen kann.

Abb. 17: Start eines Ballons in München zu meteorologischen Höhenbeobachtungen im Jahr 1896

230 Jahre später

Vom Beginn der exakten Naturbeobachtung zur Wettervorhersage auf großen Computern mit Daten aus einem weltumspannenden Messnetz waren in den mehr als 230 vergangenen Jahren sehr viele kleine Schritte notwendig, insbesondere auch zur mathematischen Formulierung der Atmosphärengesetze. Aus den Beobachtungen der Anfangszeit konnte man durch die Zusammenschau der Daten viele Erkenntnisse vor allem zum Landesklima gewinnen, und sie bilden heute die Basis zur Beurteilung der Klimaerwärmung. Im Internet sind inzwischen die Niederschlagsechos aus dem Wetterradarnetz des Deutschen Wetterdienstes zugänglich, die zeigen, wo Regen oder Gewitter vorhanden sind und wohin sie sich verlagern. Ebenfalls sind über das Internet Wetterkarten für mehr als eine Woche im Voraus verfügbar, die stetig an Zuverlässigkeit gewonnen haben.

Anmerkungen

1. Schottenloher: Der Rebdorfer Prior Kilian Leib und sein Wettertagebuch von 1513 bis 1531. In: Beitr. zur Bayerischen Geschichte. Gotha, 1913, S. 81–114 u. 444–446. Außerdem: BSB, 4 L. impr. c. n. mss. 73
2. D. Mauritio Knauer/Abten zum Kloster Langheim: Calendarium Oeconomicum Practicum Perpetuum, Das ist Vollständiger Hauß-Calender Welcher auf das itzige Seculum nach Christi Geburt Von 1701. bis 1801 Nach dem verbesserten Calende dißmaln eingericht. Bey Nathanael Lumschern, 1707 (unveränderter Nachdruck 1998 mit einem Nachwort von G. Dippold)
3. Hoffmann, I.: Die Anschauungen der Kirchenväter über Meteorologie. München, 1907
4. Der baier. Akad. d. Wiss. meteorolog. Ephemeriden auf das Jahr (1781–1789)
5. Der baier. Akad. d. Wiss. meteorolog. Ephemeriden, 1782, S. 37
6. Archiv Kloster Metten, Prüfeninger Mansarde, PM 564, JEK CXX (a)
7. Stengel, St. v.: Philosophische Betrachtung über die Alpen. München, 1786
8. Heinrich, Pl.: Abhandlung über die Wirkung des Geschützes auf Gewitterwolken, welche 1788 den Preis erhalten hat. Philos. Abhandl. d. Akad. Wiss. Bay. Vol. 5, 1789, S. 1–144
9. Karner, G.: Altitudines, Massiliae, Manheimii, Ratisbonae, Monachii, St. Andex, Tegernsee, Peißenberg et montis St. Gotthardi supra libellam maris mediterranei ope barometricarum et thermometricarum observationum determinatae. Denkschriften der königl. Bayerische Akademie der Wissenschaften (München) 3, 14, 1812, S. 437–448
10. Siber, T.: Resultate aus 25jährigen Beobachtungen des Hrn. Obermedicinalrathes v. Häberl. Bayer. Ann. Nro. 20–30, 1832
11. BayHSTA GR Fasz. 1192-8
12. Weber, J.: Die Spinnen sind Deuter des kommenden Wetters. Landshut 1800; Schmidt, J.: Die Spinne als beste Wetterprophetinn. München, 1800
13. Bezold, W. v.: Ein Beitrag zur Gewitterkunde. Poggendorffs Ann. CXXXVI, 1868, S. 513–544
14. Wagner, J. M.: Bemerkungen über den auf dem Kochelsee herrschenden Südwind. Jahresber. d. k. Lyceum, Gymnasium u. lat. Schule Freising, 1835/36
15. Bezold, W. v.: Die Kälterückfälle im Mai. Abh. d. Bay. Akad. d. Wiss. II. Cl. XIV Bd., 1883, S. 71–107

Den Reben und der Geiß, den' wird es nie zu heiß

Witterung und Weinbau in historischen Aufzeichnungen aus Mainstockheim

von Renate Bärnthol

Einführung

Der Weinbau gehört zu denjenigen Sonderkulturen, für deren Anbauerfolg besondere klimatische Voraussetzungen erforderlich sind. Mainfranken, zu dem der hier betrachtete Ort Mainstockheim gehört, war lange Zeit eine klimatische Nordostgrenze für die flächenhafte Verbreitung des Weinbaus in Deutschland. Noch weiter nordöstlich lag bisher lediglich das Saale-Unstrut-Gebiet. Bedingt durch die Grenzlage unterliegen Weinertrag und -qualität witterungsbedingt erheblichen jährlichen Schwankungen. So ist die relativ zu anderen europäischen Weinbaugebieten nördliche und kontinentale Lage verbunden mit der Gefahr starker Winterfröste, von Spätfrösten im Frühjahr, nasskaltem Blühwetter, einer kurzen Vegetationsperiode und längerer Trockenphasen.[1]

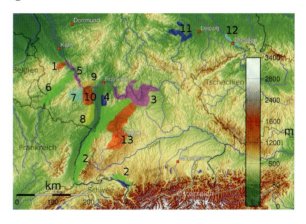

Weinbauregionen in Deutschland, die Ziffer 3 kennzeichnet das fränkische Anbaugebiet (Internet: Map of the wine regions in Germany. Created with TheGimp based on Deutschland_topo.png from Wikipedia User Captain_Blood)

Die hier vorliegenden, über einen Zeitraum von fast 140 Jahren in Mainstockheim geführten Chroniken zeichnen die ständige Unsicherheit des Häckers nach, sie zeigen vor allem, wie einzelne, kurzfristige Wetterereignisse die Mühe eines arbeitsreichen Jahres zunichte machen konnten. Länger andauernde außergewöhnliche Witterungsverläufe bedeuteten für die ärmeren Mainstockheimer eine Bedrohung ihrer Existenz.

Auch in der Erziehungsweise der Rebe und in den Kulturarbeiten spiegeln sich klimatische Bedingungen wider. Bestätigung und genauere Erläuterungen finden sich dazu im Vergleich mit den ausführlichen Beschreibungen des Weinbaus in Mainstockheim zwischen dem Ende des 19. und der

Mitte des 20. Jahrhunderts. Was bedeutet der Klimawandel für den fränkischen Weinbau heute?

Die Quellen

Die beiden hier ausgewerteten Quellen sind Teil einer dreibändigen Chronik der Familie Bär. Die Originale befanden sich ehemals[2] im Besitz des Weinhändlers Louis Sonder (Mainstockheim, Landkreis Kitzingen). Über den Verbleib des ersten, ältesten Buches ist nichts bekannt. Die beiden jüngeren gelangten als Teil der Sammlung „Otto und Elsa Beck" in das Archiv des Fränkischen Freilandmuseums in Bad Windsheim und wurden von Sigmar Schwarz transkribiert.

Nach Angaben Otto Selzers, der die Originale einsehen konnte, war das älteste Buch das kleinste und noch in Schreibpergament gebunden. Die Aufzeichnungen beginnen ohne besonderes Titelblatt im Jahr 1623 und beschäftigen sich u. a. mit dem Wetter und dem Weinbau, aber auch mit Getreide-, Brot- und Mehlpreisen. Von 1651 an lassen Inhalte und Art und Weise der Ausführungen auf einen anderen Autor schließen. Arbeitsvorgänge und Preise im Weinbau sowie Wetterberichte werden wichtig. Während vorher der Ort Etwashausen im Zentrum des Interesses stand, gilt die Aufmerksamkeit nun Mainstockheim. Die Einträge in diesem 32 Seiten umfassenden Buch enden 1699.

Selzer gibt als Autor für den ersten Teil des Buches Johann Bär, Bürger und Bäcker in Etwashausen (gest. 1681) an, für den zweiten Teil wird Johann Leonhard Bär, Weiß- und Gemeindbäcker zu Mainstockheim (geb. 1659 in Etwashausen, gest. 1729 in Mainstockheim) genannt.

Das zweite Buch[3], welches mit dem Jahr 1700 beginnt, führte der Sohn Johann Leonhard Bär[4], „ansbachischer begüterter Bürger und Weinhändler", geboren 28. Juni 1705, gestorben 1. Juni 1785. Die Lücke in den Aufzeichnungen soll dadurch entstanden sein, dass die Notizen in der Werkstatt von Mäusen zerfressen wurden. Seit 1758 arbeitete er als Weinhändler. Einer seiner Söhne, der Adlerwirt Johann Leonhard Bär (geb. 31. Dezember 1736), wurde 1770 vom Blitz erschlagen.

Das dritte Buch „Historisch [...]tion oder Beschreibung v. aljährlicher Frucht- und Unfruchtbarkeit auch besondere Begebenheiten von Anno 1750 bis 1836"[5] führte sein Sohn Johann Christian Bär, geb. 30. September 1749, gest. 7. November 1840. Zwischen 1775 und 1776 heiratete er Anna Maria Ebert aus Mainbernheim. Er war „ansbachischer Bürger, preußischer Schultheiß [ab 1795], Diener, Rat, Gerichtsmann und Büttnermeister". Auch er war Weinhändler. Da die Notizen noch vor dem Geburtsjahr beginnen, bildeten wohl die Aufzeichnungen des Vaters die Grundlage. Nach eigenen Angaben aus dem Jahr 1819 besaß Bär 9 Morgen[6] Weinbaufläche.

Die Chroniken legen den Schwerpunkt auf die jährliche Beschreibung der Witterung, insbesondere auf außergewöhnliche Witterungsverläufe, außerdem auf die Schilderung der Rebenentwicklung sowie die Erntemenge und Qualität des Weins. Weiterhin geben sie Nachricht über landwirtschaftliche Kulturen, ortsgeschichtliche und politische Ereignisse.
Parallel zu diesen Aufzeichnungen konnten die ausführlichen Beschreibungen von Otto Beck aus Mainstockheim zum Weinbau herangezogen werden.[7] Dieser notiert aufgrund eigener Erfahrungen sowie der Aussagen von Gewährspersonen zahlreiche Facetten des Weinbaus von den Rebsorten über den Anbau und die Erziehung bis zum Keltern und der Kellerwirtschaft. Zentrum der Aufzeichnungen ist sein Heimatort Mainstockheim, die Gewährspersonen stammen außerdem aus dem Gebiet des südlichen Maindreiecks und des sich östlich anschließenden Steigerwaldvorlandes. Dabei wird ein Zeitraum zwischen der Wende vom 19. zum 20. Jahrhundert und den beiden Jahrzehnten nach dem Zweiten Weltkrieg abgedeckt. Es ist davon auszugehen, dass die Angaben, welche sich auf die Zeit vor 1900 beziehen, noch weitgehend dem traditionellen Weinbau in der Zeit unserer Chronik entsprechen. Von Interesse sind für die Interpretation der hier bearbeiteten historischen Quellen vor allem die ausführlichen Informationen Otto Becks zu den Weinbergsarbeiten, insbesondere auch die lokal üblichen Bezeichnungen der einzelnen Tätigkeiten. Die schriftlichen Aufzeichnungen hat Otto Beck durch Bildmaterial ergänzt, welches die Weinbauarbeiten dokumentiert und gegebenenfalls nach Erinnerungen der Gewährspersonen nachstellt.[8]
Einige Informationen zu den Weinbergsarbeiten im betrachteten Zeitraum können für die unter Herrschaft des Klosters Ebrach stehenden Weinberge in Mönchstockheim (Landkreis Schweinfurt) der Arbeit von Schenk[9] entnommen werden. Es kann davon ausgegangen werden, dass sich die Arbeiten an beiden Orten kaum voneinander unterschieden haben.

Zur Auswertung der vorliegenden Quellen

Für die Bewertung der vorliegenden Quellen muss berücksichtigt werden, dass das von den Verfassern beschriebene Wettergeschehen nur in Ausnahmefällen durch Instrumentenmessungen objektivierbar ist. Eindeutig sind dagegen die zahlreichen Datumsangaben, wie sie zu Arbeiten im Weinberg und insbesondere zur Weinlese vorliegen. Auch die Aussagen zum Weinertrag sind teilweise mit konkreten Mengenangaben versehen.
Im Tagebuch von Johann Christian Bär (1750–1836) sind dies Angaben zur Menge als „Fuder", „Butt" oder „Ey" [Eimer] pro Morgen. In den Aufzeichnungen seines Vaters sind diese Aussagen meist nur qualitativ fassbar. Gelegentlich kann man von einer Tendenz zur positiven Umfärbung bezüglich der Weinqualität, manchmal auch der Menge ausgehen.

Es drückt sich darin wohl die Gottesgläubigkeit des Verfassers aus – eine Verpflichtung zur Dankbarkeit für jedes Erntegeschenk. Auch qualitativ äußerst geringer Wein wird hier immerhin noch als „trinkbar" bezeichnet, man konnte ihn „wohl genießen".

Bei der weiter unten vorgenommenen Einstufung von Weinertrag und -qualität war die Bestimmung der Extreme am einfachsten, da hier die Aussagen deutlich waren. Wesentlich problematischer war es, die relativierenden Begriffe im mittleren Bereich in eine Skala umzusetzen. Daher wurden immer wieder Zwischenwerte angegeben und bei besonders schwierig zu interpretierenden Angaben die Beschreibung des Witterungsverlaufes als zusätzliches Kriterium berücksichtigt. So soll hier mit der Angabe von Zwischenwerten nicht etwa eine besonders hohe Genauigkeit zum Ausdruck kommen, sondern eine Tendenz aufgezeigt werden, die in der Realität durchaus dem nächst höheren oder niedrigeren Wert entsprechen kann.

Immer wieder entstanden auch Probleme, Angaben zu Qualität und Quantität eindeutig zu trennen, wie beispielsweise in den Notizen zum Jahr 1776: *„War eine ungesundtes Wetter und immer Näße zu Anfang, hernach Türres Wetter, der Wein war schlecht aus gefallen"* – wohl bezüglich der Qualität –, *„doch hat es ziemlich noch geben"* – bezieht sich vermutlich auf die Quantität.[10]

Auch wenn Chroniken zu einzelnen Jahrgängen im Weinbau nicht selten sind und gerade für Franken weit zurück reichen[11], sind die hier behandelten Aufzeichnungen doch herausragend, indem sie sehr detailliert und auf nur einen Ort bezogen sind und zudem über einen sehr langen Zeitraum zwischen 1700 und 1835 geführt wurden.

Der Weinbau in Mainstockheim

Die Mainstockheimer Rebflächen liegen zwischen Dettelbach und Kitzingen. Hier stehen an den Talhängen des Mains vor allem Ostlagen zur Verfügung. An den einmündenden Taleinschnitten finden sich Südost- und Südlagen. Hieraus ergibt sich ein für den Weinbau insgesamt günstiges Geländeklima. Geologisch ist der Untergrund dem Oberen Muschelkalk sowie dem Unteren Keuper zuzuordnen. Stellenweise sind Lössablagerungen anzutreffen. Die Höhe über dem Meeresspiegel beträgt 190 m bis 255 m, die Hangneigung liegt zwischen 15 und 35 %.

Die Anfänge des Mainstockheimer Weinbaus werden auf das 11. Jahrhundert datiert.[12] Der Ort hatte mehrere adelige und kirchliche Grundherren. 1792 ging Mainstockheim an die preußische Herrschaft über, 1806 schließlich an Bayern.[13]

Als kirchliche Grundherrschaft war das Kloster Ebrach mit Rebflächen vertreten. Im ältesten Urbar aus dem Jahr 1340 werden für Mainstockheim

80 Joch Eigenbetrieb genannt.[14] Für das Jahr 1733 werden durch Johann Leonhard Bär 20 Morgen,[15] durch Schenk um 1800 19 Morgen Eigenbau[16] verzeichnet. Damit war das Amt Mainstockheim die bedeutendste Fläche im Eigenbau überhaupt, denn die Gesamtfläche des klösterlichen Eigenbaus betrug 1800 nur noch insgesamt 59 Morgen. Die Weinbauflächen wurden, wie aus Beschreibungen vergleichbarer Orte hervorgeht, bis 1800 durch Fronarbeit und Taglöhner unter der Aufsicht der Ebracher Amtsmänner bestellt. Weitere Weinbergsflächen des Klosters waren von der Herrschaft verpachtet. Mainstockheim gehörte 1679 nach Untersuchungen von Schenk[17] zu den Orten mit einer größeren Zahl an Leheninhabern. Für diese Flächen musste der Zehnte abgegeben werden. Mainstockheim war kurz vor der Säkularisation 1803 dasjenige Amt, welches für das Kloster bei Weitem die meisten Einnahmen aus dem Weinbau einbrachte, wobei anzumerken ist, dass die Einnahmen aus dem Weinbau für das Kloster insgesamt nur eine untergeordnete Rolle spielten.

Rebflächen am Tännig bei Mainstockheim (29.09.1963, Sammlung Otto und Elsa Beck, Archiv Fränkisches Freilandmuseum, BD-15,1)

In sehr schlechten Weinjahren verzichtete die Herrschaft auf den Zehnten. Für das Jahr 1821 wird notiert: *„Oct: zu weilen schön, zu weilen lauter Reegen, ganz zu Ende ging die Weinlese hier an, solte wohl heisen Nachlese, man nahm eine Waßer butte, ging von einen Weinberg zum andern, Trug es nach Hause. Die Trauben, öder Orlein waren kaum weig, ich habe von allen Weinbergen 2 Ey: bekommen, der Zehnt ist von der Herschaft geschenkt worden, was vor Klage unter den geringen Leuthen ist, ist nicht zu beschreiben […]."*[18] Auch 1825 und 1830 wird kein Zehnt erhoben.

Konnten die Abgaben nicht bezahlt werden, wurden die Trauben beschlagnahmt, „verarrestiert", beispielsweise 1826, 1827 und 1829. Gab es keine Nachfrage nach Most, brachte das die Schuldner in eine schlimme Lage, wie dies für das Jahr 1826 geschildert wird: *„den 26. Oct: ging die Weinlese hier an, der Most war gut, aber wenig Nachfrage, die Bütte Beer 10 auch 11 Gulden, der Eymer 6 bis 7 f, und hat jeder wohl gethan der verkauft hat, und war nach den Herbst keine Nachfrage mehr, viele Beer wurden mit Arrest belegt, und so jezt der Most, wer schuldig ist soll zahlen, und kan doch nichts verkaufen, es gab noch zimlich Most, es ist vor jezt so Geld spänge Zeit, daß zu erbarmen ist, die Herschaft macht immer neue Auflagen […]."*[19]

Der Amtshof des Klosters Ebrach in Mainstockheim wurde 1621 bis 1624 von Grund auf neu erbaut. Er war Standort einer Kelterei und diente als Lagerkeller für Wein. Der Klosterchronist Agricola beschreibt um 1660 eine besonders aufwändige Bauweise der Anlage, bei der durch Auffangbecken aus Quadersteinen verschütteter Wein zurückgehalten wurde, um jeden Verlust zu vermeiden. (02.04.1967, Sammlung Otto und Elsa Beck, Archiv Fränkisches Freilandmuseum, BD-171,27)

1833 wurde die Zehntabgabe von der Bürgerschaft gegen eine jährlich gleich bleibende Geldabgabe abgelöst, die nach der Meinung des Chronisten viel zu hoch angesetzt wurde: „*October: den 23. ist der Herbst angangen, der Zehnt wurde vor der Burgerschaft um 428 f abgehandelt, Ach aber so daß dieses quantum 428 aljärlich in die Zukunft solle abgetragen werden, man denke solchn Unverstand, da kombt auf den Morgen Weinberg in Durchschnitt 1 f, was das wird, da wird nichts Nachgelaßen, ob was wächst oder nicht, die Comision wird noch von der Nachwelt verflucht werden, so wie auch der andre Zehnt auch auf immer abgehandelt wurde, so geht es jezo im Orte zu, lauter junge L…er seynd jetzt am Ruder […] mich als Aalten Mann hat man nicht hören wollen, nirgends geben die Unterthanen so viel für Zehnt, die Dettelbacher wollen gar nichts davon hören, Kizing giebt nur 20 x von Morgen Weinberg. Was den Most anbelangt, ist solcher Mittelmäsig, ist wenig Nachfragen, und gleich wohlen muß der Zehnt bezahlt werden […].*"[20]

Aus diesem Kommentar des Verfassers zur Ablösung des Zehnten kann auf die Weinbaufläche insgesamt geschlossen werden: 428 Gulden entsprechen nach diesen Angaben im Durchschnitt 1 Gulden je Morgen. Daraus ergibt sich eine Fläche von etwa 86 ha. Auf einem Morgen standen etwa 1600 Rebstöcke.

Die Witterungsabhängigkeit der Arbeiten im Weinberg

Die Arbeiten im Weinberg waren, wie in jeder anderen landwirtschaftlichen oder gärtnerischen Kultur, wetter- und witterungsabhängig. Die Arbeiten im Jahresverlauf sind in den Quellen nicht detailliert beschrieben, da sie die Autoren offensichtlich an Tagelöhner vergaben. Die am häufigsten genannte Arbeit ist die Weinlese, das wichtigste Ereignis im Weinbergsjahr. Aufgrund des langen Zeitraums der Aufzeichnungen lassen sich die einzelnen Kulturmaßnahmen dennoch zusammenstellen.

Das Herauslassen ist die erste Arbeit im Weinberg. Dabei werden die den Winter über mit Erde abgedeckten Triebe der Weinstöcke wieder vorsichtig herausgezogen. Im Jahr 1827 wird erwähnt, dass „Maria Verkündigung [25. März] [...] nach kein Weinstok heraus gelaßen" war.[21] Der 1898 geborene Mainstockheimer Georg Näck berichtet über diese Arbeit: „Am 25. März hat man den Wingert herausgelassen, grundsätzlich, nicht eher und nicht später. Das hat man mit dem Misthaken gemacht. Damit hat man die mit Erde zugedeckten Reben wieder herausgezogen. Man mußte es vorsichtig machen, nicht mit Gewalt, damit die Augen nicht beschädigt wurden."[22] Der Weinstock wurde erst herausgelassen, wenn keine stärkeren Fröste mehr zu erwarten waren und die Erde ausreichend aufgetaut war.

Die nächstfolgende Arbeit, die in unseren Quellen (relativ häufig) erwähnt wird, ist der Rebschnitt. Da Trauben nur die grünen, diesjährigen Triebe, die auf einjährigem Holz wachsen, liefern, ist ein jährlicher Rückschnitt des alten Holzes erforderlich. Die Termine für den Beginn des Rebschnitts schwanken je nach Witterungsverlauf zwischen dem 8. März (1733) und dem 31. März (1732). Üblich war die Zeit um Gertraud (17. März). Das anschließende „Reben lesen", das Zusammensammeln der abgeschnittenen Rebhölzer, wird nur einmal (1748) erwähnt, gehört jedoch zu den üblichen Arbeiten im Weinberg.

Zur mühsamen Arbeit des Pfähleschlagens geben die Quellen dagegen keinerlei Auskunft. Nur einige Male sind die Preise der Pfähle und ihre Herkunft erwähnt. 1701

Schneiden der Reben: 9. April 1964

Die Rebbüschel werden nach dem Schneiden „gelesen" und mit der „Raaf" aus dem Weinberg getragen: 2. März 1971

Aufkuppeln mit Heftstroh: 6. Mai 1964

Hacken des Weinbergs mit dem Karst: 16. Mai 1964

(Sammlung Otto und Elsa Beck, Archiv Fränkisches Freilandmuseum, BD-27,28; BD-251,03; BD-33,29 und BD-35,19)

Niederziehen mit Bandweiden: 15. Mai 1964; Weinlese am Götzenberg oberhalb von Mainstockheim: 11. Oktober 1964 (Sammlung Otto und Elsa Beck, Archiv Fränkisches Freilandmuseum, BD-35,07 und BD-79,10)

heißt es dazu: *„Man hat ... Pfehl zu würtzburch vor einen Rthl kauft, ... [...] Der Fürst von Wirtzburch hat Flößer droben von cronach holen laßen, und hat alle Flöße so zu Wirtzburch sind geweßen zu Pfehl laßen machen."*[23]

Nur einmal ist auch vom Aufkuppeln die Rede, eine Vorbereitung für das nachfolgende Hacken des Weinbergs: *„Es hatte den Zweck, die nach dem Schneiden herumhängenden Reben hochzubinden, nur vorübergehend, an den Buschpfahl, um ungehindert hacken zu können. Dazu hat man, wie zum Heften später, auch das Heftstroh genommen. An dem einen Pfahl wurden sämtliche Reben des Stockes mit einem Band zusammengefaßt und festgehalten. Es war nur eine Hilfsarbeit. Nach dem Hacken war der ganze Bund wieder hinfällig."*[24] Das Hacken diente der Lockerung des Bodens und der Beseitigung von Unkraut. Bei Dauerregen, wie dies im Mai 1729 der Fall war, konnte nicht gehackt werden: Die Kälte *„Endigt biß den 1. May da wurde es fein warm. Regnet aber täglich, so das fast in 6 Tagen, kein Stock hat können gehackt werden. [...] Den 20. May hat es 9 Tage gerechnet daß man in solcher Zeit nicht in den weinberg hate gehen können, ohngeacht dieselbe noch nicht halb gehackt, die Häcker waren in solcher Näße sehr betrübt herum gangen, der weinstock gin zwahr schön aus, können aber vor also großer Näße nicht fort wachsen."*[25] Auch kann der Boden durch ungünstige Witterung so hart werden, dass die Arbeit nur langsam voran kommt: *„Mai: hat sich gut angelaßen, auch Wärme, hat aber schon lange nicht geregnet, das Haken war sehr hart, der Mann kunte kaum 400 Stok des Tages hacken [...]."*[26]

Die dem Hacken folgende Weinbergsarbeit ist nun das Schlagen derjenigen Pfähle, die zum Anbinden der Reben benötigt werden. Auch darüber erfahren wir aus den vorliegenden Quellen nichts, wohl aber vom Niederziehen bzw. Anstricken. Dabei werden die Reben mit biegsamen Weidenruten an die Pfähle angebunden.

Wenn die Witterung günstig war, konnte man die Arbeit binnen zwei Wochen erledigen: *„Den 20. May [1731] fin ein reht warmes werter an, daß in 14 Tagen der Nieter Zuch völlich verricht worden […]."*[27] Verwundert bemerkte man 1744: *„Den 28. May hat es starck gefrohren. Jedoch gantz wunderl. die Gründe sind mehren Theils gut geblieben, in den höchsten Bergen hat es viel Schaden gethan, in Specie wo es nieter gezochen geweßen, […]."*[28] Die noch am Boden liegenden Reben profitierten hier offensichtlich von der noch gespeicherten Bodenwärme, während die oberen Luftschichten kälter waren. Das Eintreten eines Frostschadens kann von nur einem Grad mehr oder weniger abhängen.

Im Folgejahr zögerte man aufgrund dieser Erfahrungen das Niederziehen hinaus: *„zu Ende des Aprils war es fein warm, wolte aber niemandt nitter Ziehen, aus besorg es mögte wider Kalt werden, […]."*[29] Es wurde daher erst im Juni angestrickt. 1794 war das Anstricken dagegen bereits am 25. Mai verrichtet. Die sich entwickelnden grünen Triebe der Reben mussten nun laufend mit „Heftstroh" (mit dem Flegel gedroschenes Roggenstroh) angebunden, „geheftet", werden. Im Jahr 1725 verhindert lange andauerndes Regenwetter das Heften und nach einem sehr schneereichen Winter und nasskalter Witterung heißt es 1785: *„das Gras in Weinbergen wuchs denen Pfählen gleich, um Bartholomey [24.08.], waren noch viele Weinberge ungeheft, […]."*[30] Zu dicht stehende und dünne Triebe wurden entfernt, daher stand ein zweites Mal das Schneiden an. Aufgrund des günstigen Witterungsverlaufs im Jahr 1811 heißt es: *„Jullii: mit Anfang dieses Monaths fing man schon an zu schneiden, […]."*[31] Weitere Laub- oder Hackarbeiten werden nicht geschildert. Es folgen nun die Angaben zur Weinlese, dem bedeutsamsten Termin des Weinbergsjahres.

Für den Lesebeginn liegen Angaben aus 62 Jahren vor. Der früheste Termin liegt am 26. September, der späteste am 7. November. Die Angabe aus dem Jahr 1794 ging nicht in die Auswertung ein, da in diesem Jahr vorzeitig gelesen wurde, um Verluste durch plündernde Soldaten zu vermeiden. Die Trauben waren nach den Angaben des Chronisten aber bereits herangereift.

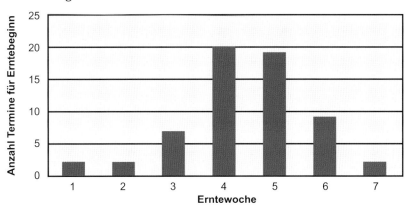

Erntewoche 1: 26.09.-02.10.
Erntewoche 2: 03.10.-09.10.
Erntewoche 3: 10.10.-16.10.
Erntewoche 4: 17.10.-23.10.
Erntewoche 5: 24.10.-30.10.
Erntewoche 6: 31.10.-06.11.
Erntewoche 7: 07.11.-13.11.

Das häufigste Datum für den Lesebeginn liegt, wie aus der Grafik deutlich hervorgeht, in den letzten beiden Oktoberwochen. Sehr frühe Termine stehen immer in Zusammenhang mit einem ausgesprochen warmen und vor allem trockenen Witterungsverlauf. Ein spätes Datum zeigt ein verzögertes Wachstum aufgrund eines späten Vegetationsbeginns und/oder kalten Sommerwetters, wie beispielsweise im Jahr 1824. Die spätesten Termine sind oft damit verbunden, dass die Jahreswitterung ein Ausreifen der Trauben überhaupt verhindert. Extremjahrgänge, auf die noch näher eingegangen wird, lassen sich, soweit Daten zum Lesebeginn vorliegen, gut nachvollziehen: Das Jahr 1740 bleibt durch ungewöhnlich lang anhaltende Kälte ohne Ernte, 1741 und 1742 liegt der Lesebeginn im November. Nach dem Ausbruch des Vulkans Tambora im Jahr 1816 liegt der Lesebeginn 1816 und 1817 ebenfalls erst im November. Auch der Fortgang der Ernte konnte durch Frost stark behindert werden, wie wir für das Jahr 1734 erfahren: *„Den 1. November ist die weinleße alhir zu Maynstockheim an gangen, den 2-dern 9br hat es sehr starck gefrohren, den 3-ten hujus hat es einen Schnee geschneit, ½ Schu hoch und den Leuten die Leßer vor Frost davon gelaufen, sind auch etliche hundert Ey: Most pro 2 rh rauß kommen. Es war ein großes Lamatiren bey (über Schultzen u. Burgermeister) Armen Leuten wegen des Lancksamen Herbst."*[32]

Den Abschluss der Arbeiten im Weinbergsjahr bildete das Decken. Es war eine Arbeit, die unmittelbar mit der Witterung zusammenhing und zum Ziel hatte, die Reben vor der Winterkälte zu schützen. Voraussetzung war eine Erziehung mit bodennahem Schnitt („Fränkische Kopferziehung"). Die Reben wurden von den Pfählen gelöst und zu Boden gelegt. Anschließend wurden sie mit Erde überdeckt und man hoffte auf Schnee, der ein tiefes Durchfrieren des Bodens verhinderte. Dabei wurden offensichtlich nicht alle Weinberge gleich behandelt. Ob aufgrund eines Arbeitskräftemangels, aus Zeitgründen oder weil man Bedenken wegen der Fäulnisgefahr für die Knospen (Augen) in einem nassen Winter hatte, geht aus den Quellen nicht hervor. In manchen Jahren wird das Decken durch Frost verzögert oder ganz verhindert, da dieser Erdbewegungen erschwerte und das Rebholz brüchig werden ließ. So heißt es 1713: *„Den 11. Novemper als am Tage Mardini hat es sehr gefroren, und an den selbigen Tag ist der wind auch sehr starck gangen, und hat immer forth gefroren Biß an 16. hujus, da hat man wieder ein wenig decken könen."*[33]

Bei ungedeckten Reben bestand die Gefahr, dass das Holz erfriert, wie beispielsweise in den Wintern 1710/1711 und 1783/1784. Im Jahr 1784 heißt es: *„Weilen voriges Jahr, die heraus gebliebene Weinberg erfrohren, so eilenden die Leuthe mit den Decken, daß in der Martini Wochen, das Decken völig verrichtet worden."*[34] Man beobachtete jedoch in nassen Wintern auch Schäden durch Fäulnis an den Knospen, den Augen der

Rebe. In nassen Wintern war es besser, den Weinstock nicht zu decken. Für das Jahr 1821 heißt es: *"Nov: Die Leute seynd zum Taken??? danz desperat, und hätte man doch die Weinberge zweimal Taken können, in andern Orten seynd viele Weinberge nicht gedekt worden, wird wohl beßer gewesen seyn, da es immer Reegen auf Reegen war, die geteckte Wein Reben geworden, die Augen abgerostet seyn [...]."*[35]

Der Verlauf von Erntemenge und Weinqualität in Mainstockheim

Die nachfolgenden Grafiken geben den Verlauf von Erntemenge und Weinqualität auf der Basis der Aussagen in den beiden Quellen wieder. Hierzu wurde eine Einstufung nach jeweils drei Kategorien „hoch – mittel – gering" vorgenommen. Die Einschätzung richtet sich nach den Mengenangaben, soweit diese vorhanden sind, sonst ist die Einstufung als Tendenz in Abhängigkeit zu den Angaben und der begleitenden Beschreibung der Witterungsdaten zu betrachten. Im Jahr 1781 waren die Erntemengen je nach Frosteinwirkung lokal sehr unterschiedlich, was zu einer mittleren Einstufung geführt hat, die jedoch die Verhältnisse nur sehr unzureichend wiedergibt. Entsprechendes gilt im Jahr 1807 für die Einstufung der Qualität. In einigen Fällen sind Kriegseinwirkungen für eine schlechte Ernte verantwortlich, z. B. in den Jahren 1795 und 1796. Über das Jahr 1796 heißt es: *„Quartiermacher"* haben *„die Weinstöcke verdorben, die Pfehle verbrent [...] was übrigens die Franzosen auf den Feld gelaßen, nahmen die Kayserlichen [...]."*[36]

Jahre mit außergewöhnlichen Ernteergebnissen und ungewöhnlichen Ereignissen sind in der Grafik als Jahrgänge eingetragen und werden weiter unten ausführlicher dargestellt.

Weinmenge und Weinqualität:
3 = hoch,
2 = mittel,
1 = gering
0 = keine Weinernte
keine Angabe = in den Quellen wird keine Aussage getroffen

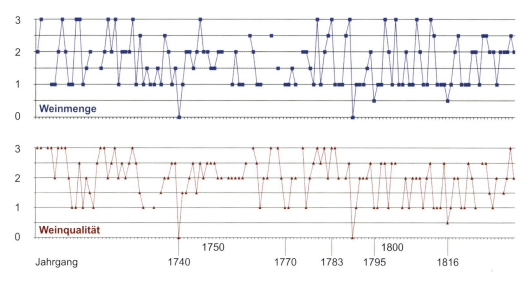

Die Ergebnisse zeigen deutlich die großen Schwankungen von Weinmenge und -qualität. Es lassen sich sowohl Perioden vorwiegend überdurchschnittlicher Ernteergebnisse als auch Perioden mit einer über längere Zeit unter dem Durchschnitt liegenden Ernte abgrenzen. Außergewöhnliche Witterungsverläufe und markantes Wettergeschehen haben entscheidenden Einfluss auf das Ernteergebnis. Die wetter- und witterungsbedingten Ursachen sind vielfältig und sollen im Folgenden dargestellt werden.

Bis 1708 ist eine Phase überdurchschnittlicher Qualität zu erkennen, ab 1709 bis 1716 schließt sich eine Phase geringer Qualität an. In der Klimatologie wird dieser Zeitabschnitt dem „Maunder-Minimum" zugerechnet. Es handelt sich um eine besonders kalte Periode der „Kleinen Eiszeit"[37], die auf den Zeitraum zwischen 1645 und 1715 datiert wird. In dieser Periode war eine stark verringerte Sonnenfleckenaktivität zu verzeichnen. Ob diese Änderungen der Sonnenaktivität für die beobachteten Klimaänderungen verantwortlich sind, wird kontrovers diskutiert.

Vom ersten Band der Chronik der Familie Bär werden für diesen Zeitraum durch Selzer[38] zwei Jahrgänge erwähnt: 1666 als gutes und 1673 als schlechtes Weinjahr. Auf klimatische Verhältnisse können aufgrund dieser zwei Einzelangaben allerdings keine Schlüsse gezogen werden. Die im Jahr 1700 beginnende Quelle weist für die Jahre 1700 und 1701 sowie 1703 und 1704 gute Weinjahre aus. Die Aufzeichnungen von 1702 geben uns diesbezüglich keine Nachricht. Ein kaltes Frühjahr – die Kälte dauert sogar bis nach Pfingsten an – verursacht 1701 an der Rebe keinen Schaden, da die lange Wärmeperiode des Sommers die Trauben doch ausreifen lässt. Im Jahr 1705 sind durch Spätfrost Ende Mai und insgesamt kalte Monate Mai und Juni Ertrag und Qualität gering. Günstiger stellen sich die Jahre 1706 und 1707 dar, in Letzterem richtet jedoch ein Spätfrost am 30. April erheblichen Schaden an.

Erst für die folgenden Jahre lässt sich die Bezeichnung „Maunder-Minimum" nachvollziehen. Der Winter des Jahres 1708 ist zwar mild, jedoch ist es um den 1. Mai sehr kalt. Es wächst noch relativ guter und auch ausreichend Most heran, doch während der Traubenlese stellen sich aufgrund der Kälte Schwierigkeiten ein: *„Es ist auch ein so kalter Herbst geweßen, das man den gantzen Herbst nur zu halben Tagen hat leßen können. Man hat auch keine Leut wegen der Kält haben können."*[39] Im Jahr 1709 ist gleich zu Beginn extreme Kälte zu verzeichnen. *„Hat der Winder mit großer Kält angefangen. An den 6. January als auf den Oberstag, da ist so eine große Kält ein gefallen, und hat 3 Wochen lang gewähret daß seither 58 keine solche Kält ist geweßen. [...] Es sind viel Leuth und Vieh erfrohren, es sind den Leuten der Wein und das Obs, in den Källern erfrohren."* Die Bilanz der Weinernte fällt in diesem Jahr entsprechend schlecht aus: *„Die Treubel haben biß den alten Veits Tage geblüt. Es ist auch gar ein schlegter Herbst geweßen. Der Morg hat 2, 3 Buth getra-*

gen, und ist ein Mitel wein geweßen [...]."⁴⁰ Auch im darauffolgenden Jahr sind sowohl Ertrag als auch Qualität gering. Das Jahr 1711 bringt durch das nasse Sommerwetter zwar einen reichen Ertrag, jedoch eine geringe Qualität. 1712 verzeichnet man eine lang anhaltende Winterkälte. Durch eine lange Wärmephase von Ende Mai bis Mitte September wird es ein reiches Weinjahr, während 1713 durch Frühfrost im Oktober die Trauben erfrieren und unser Chronist eine *„betrübte Weinlese"* notiert. Das Jahr 1714 verläuft ähnlich: ein kalter September und Anfang Oktober Frostschäden. Der Ertrag ist gering, die Qualität noch mittelmäßig. Im Jahr 1715 richten zwei Hagelschläge großen Schaden an den Weinreben an. Der September ist kalt und begünstigt die Entwicklung der Trauben nicht, erst kurz vor der Lese stellt sich warme Witterung ein.

Die Erntemengen zeigen keine einheitliche Tendenz. Sie schwanken während der gesamten Zeit stark.

Ab 1717 folgt eine Phase überdurchschnittlicher Qualität, welche 1729 endet. Die Erntemenge liegt in dieser Phase lediglich zweimal unter dem Durchschnitt. Die Weinernte des Jahres 1718 zeichnete sich durch eine besonders hohe Qualität aus. Der Winter war mild, das Frühjahr zuerst windig und regnerisch, dann jedoch sonnig und warm. Ein Hagel am 16. Juni richtet zwar in den Weinbergen Schaden an, doch gestaltet sich die Witterung sehr günstig: *„Aber das warme wetter hat diesen Sommer der maßen Continuiret daß man es nicht beßer häte wünschen können, zu mahlen sind die Hunts Tage so beständig warm so Tags als Nachts geweßen daß die Etlen wein Trauben fast alle sind weig worden."* Obwohl der Hagel großen Schaden verursacht hat, *„so ist doch solcher Drunck desto beßer worden, so daß man auß einen Ey: so viel als auß zweyen hat lößen können. [...] Einige meinen der Wein, der würde über den 1684-er seyn. NB Es haben sich schon etliche Männer in diesen 18-er Most zu Toth gesofen."*⁴¹ Der Gedanke an einen besonders hohen Alkoholgehalt liegt hier nahe.

Es schließt sich eine Periode durchschnittlicher Qualität und durchschnittlicher bis unterdurchschnittlicher Menge an, die zwei klar erkennbare Einbrüche zeigt: Das Jahr 1740 mit zwei schlechten Folgejahren und die sogenannten Hungerjahre 1770/71. Diese Jahre sollen hier mit ihren Witterungsverläufen und deren Auswirkungen auf den Weinbau detailliert beschrieben werden:

1740: „Ein in allen Belangen desaströses Jahr"⁴²

Das Jahr 1740 zeichnete sich durch eine ungewöhnlich große und lang anhaltende Kälte aus. Durch ein Hochdrucksystem, das sich über den Britischen Inseln etabliert hatte, wurde sehr kalte Luft aus dem Norden nach Mitteleuropa bis in den mediterranen Raum geführt. Die Wetterlage bestand noch im Februar und in abgeänderter Form im März und April. Aus Mainstockheim wird über diesen Winter berichtct: „*Der Anfang dieses Jahrs war sehr kalt, so daß die große um 20 Grad u. höher als Anno 1709 ist gestiegen. Der Monat Fbr: hat es ebenfals so hart gefrohren wie im Jener. Den 22. Feb: schneide es fast lauter Eiß. Den 11-ten Märtz Continuirte die große Winter Kälte welche sich im vorigen Jahr angehoben, wärte also 18 gantzer Wochen. Die Armmen klagen sehr die weil daß Broth Theuer, daß zu gemüß rahr, das Geld klein, und das Holtz auf gebrandt.*"[43]

Auch im Mai hielten außergewöhnliche Luftdruckverhältnisse über ganz Europa an, sodass es in Mainstockheim selbst am 1. Juni noch gefriert und auch der Sommer regnerisch und kühl ausfällt. Es wird von einer Wachstumsverzögerung von vier Wochen berichtet. „*Dem May Monat war es sehr kalt, Schneide auch starck. Die ungewöhnl: Kälte Contienuirte biß in den Junio, den letzten May und 1. Juny hat es hart gefrohren, […] zu Ende des Juny fandt man dan und wan blühende Treubel […] Den Monat Augusti, um diese Zeit regneths mehren Theils […] Sume. Alle Früchte gehen dieses Jahr ein Monat langsamer. […] Den 9. Octobr: ist alles erfrohren […].*"[44]

Auch das darauffolgende Jahr 1741 ist für den Weinbau ungünstig, so ist es „*Sowohl vor als nach Joh: Tag […] so kalt das man fast vor großer Kält nicht hat Heften können.*" Die Erntemenge ist gering: „*Den 1. Novembr: Ist die Weinleße alhier zu Maynstockheim angangen und gehet sehr klein zu sammen der Morg 1 ½ Buth behr.*"[45]

Die Hungerjahre 1770 und 1771

Das Jahr 1770 war geprägt von Niederschlägen und es traten zahlreiche Überschwemmungen auf. Der Chronist beschreibt, dass viele Leute das Wasser nicht aus ihren Kellern bringen konnten. Das folgende Jahr war ebenfalls äußerst regenreich, sodass „*alle 4 Wochen […] großes Wasser [war], Theils ging es über die Wießen […].*"[46] Die Folge war eine Verteuerung und Verknappung der Lebensmittel, die noch dadurch verschärft wurde, dass der Verkauf teilweise gewaltsam reglementiert wurde. Der Autor schildert die entstandene Hungersnot sehr drastisch: „*An den Backofen haben sich die Leuthe einander geschlagen, um daß Liebe Broth […]*", „*Summa die Sperr und große Teurung hat 2 gantzer Jahr getauert, von Erdbirn haben die Leuthe Broth gebacken, und die meiste Nahrung gehabt, die Zwechßgen haben die Leuthe getorth und gerieben unters Broth in Kleyen und getorte Weiße Ruben etc. und Broth davon gebacken. Welches ich selbst versuchet habe, habe aber keines zum Halß ab können bringen. Ich kan die Noth nicht genug beschreiben.*"[47]

In diesem Zusammenhang erhalten wir das erste und einzige Mal den Hinweis, dass Weinberge gerodet wurden, um auf den Böden das lebensnotwendige Getreide anzubauen: *„viele Leuthe haben Wein berge raus gehauen, und Acker draus gemacht, um Korn oder Gersten zu bauen […]."*[48]

Die Nässe schädigt Weinstöcke derart, dass sie gerodet werden müssen: *„durch die viele näße, und lang anhaltendes Regen Wetter gingen die Röthenfelder Weinberg, fast meistens zu Grunde, wurden gelb, und wurden zum ausreuden […]."*[49] Sie führte außerdem zu Pilzerkrankungen des Getreides, insbesondere zur Verbreitung des Mutterkornpilzes auf Roggen, dessen Inhaltsstoffe (Mutterkornalkaloide, z. B. Ergotamin) das „Antonius-Feuer" (Ergotismus) verursachen. In der Chronik wird vom Auftreten dieser mit sehr starken Schmerzen verbundenen Erkrankung als „Hitzige Kranckheit" zu Beginn des Jahres 1772 berichtet.

Vulkanausbrüche auf Island führten dann in den 1780er Jahren zu deutlichen Einbußen in der Menge. Im Jahr des Ausbruchs (1783) war durch einen äußerst ungewöhnlichen Witterungsverlauf sogar noch eine besonders gute Qualität erzielt worden, im Jahr 1784 kam es dann zu einer Missernte.

Die Extremjahre 1783 und 1784

Auf Island kam es im Mai 1783 zum Ausbruch des Eldeyjar und im Mai sowie Anfang Juni zu Ausbrüchen des Laki und Skaptar Jökull. Heftige Eruptionen fanden am 8. und 18. Juni statt, weitere Eruptionen in den darauffolgenden sieben Monaten. Lavafontänen von mehreren 100 Metern Höhe wurden aus weiter Entfernung gesichtet. Dazu kamen Gas- und Aschewolken, die in die Erdatmosphäre gelangten. Das in den Gasen enthaltene Schwefeldioxid wird durch eine photochemische Reaktion zu Schwefelsäure. Diese bildet in der Stratosphäre eine Aerosol-Wolke (in der Luft schwebende Tröpfchen), die die Sonnenstrahlung absorbiert und damit die Einstrahlung verringert. In der Folge kühlt sich die untere Atmosphäre ab.

Für den Witterungsverlauf der nächsten Jahre hatten diese Ausbrüche gravierende Folgen. Die ersten atmosphärischen Erscheinungen wurden in Mainstockheim auf den 16. Juni datiert. Es wird von „Heuregen" berichtet, von geringer Sichtweite und einer starken Rötung bei Sonnenauf- und -untergang: *„Heuregen: Den 16-ten Junii fing sich ein Heuregen an und zwar auf Tags vorhero gewesenen Gewitter, mann sahe von ditto an bis den 21. Jullii keinen Berg und Ordt, auch ging die schöne Sonne wahrender Zeit wie Bludt auf, und unter […]."*[50]

Erstaunlich erscheint zunächst, dass gleichzeitig eine große Hitze herrschte, wäre doch durch den „Höhenrauch" und die hierdurch verminderte Sonneneinstrahlung eine Abkühlung zu erwarten. Die Erklärung liegt nach Glaser in einer Großwetterlage mit einer Hochdruckbrücke über Mit-

Bereits geringe Aschemengen in der Atmosphäre sorgen für einen rötlichen Dunstschleier bei Sonnenuntergang, hier am 20. April 2010 über dem südlichen Mittelfranken nach dem Ausbruch des Eyjafjallajökull auf Island. (Bärnthol)

teleuropa, die für schwül-warme bis heiße Großwettertypen sorgt. Damit werden die Auswirkungen der verringerten Insolation durch „*eine zirkulationsdynamische Anomalie*" überkompensiert.[51]

Aufgrund dieser schwül-warmen Großwetterlage ist das Jahr 1783 für den Weinbau in Mainstockheim sehr günstig. Zu Beginn der Vegetationsperiode haben die Reben gute „Startbedingungen": „*War das Frühjahr guth, der Lenz ging balt an, und um Walpurgi sahe mann das Wein Laub über den Mayn, um Vittus Tag waren die Trauben in voller Blüthe.*" Die Weinernte des Jahres 1783 war in Mainstockheim sogar ausnehmend gut: „*mann lieset sehr viel*" und „*Es war der Most der beste der Seit 1748 gewachsen […].*"[52]

Die Kälte zeigte sich dann im November: „*Martini fing es an zu gefriehren und ist zu blieben, und sind in vielen Orthen auch Weinberge hausen blieben, in Xbr: ist es auser Ordentlich kalt worden […].*"[53]

Der Winter 1783/84 war einer der härtesten überhaupt in Mitteleuropa. Für Mainstockheim wird berichtet: „*den 15. Jan: 1784, mit dem Neuen Jahr hat es einen sehr tiefen Schnee gelegt und im Jener durch geschneit, und Wind der alle Hohlwege eben machte, den 30. und 31. Jan: war es sehr kalt, das kein Fenster bey allen einheizen aufthaute, es erfror im besten Keller viel Fuder und verfrohren viele Brunnen, […].*"[54]

Auf den harten, schneereichen Winter folgten extreme Überschwemmungen. Glaser bewertet sie als die „*größte Umweltkatastrophe der Frühen Neuzeit in Mitteleuropa*".[55] Nicht nur die große Schneemenge an sich, verursacht durch den hohen Partikelausstoß über die Vulkanaktivität, sondern auch der hohe Wassergehalt der Schneedecke durch zwischengeschobene kurze Tauphasen im Februar trugen dazu bei. Mainstockheim war aufgrund seiner Lage direkt am Main durch Hochwasser und Eisgang besonders betroffen. Hinzu kamen die Schäden durch „Holländer-Bäume", starke Stämme, die auf dem Main bis nach Holland geflößt werden sollten.

„*Groses Waßer: Der grose Schnee (mercks wohl lieber Leser) welcher wohl aus 25 Schneen bestundt, fing an Perters Stuhl Feyer* [22. Februar] *an zu schmelzen, und kam ein groser Windt mit Regen dazu, und wurde des Waßers nur von hiesen Bachs so viel das es andern Tags, denen Leuthen auf der kleinen Seiden zu ihren Häußleins hinein lief, den 22-ten fing das Waßer im Mayn an wachsen und ging noch zum Glück daß sogenande unterländer Eiß weg, dann kam das Waßer so schnell, mit den Oberländer Eiß, und viele 100 Stück Holländer Bäume, zu fliesen welches erstaunlichen Schaden ver Ursachte. Den 28. Nachmittag, riß es das hiesige Fahrhauß mit Ungestüm weg, und brachten, den Fehrer Caspar Weiß, und seine mehreste Mobillien hieher, das Aschen Sieders Höhms Hauß zu Albertshofen, würde eben dergl Schicksal empfunden haben wenn es nicht bey gröster Gefahr noch wehre unterstützt worden, der Mayn Werr ist in der mitte durchrißen worden, alle Bäume auf den Sandt Äckern, Tohr u. Thier Gärten sindt ruinirt worden, und welche mit Wurzeln fort geführt worden, alle Stickel=Zeune nam es gänzlich mit, der Schade ist nicht zu beschreiben, das Waßer ging auf der kleinen Seiten oben an die Stuben Decken [.] Was in getachten Waßer in den Kellern für Schaden gescheen, ist hier und andern Orden nicht zu dencken, es wurden alle Mayn Mühlen lediert, daß den ganzen Sommer über die Armen Leuthe, wegen spenge des Mahlens das liebe Brod theuer eßen musten, welches auch das Futter für das Vieh sehr klembte, die Kizinger Mayn Mühl stundt bis den ersten May ohne Gang, Es riß das Waßer zu etwas haußen 2 Häußer ein, und dergl noch mehrer 100 im MaynGrundt [...]. Die Brücke zu Kitzingen ward starck lediert, zu Ochsenfurth hat es 4 Bögen und Pfeiler ein gstürzt, zu Bamberg zwey Brücken gänzl, auch Nürnberg etl [...]."*[56]

Die nicht zu Boden gelegten (ungedeckten) Weinstöcke waren erfroren und die Weinbergsarbeit verzögerte sich. Die nicht vom Frost geschädigten Reben konnten jedoch aufgrund der günstigen Witterung ab Ende Mai das Wachstum aufholen und mussten bald angebunden („angestrickt") werden.

Die weiteren Ausführungen des Chronisten lassen einen trocken-warmen Spätsommer vermuten. Johann Christian Bär schreibt von einer *„langen Dürre"* und *„das es nach aller Bemerckung die Flüße seit 100 Jahren nicht so groß gewesen, als daß grose Waßer dieses Jahrs, und seit Niemahlen so klein gewesen im 100 Jahren als dieses Jahr im Hundts Tägen".*[57] Die Wärme begünstigte das Ausreifen der Trauben, sodass der Chronist von einer hohen Qualität des Mosts berichtet.

Auch der folgende Winter war lang und schneereich. Durch ein allmähliches Abtauen blieb den Mainstockheimern jedoch ein katastrophales Hochwasser erspart. Für den Weinbau war das Jahr ungünstig: Ein später Vegetationsbeginn und ein nass-kalter Sommer verzögerten die Entwicklung, Ende Oktober setzte der Frühfrost dem Ausreifen ein Ende. Aufgrund der schlechten Qualität verkaufte das Kloster Ebrach den Zehnten. Es war wohl an einer eigenen Verwertung nicht interessiert. Der gekelterte Most war immerhin noch „genießbar".

Der nächste Einbruch mit völligem Ertragsausfall und geringen Erntemengen mehrmals in Folge war bereits 1789, als das Rebholz nach einem strengen Winter erfroren war. In den Jahren darauf überwiegen schließlich unterdurchschnittliche Ernteergebnisse. In diese Zeit fällt nochmals ein katastrophaler Vulkanausbruch: der des Tambora im Jahr 1816.

Der Ausbruch des Tambora und das Jahr ohne Sommer (1816)

Im April 1815 kam es zu einer gewaltigen Explosion des Vulkans Tambora auf der Insel Sumbawa im heutigen Indonesien. Vergleichbar mit den Vulkanausbrüchen auf Island gelangten große Mengen Feststoff-Partikel und Schwefelverbindungen in die Atmosphäre. Als Schleier legten sie sich in den oberen Luftschichten um den gesamten Erdball und führten über mehrere Jahre zu stark erniedrigten Sommertemperaturen. Die Auswirkungen auf die gesamte Landwirtschaft waren so gravierend, dass es zu einer Kostenexplosion für landwirtschaftliche Produkte kam. Im Folgenden sollen hier nur die Auswirkungen auf den Weinbau in Mainstockheim betrachtet werden.

Zu einem guten Weinertrag für das Jahr 1815 fehlten bereits wesentliche Voraussetzungen, insbesondere konnte 1814 das Holz der Rebe als Ertragsbasis für das Folgejahr nicht ausreifen: *„leider den 10. hat es einen so starken Frost gethan, daß die Weinberge ganz erfrohren seyn, und das Holz wenig zeitig worden."*[58] Zusätzlich sorgte ein kühl-feuchter Witterungsverlauf im Jahr 1815 für die geringe Ernte.

Der zugefrorene Main und Weinberge bei Mainstockheim: 16. Januar 1964. Auch im Winter 1816 ist „der Main wieder gestanden", wie sich der Chronist ausdrückt. (Sammlung Otto und Elsa Beck, Archiv Fränkisches Freilandmuseum, BD-22.20)

Im darauffolgenden Jahr 1816, das als „Jahr ohne Sommer" in die Klima-Geschichte einging, war in Mainstockheim die Witterung sehr unbeständig und von Kälte und Regen geprägt. Das Wetter verhinderte nicht nur das Wachstum der Reben, sondern behinderte auch den Fortgang der Arbeiten im Weinberg. Die Qualität der Trauben war so schlecht, dass ihre Nutzung mancherorts von der Herrschaft verboten wurde: *„alle Tage Reegen und noch kalt dabey, Noth über Noth bey Armen Leuthen [...]. Nov: den 7. dieses ging die Weinleese hier an, solte billig Herling heisen, die Trauben waren nicht weich, man stöste sie mit Braken, oder Stabmeeßer, schüttet Waßer darüber, ward aber doch schlechter Trunk, an vielen Orten wurde gar nichts abgelesen, weilen es von Herschafts wegen verbotten wurde, der Trunk möchte zu Krankheiten anlaß geben."*[59]

Das Folgejahr 1817 zeigte einen ähnlichen Witterungsverlauf. Das Frühjahr war kalt, noch im April gab es immer wieder Frost, *„für Kälte wird nichts in Weinbergen gearbeitet, das Weinholz ist ganz dürre, und wenig Holz grün"* und auch im Mai lautete die Bilanz: *„Die Weinberge gehen schlecht aus."* Nach einem günstigeren Witterungsverlauf im Sommer wird die Traubenernte durch Frühfröste Anfang Oktober verdorben: *„den 6. Reif, den 10. wieder Reif, die Weinberge in Gründen sind erfrohren,* *und die Trauben angegriffen, kurz es sieht schlecht aus, die Theuerung hält noch immer an, ein schlechter Herbst, und nicht viel noch immer kaltes Wetter, den 12. Reegen [...] Nov: den 5. dieses ging der Herbst an, sehr wenig und Sauer[...].*"[60] Erst im Jahr 1818 folgt wieder eine bessere Ernte, für die jedoch kaum ein Markt existiert.

Erntemenge und Qualität in Abhängigkeit von der Witterung – welchen Einfluss haben die meteorologischen Parameter?

Temperatur: Bei Weitem am häufigsten werden in den beiden Quellen die Temperaturen als entscheidend für den Erfolg oder Misserfolg der Weinkultur angeführt. Im Zentrum der Betrachtung stehen dabei Fröste. Hierbei ist zu unterscheiden zwischen den Frösten während der eigentlichen Winterruhe des Weinstocks und solchen außerhalb dieses absoluten Ruhezustandes, den Spät- und Frühfrösten.

Winterkälte: Nur gelegentlich wird davon berichtet, dass die eigentliche Winterkälte gravierende Schäden verursacht. Im Jahr 1789 heißt es dazu: *„Der Januari war sehr kalt und so fort u Frühjar, so daß die Weinberge an der Wurzel erfrohren, welches man nicht eher tachte als sie wachsen solten, da stunden der Stok stille, man konte sie heraus Reisen, das Jahr war naß u kalt, gab auch nichts als Graß im Weinbergen, Summa es war ein schlechtes Jahr, auch keinen Wein, [...].*"[61] Ein solches „Erfrieren an den Wurzeln" ist gleichzusetzen mit einer sehr lange anhaltenden Kälte ohne Schneebedeckung, denn nur unter diesen Bedingungen konnte der Frost tief in den Boden eindringen.

Zum Schutz vor der Winterkälte wurden die Weinstöcke „gedeckt". Wenn diese Arbeit nicht verrichtet wurde oder nicht verrichtet werden konnte, bestand die Gefahr, dass die Reben vom Frost geschädigt wurden und die Erntemenge gering blieb, wie dies 1783/84 der Fall war: *„Martini fing es an zu gefriehren und ist zu blieben, und sind in vielen Orthen auch Weinberge hausen blieben, in Xbr: ist es auser Ordentlich kalt worden [...] die Früh und andere Treubelstöcke so haußen blieben, seynd auch erfrohren [...].*"[62]

Das Decken erfolgte im untersuchten Zeitraum wohl in der Weise, dass die Reben von den Pfählen gelöst, zu Boden gelegt und mit Erde – teilweise oder völlig, dies geht aus den Quellen nicht hervor – zugedeckt wurden. Für diese Art und Weise des Deckens spricht der wiederholte Hinweis darauf, dass für diese Arbeit ein frostfreier (und damit bearbeitbarer bzw. bewegbarer Boden) Voraussetzung war. Beispielsweise heißt es über den Herbst 1724: *„Dem Novemper betrefent. So hält die Türr noch immer an, und gefrieret alle Tage sehr starck, daß man nicht hat decken können [...].*"[63]

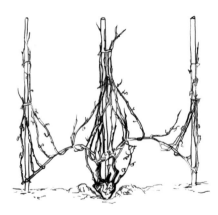

Kopferziehung (Umzeichnung nach einer Vorlage aus Worschech, Reinhard und Bernhard Weisensee, 1990, S. 162)

Der beste Schutz wurde erreicht, wenn die zu Boden gelegten Reben mit Schnee überdeckt wurden. Unter einer Schneedecke erreichen die Temperaturen lediglich Werte um oder wenig unter 0°C. Eine möglichst hohe und lockere Schneedecke stellt daher den besten Winterschutz dar.

Die wichtigste Voraussetzung, um überhaupt das Decken als Methode des Winterschutzes anwenden zu können, war eine bis nahe an den Erdboden reichende elastische Rebe. Dies war mit der sogenannten Kopferziehung gewährleistet, bei der durch einen geeigneten Schnitt immer wieder frische, biegsame Triebe aus der Triebbasis hervorgehen, welche zum Erdboden umgelegt werden können. Die Kopferziehung war im Zeitraum der Mainstockheimer Chronik und noch lange darüber hinaus in ganz Franken üblich. Nachteil des Deckens war, abgesehen vom Arbeitsaufwand, die Gefahr der Fäulnis der Augen („abrosten") in milden, regenreichen Wintern. Ein solcher Hinweis findet sich in den Quellen relativ spät und auch nur einmal für das Jahr 1821.

Lange andauernde Winterkälte konnte auch die Weinbergsarbeit erheblich verzögern, wie dies 1716 der Fall war: *„aber es war in den Mertzen, welcher der Erste Frühlings Monat seyn solle fast so kalt als im winter, den es hat fast alle Tage geschneit und starck drein gefroren. Also das weter der Bauer auf den Acker, noch der Hecker in den wein Berg hat gehen können biß den 9. April als an den grün Donerstag hat es angefangen Warm zu werden."*[64]

Spät- und Frühfrost: Entsprechend der zeitlichen Abfolge in Bezug auf den Winter werden Fröste im Frühjahr als Spätfröste und solche im Herbst als Frühfröste bezeichnet. Schäden durch Spät- und Frühfrost sind wesentlich häufiger als durch niedrige Wintertemperaturen, da zu diesem Zeitpunkt die Reben nicht mehr oder noch nicht ausreichend kälteresistent sind. Der Zusammenhang zwischen Frostschäden und dem Entwicklungsstand des Weinstocks war durchaus bekannt. Über einen Spätfrost schrieb der Chronist im Jahr 1713: *„Den 20. April hat es einen großen Schnee gelegt, doch ist dieses das Beste geweßen, das der weinstock und daß Korn noch nicht ist hausen gewest […]."*[65] Die Beschreibung „noch nicht ist hausen gewest" bedeutet hier also, dass ein Austrieb der Pflanzen noch nicht stattgefunden hat.

Tallagen sind besonders spätfrostgefährdet. Die spezifisch schwerere Kaltluft fließt immer aus der Hanglage an die tiefste Stelle des Geländes. Eine solche Situation entstand in Mainstockheim im Jahr 1762: *„Den 28. u. 29. et 30. May erfrohr der Weinstock in Gründen totalitter, auch auf den Bergen viele augen."*[66] Und über den Mai 1793 heißt es: *„den 17.*

hat es Frühe gefrohren, so daß es in Gründen viele augen an Weinstöcken verdorben, [...]."[67]

Von dieser Regel gab es eine Ausnahme, wie mit Erstaunen bemerkt wird. Ende Mai 1744 waren die Hanglagen stärker betroffen als die Tallagen: *„Den 28. May hat es starck gefrohren. Jedoch gantz wunderl. die Gründe sind mehren Theils gut geblieben, in den höchsten Bergen hat es viel Schaden gethan, in Specie wo es nieter gezochen geweßen, Ich habe von 14 morg wein=berg nicht wohl 4 ½ Futter Most bekommen, weilen meine Weinberge fast völlig nietter gezochen geweßen [...]."*[68] Möglicherweise genügte hier der Ende Mai bereits größer gewordene Wärmevorrat der tiefer liegenden, besonders leicht erwärmbaren sandigen Böden bereits, um Frostschäden zu vermeiden. In höheren Lagen kam es dagegen zu einer stärkeren Ausstrahlung. Dabei spielte offensichtlich eine Rolle, dass die Reben durch das Niederziehen locker verteilt und möglicherweise auch kalten Winden eher ausgesetzt waren.

Im schlimmsten Fall machten Spätfröste die Hoffnung der Weinbauern auf einen guten Ertrag völlig zunichte, so wie im Jahr 1755: *„Nacht Frost: Den 5-ten May erfror der Weinstock auf Berg und Thal."*[69] Die Reihe ließe sich mit Spätfrostschäden in den Jahren 1733, 1734, 1774, 1791, 1793, 1795, 1802 und 1825 noch fortsetzen.

Während nun Spätfröste die frisch ausgetriebenen Augen oder Lottentriebe (Sommertriebe) schädigen und es damit wenig oder keinen Ertrag gibt, betrifft der Frühfrost des Herbstes das Laub und die Trauben. Das vorzeitige Abfallen des Laubes führt zur verringerten Trauben- und Holzreife. Betrifft der Frost das noch grüne Holz, kann dieses vollständig erfrieren, sodass auch im Folgejahr kein Ertrag zu erwarten ist, wie dies weiter oben für das Jahr 1814 bereits beschrieben wurde.

Die in den Quellen dargestellten Schäden durch Frühfröste bestehen hauptsächlich darin, dass das Ausreifen der Trauben verhindert wird, so beispielsweise 1713: *„So hat doch Gott solche durch seine Allmachts Hand wunderlich erhalten, daß es Gott sey Danck bey uns gedreyt und Obs genug geben hatt und hätte noch wein auch genug geben. Wan es nicht den 5-ten October häte gefroren, daß Berg und Thal in einer Nacht gantz und gar erfroren sind. Ist also in diesen Jahr eine Betrübte wein leße geweßen, in deme das wenigste weig ist geweßen [...]."*[70]

Die unreifen Trauben ergeben nur einen sauren Most, wie dies für das Jahr 1730 beklagt wird: *„Des Most wäre noch zimlich viel gewachsen, aber wieder verhofen hat es den 9. biß 16. Septem: sehr hart gereift und gefrohren, ist also um eine gute Weinleße geschehen, in dem die meisten Trauben zu der Zeit noch guten Sonnen=Schein bedürfen. Nun aber waren sie der Maßen erfrohren, daß es zu erbarmmen war. [...] Den 27. Octobr: ist die Weinleße völlich zu Maynstockheim angangen. Es war dieser Most sehr unwerth [...] Da doch derselbige nicht gar unter die Sauer Möst zu rechnen war."*[71]

Tritt der Frost erst ein, wenn die Trauben bereits reif sind, ist trotz des erfrorenen Weinlaubs keine Einbuße an der Mostqualität zu befürchten. Hinzu kommt, dass reife Trauben erst bei minus 7° C gefrieren. Ein gutes Beispiel ist das Jahr 1761: *„die Trauben blüthen im May, den 26. Julii, gabs schon weige Beer, den 3. unt 4. Octbr: verfrorr der Weinstock auf Berg u. Thal. Herbst: Der Most wurde delicat der Morg trug 8 bis 10 Ey."*[72]

Unwetter: Hagel, Starkregen und Sturm: Große Zerstörungen wurden durch Hagelschläge verursacht, besonders wenn die Hagelkörner groß waren wie beispielsweise 1739, als die Kiesel *„sehr heufig in der Größe wie Manns Feust"*[73] fielen. Ein Hagel konnte einen Großteil der Ernte vernichten. Von einem Hagelereignis im Jahr 1718 wird berichtet: *„So hingegen betrübt sich jeder man über daß entsetzliche Hagel wetter, welches der gerechte Gott über uns gesicket den 16. Juny [...], den es sind so groß wie kleine welsche Nüße auf unsere, und noch andere Marckung in großer Menge gefallen, und haben theils an Wein und getreyt großen Schaden gethan und hatt die weinberge so sehr getrofen, daß es zu erbarmen ist, [...]. Ist also die Hofnung bey vielen zu einen guten Jahr zu nichts worden."*[74] In diesem Jahr ist dann durch das beständig warme Spätsommerwetter immerhin eine ausgezeichnete Qualität erzielt worden.

Starkregen wurden vor allem durch Erosion schädlich. Ein Gewitter führte 1769 den Oberboden weg: *„Notta den 16. u. 26. Jullii thäten die Gewitter erstaunlichen Schaden, so daß auf unserer Marckung Seit 1717 dergl: nicht gescheen, in abführungs des Erdbodens."*[75] Auch 1816 wurden *„die Berge [...] stark ausgeführt von vielen Reegen"*.[76] Extrem wird dies 1825, als sich die abgeschwemmte Erde sogar im Dorf ablagerte: *„Sept: [...] den 14. hatten wir hier so grosen Reegen, daß es die Weinberge als Hunsemmer??? Gözen berg, und oberer Berg so ausgeführt, daß der Schlam in Ort Schue hoch lag, man muste den Graben Damm aushauen."*[77]

Eine weitere Gefahr für die Reben war starker Wind. Vom Jahr 1744 wird berichtet: *„Den 17., 18., 19. et 20. Octobr: ging der Wind entsetzl: und Thät großen Schaden in Weinbergen."*[78] Im August 1791 hat ein *„Sturm Wind"* in den Weinbergen *„alles durch ein ander geworfen"*.[79] Großen Schaden an den bereits erntereifen Trauben richtete ein Sturm im Jahr 1736 an: *„Den 20-igsten Octob: ist die Vorleße zu Maynstockheim angangen, und eben an solchen Abent in der Nacht, ist der Wind so graußam gangen, daß man gemeindt der Jüngste Tag würde komen. Solcher wind hat einen unbeschreiblichen Schaden an denen weinstocken gethan, und oft alle Beer von den Trauben auf die Erden gerißen. Daß oft 1000 Behr unter einen Stock lagen, doch war dießes das beste das wir einen recht Truckenen Herbst haten."*[80]

Der Einfluss des (Spät-)Sommerwetters: Ein beständig warmes (Spät-) Sommerwetter und nicht zu lange andauernde Trockenphasen waren Voraussetzung für das Ausreifen der Trauben und entscheidend für eine hohe Qualität. Verzögerungen durch nasskalte Witterung im Frühjahr konnten bei günstiger Sommerwitterung wieder aufgeholt werden, solange der Schaden an der Blüte nicht allzu groß war. Dementsprechend wird 1717 die Erwartung an eine gute Ernte kommentiert: *„Man hat nun mehro eine gute Hoffnung zu einen guten Most, indeme daß warme wetter Continuiret biß die Etlen Wein Trauben fast alle weig worden sind."*[81] Und im Jahr 1722 heißt es: *„Den April ist es sehr kalt geweßen. In denen andern Monaten biß auf den Septem: ist mehren Theils kühl und feucht wetter geweßen. Aber den Sept: und October haben alles wieder eingebracht, in deme daß wetter so beständig ist geweßen, daß man es nicht beßer häte wünschen können, und hofet man der Most mögte in Theils erthen beßer als Ao 1712 werden."*[82]

Trockenphasen bedeuteten immer ein Risiko für das Ernteergebnis. Erlangten die Trauben ihre Reife, war die Qualität besonders hoch. So heißt es 1719: *„im August regnet es vier Wochen lang nicht: „Doch hat der Barmhertzige Gott unser seufzen in gnaden angesehen in dem er uns den 26. Augusti einen so durch Tringenten Regen bescheret, bey welchen die Etlen wein Trauben folgent zu ihrer Reufung gelangen könen [...]. Ist also in diesen Jahr der Most recht guth und Süße worden. Er hat auch den 18-ner in der Süßigkeit über Trofen."* Es folgt ein Gedicht auf die Trunkenheit mit der Bemerkung: *„In diesen 1719. Most haben sich auch schon viele Menschen zu Toth gesofen."*[83] Der hohe Zuckergehalt der Trauben führte hier zu einem besonders hohen – und wohl auch für die damaligen Trinkgewohnheiten ungewohnt hohen – Alkoholgehalt des Weines.

Weinbau im Zeichen des Klimawandels

Die bisherigen Ausführungen zeigen, dass starke Qualitätsschwankungen sowie stark wechselnde Erntemengen bis hin zum Totalausfall den Weinbau im untersuchten Zeitraum prägen. Diese Ernteergebnisse sind eindeutig vom Witterungsverlauf des Jahres bestimmt, sieht man von Ausnahmen wie den Schäden durch Kriegsereignisse ab. Spezielle Kulturmaßnahmen zum Schutz vor Witterungseinflüssen werden nur in geringem Umfang eingesetzt, sie sind auf das Decken des Weinstocks als Schutz vor der Winterkälte beschränkt.

Der fränkische Weinanbau heute ist gekennzeichnet durch eine im Durchschnitt hohe Qualität bei großer Ertragssicherheit. Teils sind die Ursachen in den stark veränderten wirtschaftlichen Rahmenbedingungen zu sehen, wie der Aufgabe des Feudalsystems, der Abschaffung der Zehntabgabe und dem Ausschließen der spät reifenden „Massenträger". Auch die technischen Möglichkeiten und die Palette der durchgeführten Kulturmaßnahmen haben sich erweitert.

Im Maintal zwischen Volkach und Gemünden ist nach Angaben von Rauh und Paeth im Zeitraum von 1947 bis 2006 eine deutliche Erwärmung um bis zu 1,4° C im Winter und 1,1° C im Sommer festzustellen. Damit ist die Erwärmungsrate hier deutlich höher als der bundesdeutsche Durchschnitt. Bis zum Jahr 2100 wird unter dem Einfluss steigender Treibhausgaskonzentrationen eine weitere Erwärmung um ca. 5° C in den meisten Jahreszeiten prognostiziert, wobei zu berücksichtigen ist, dass regionale und erst recht lokale Prognosen immer unsicher sind. Die Zahl der Hitzetage wird zunehmen, Kälteextreme werden seltener, die sommerlichen Niederschlagsmengen nehmen ab, Starkregenereignisse dagegen zu.[84]

Die Auswirkungen auf den Weinbau sind problematisch. Bisher konnte durch die Temperaturerhöhung eine teilweise höhere Qualität erzielt werden. Es musste jedoch bereits durch keltertechnische Maßnahmen eingegriffen werden. Im Hitzejahr 2003 führten die hohen Sommertemperaturen und das kühle, aber beständige Oktoberwetter zu sehr guter Aromaausprägung. Gleichzeitig fand aber ein weitgehender Säureabbau in den Trauben statt, sodass ausnahmsweise eine Säuerung von Most und Wein zugelassen wurde.[85] Der höhere Alkoholgehalt durch einen höheren Zuckergehalt der Trauben ist jedoch nicht in jedem Fall erwünscht. Zusammenfassend stellen Rauh und Paeth fest: „Es wird schwierig, den charakteristischen Geschmack des Frankenweines aufrecht erhalten zu können."[86] Schon jetzt gibt es Veränderungen im Rebsortenspektrum. Auch spät reifende Weinsorten, welche im Rahmen der Kartierung alter fränkischer Weinberge aufgefunden wurden, prüft die Landesanstalt für Weinbau und Gartenbau in Veitshöchheim derzeit auf ihre Verwendungsmöglichkeit.[87]

Das herbstliche Frostrisiko ist gesunken, was im Zusammenhang mit einer früheren Reifezeit zu sehen ist. So hat sich etwa der Lesetermin für die Sorte Riesling in Würzburg von Anfang September auf Mitte August vorverlegt.[88] Würden die Trauben länger am Stock bleiben, hätte dies wiederum einen unerwünscht hohen Alkoholgehalt zur Folge. Aber auch die Blütezeit ist durch den früheren Vegetationsbeginn nach vorne gerückt, was das Risiko von Spätfrostschäden erhöht. Selbst im Hitze-Rekordjahr 2003 gab es zwischen dem 6. und 12. April nochmals tiefe Temperaturen bis minus 8 °C, wobei die meisten Reben aber noch nicht angetrieben waren, sodass keine Spätfrostschäden entstanden.[89]

Bei fortschreitender Erwärmung sind vor allem die traditionellen fränkischen Sorten durch Hitzestress und Sonnenbrand gefährdet.

Während der Sonnenbrand durch eine stärkere Laubbeschattung vermindert oder vermieden werden kann, ist dem Trockenstress nur durch aufwändigen Technikeinsatz (z. B. Tröpfchenbewässerung) zu begegnen.

Als kulturtechnische (Not-)maßnahme kann den Reben ein Teil ihres Fruchtansatzes genommen werden, damit das verfügbare Wasser für die verbliebenen Trauben ausreicht.

Die Zunahme von Starkregenereignissen bedingt eine erhöhte Bodenerosion, welcher kulturtechnisch durch Begrünungsmaßnahmen und bautechnisch durch Schlammfänger begegnet wird. Eine Dauerbegrünung kann sich jedoch ungünstig auf den Weingeschmack auswirken, wenn diese auf mageren Böden mit den Reben in Nährstoffkonkurrenz tritt. Der Wein schmeckt dann dünn und altert sehr schnell.

Sonnenbrand an den Trauben im Sommer 2007 (Josef Engelhart, Bayerische Landesanstalt für Weinbau und Gartenbau, Sachgebiet Weinbau- und Qualitätsmanagement, 17.07.2007)

Veränderungen werden sich auch im Auftreten von Krankheiten und Schädlingen ergeben, eine Problematik, die sich in den beiden untersuchten historischen Quellen zum Weinbau in Mainstockheim nicht findet! Heiße Sommer bei ausreichenden Niederschlägen führen zu erhöhtem Schädlingsbefall im Bestand, milde Winter erhöhen die Überlebenswahrscheinlichkeit für Schädlinge. Mit den um 1900 neu aufgetretenen Pilzkrankheiten in Zusammenhang steht auch der allmähliche Wechsel der Erziehungsmethode von der Kopf- zur Stammerziehung. Einer der Vorteile der Stammerziehung ist, dass sie Distanz zur Feuchtigkeit des Erdbodens schafft und ein rascheres Abtrocknen ermöglicht. Gleichzeitig unterließ man immer öfter das Decken des Weinstocks, da die Fäulnisschäden an den Augen gravierender als die Frostschäden wurden.

„Den Reben und der Geiß, den' wird es nie zu heiß" lautet die Überschrift dieses Beitrags. Dies trifft auf den hier untersuchten Zeitraum von 1700 bis 1835 durchaus zu. Die Ausführungen zu den Auswirkungen des Klimawandels zeigen jedoch, das es unseren derzeit im Anbau befindlichen fränkischen Rebsorten durchaus zu heiß werden kann. Für die fränkischen Winzer bedeutet dies, dass Anpassungen in der Sortenwahl und der Kulturtechnik zu leisten sind. Der Charakter des fränkischen Weines wird sich verändern.

Literatur und Quellen

Bassermann-Jordan, Friedrich von. Geschichte des Weinbaus. Neustadt a. d. Weinstraße 1923, Nachdruck ³1975
Beck, Otto. Aufzeichnungen zum Weinbau. Archiv Fränkisches Freilandmuseum
Engelhart, Josef. Alte fränkische Landsorten. [Manuskript, 08.02.2013]
Glaser, Rüdiger. Klimageschichte Mitteleuropas. 1200 Jahre Wetter, Klima, Katastrophen. Mit Prognosen für das 21. Jahrhundert. Darmstadt ²2008

Hofmann, Heinrich. Rückblick auf das Jahr 2003 aus fränkischer Sicht. 99/93/00-03: Einmalig! Bayerische Landesanstalt für Weinbau und Gartenbau. Veitshöchheim 2003

Hofmann, Heinrich. Rückblick auf das Jahr 2006 aus fränkischer Sicht. Beobachten – Erkennen – Handeln. Bayerische Landesanstalt für Weinbau und Gartenbau. Veitshöchheim 2006

Hofmann, Heinrich. Rückblick auf das Jahr 2007 aus fränkischer Sicht. Gratwanderung. Bayerische Landesanstalt für Weinbau und Gartenbau. Veitshöchheim 2007

Kadisch, Erwin. Der Winzer. Bd. 1: Weinbau. Stuttgart 1986

Mägerlein, Fritz und Walter Schneider. Die Familien der Evangelisch-Lutherischen Kirchengemeinde Mainstockheim 1563–1900, Teil 1, A-H. Nürnberg 1999

Rauh, Jürgen und Heiko Paeth. Anthropogener Klimawandel und Weinwirtschaft: Wahrnehmung und Anpassungsmaßnahmen fränkischer Winzer auf den Wandel klimatischer Bedingungen. In: Berichte zur deutschen Landeskunde 85, 2011, Heft 2, S. 151-177

Schenk, Winfried. Mainfränkische Kulturlandschaft unter klösterlicher Herrschaft. Die Zisterzienserabtei Ebrach als raumwirksame Institution vom 16. Jahrhundert bis 1803. Würzburg/Ebrach 1988 (= Würzburger Geographische Arbeiten 71)

Schenk, Winfried. 1200 Jahre Weinbau in Mainfranken – eine Zusammenschau aus geographischer Sicht. Würzburg 1994 (= Würzburger Geographische Arbeiten 89), S. 179–201

Selzer, Otto. Chronisten aus Mainstockheim. Im Bannkreis des Schwanbergs. Kitzingen 1967, S. 84–94

Ungemach, Peter (Hg.). Verhandlungen der Versammlung Deutscher Wein- und Obst-Producenten zu Würzburg. Ueber das Decken – Trechen, Beziehen – der Weinberge. Würzburg 1842, S. 123–133

Van Eimern, Josef und Hans Häckel. Wetter- und Klimakunde. Ein Lehrbuch der Agrarmeteorologie. Stuttgart 1984

Weber, Heinrich. Bamberger Weinbuch. Bamberg 1884

Wiemer, Wolfgang und Silvia Mändle-Weikhart. Der Weinbau der Abtei Ebrach. Festschrift. Ebrach – 200 Jahre nach der Säkularisation 1803. Hrsg. von: Wolfgang Wiemer im Auftrag des Forschungskreises Ebrach e.V., 2004, S. 227-246

Worschech, Reinhard und Bernhard Weisensee. Weinland Franken. Würzburg ²1990

Herrn Josef Engelhart, Bayerische Landesanstalt für Weinbau und Gartenbau, Sachgebiet Weinbau- und Qualitätsmanagement, danke ich ganz herzlich für zahlreiche Informationen.

Anmerkungen

1 Schenk, Winfried (1994), S. 180
2 Nach Angaben Selzers wohl zwischen 1921 und 1935, das ist die Zeit, in der er in Mainstockheim als Lehrer unterrichtete
3 Hier ausgewertet als TS 80: Mainstockheim (KT), Tagebuch eines Bauern (Wetter- und Ernteberich), 1700–1750, 1769–1772, Archiv des FFM Bad Windsheim, B/579 (Otto Beck, Mainstockheim)
4 „Johann Leonhard Bär jun." lt. Selzer, Otto (1967), S. 91
5 Hier ausgewertet als TS 81, Archiv des FFM Bad Windsheim, B/ 580 (Otto Beck, Mainstockheim)
6 Ein fränkischer Morgen entspricht 1/5 Hektar. Worschech, Reinhard und Weisensee, Bernhard (1990), S. 283
7 Archiv Fränkisches Freilandmuseum in Bad Windsheim
8 a.a.O.
9 Schenk, Winfried (1988), S. 235

10 TS 81
11 Vgl. Bassermann-Jordan, Friedrich von (1923), S. 948, Anmerkungen 1 und 2; Weisensee, Bernhard. Winzers Freud – Winzers Leid. Der fränkische Weinbau und seine Ernten in 1200 Weinjahren. Würzburg 1982 (^{2}1985); Weber, Heinrich (1884)
12 Worschech, Reinhard und Bernhard Weisensee (1990), S. 199f
13 Selzer, Otto (1967), S. 88
14 Wiemer, Wolfgang und Silvia Mändle-Weikhart (2004), S. 232. Vgl. hierzu auch die Umrechnung der Flächengrößen Joch/Morgen/Hektar.
15 TS 80: *„Dieses 1733-er Jahr Trug der Morg durch und durch zwey Achtel, der damalige Herr Pater Ammt Mann nahmens P: Franzici Keller wolte die Weinberge so in den alhießigen Amthof gehörig an der Zahl 20 Morg, um ein halb Futter Most geben, aber da war niemand."*
16 Schenk, Winfried (1988), S. 58
17 a.a.O., S. 52
18 TS 81
19 a.a.O.
20 a.a.O.
21 a.a.O.
22 Beck, Otto: Aufzeichnungen zum Weinbau. S. 65
23 TS 80
24 Beck, Otto: Aufzeichnungen zum Weinbau. S. 82
25 TS 80
26 TS 81
27 TS 80
28 a.a.O.
29 a.a.O.
30 TS 81
31 a.a.O.
32 TS 80
33 a.a.O.
34 TS 81
35 a.a.O.
36 a.a.O.
37 Mitte des 14. Jahrhunderts setzte nach dem „Wärmeoptimum" des Spätmittelalters eine Abkühlung ein. Die sich anschließende Periode ab 1550 wird allgemein als Kleine Eiszeit bezeichnet. Sie hielt bis Mitte des 19. Jahrhunderts an.
38 Selzer, Otto (1967), S. 85f.
39 TS 80
40 a.a.O.
41 a.a.O.
42 Glaser, Rüdiger (2008), S. 189
43 TS 80
44 a.a.O.
45 a.a.O.
46 a.a.O.
47 a.a.O.
48 a.a.O.
49 TS 81
50 TS 81. Gemeint ist wohl die in zeitgenössischen Quellen als „Höhenrauch" bezeichnete Erscheinung.
51 Glaser, Rüdiger (2008), S. 235
52 TS 81
53 a.a.O.
54 a.a.O.
55 Glaser, Rüdiger (2008), S. 236
56 TS 81

57 a.a.O.
58 a.a.O.
59 a.a.O.
60 a.a.O.
61 a.a.O.
62 a.a.O.
63 TS 80
64 a.a.O.
65 a.a.O.
66 TS 81
67 a.a.O.
68 TS 80
69 TS 81
70 TS 80, „weig" bedeutet hier reif
71 TS 80
72 TS 81
73 TS 80
74 TS 80, „welsche Nüße" bedeutet hier Walnüsse
75 TS 81
76 a.a.O.
77 a.a.O.
78 TS 80
79 TS 81
80 TS 80
81 a.a.O.
82 a.a.O.
83 a.a.O.
84 Rauh, Jürgen und Paeth, Heiko (2011), Vorabdruck
85 Hofmann, Heinrich (2003)
86 Rauh, Jürgen und Paeth, Heiko (2011), Vorabdruck, S. 10
87 Engelhart, Josef (2013): Alte fränkische Landsorten. [Manuskript, 8.02.13]
88 Rauh, Jürgen und Paeth, Heiko (2011), Vorabdruck, S. 2
89 Hofmann, Heinrich (2003)

Ein ungewöhnlicher Windtsturm

Baubefunde zu historischen Sturmschäden

von Heinrich Stiewe

Schwere Orkane wie zuletzt Kyrill am 18. Januar 2007 haben immer wieder verheerende Schäden verursacht, die auch in historischen Quellen greifbar sind.[1] Unwetter, Stürme und Überschwemmungen sind in Chroniken seit dem Mittelalter vielfach belegt. So wurde die Stadt Utrecht in den Niederlanden am 1. August 1674 von einem sehr schweren Sturm heimgesucht, der als „schrickelijk Tempeest" in die Geschichte der Stadt einging. Vermutlich handelte es sich um einen Tornado, der unter anderem das spätgotische Langhaus des Doms und die romanische Doppelturmfassade der Pieterskerk zum Einsturz brachte – beide wurden nicht wieder aufgebaut. Zeitgenössische Zeichnungen von Herman Saftleven dokumentieren das Ausmaß der Verwüstungen an Kirchen und Wohngebäuden in Utrecht, die an Zerstörungen im Zweiten Weltkrieg erinnern.[2]
In seinem Werk „Klimageschichte Mitteleuropas" hat Rüdiger Glaser unter anderem eine jahrgenaue Auswertung der Wetterereignisse zwischen 1500 und 1750 aufgrund von historischen Daten vorgenommen. Dabei zeigt sich eine auffallende Häufung von Stürmen in der zweiten Hälfte des 17. Jahrhunderts.[3] Stürme haben immer wieder zu schweren Schäden an Gebäuden geführt – und mit deren Beobachtung kann auch die Bau- und Hausforschung einen Beitrag zur Klimageschichte leisten. Einige bauhistorische Befunde zu Sturmschäden sollen im Folgenden vorgestellt werden.
Anfang Dezember 1660 erlebte die Hansestadt Lemgo in der Grafschaft Lippe einen Wintersturm, der schwere Gebäudeschäden anrichtete; darüber berichten Bürgermeister und Rat an die gräflich-lippische Regierung in Detmold: *„… undt (hat) der ungewöhnliche Windtsturm nicht allein am verwichenen Sontag Morgen* [dem 5. Dezember 1660][4] *den hohen Kirchthurn auf der alten Stadt von Westen ins Osten über die Kirche geworffen, undt die Kirchengebäude biß auff daß Gewelbe gantz zerschmettert."*[5] Gemeint ist der höhere Südturm der Altstädter Kirche

Abb. 1: Wiedenbrück, Lange Straße 29, 1574/75 (d). Fassade, Zustand um 1950 (Aufmaß und Zeichnung: Stiewe 1987)

St. Nicolai, der bei dem Sturm umstürzte und Teile der Gewölbe und des Kirchendaches zerstörte. Bis 1663 wurde der Turmhelm in seiner vermutlich spätgotischen, gedrehten Form wiedererrichtet; der Glockenstuhl wurde laut einer Inschrift erst 1681 fertiggestellt.[6] Auch an Turm und Dächern der Kirche St. Marien in der Lemgoer Neustadt entstanden schwere Schäden, und weiter heißt es in dem knappen Bericht: *„Waß aber daß an den Pforten, an dere(n) Thürnen, undt Privat Gebäuden, solcher starcker Sturm für Schaden gethan, solches ist nicht zu beschreiben…"*[7] Der Sturm traf die Stadt Lemgo in einer schweren wirtschaftlichen Krise, die schon vor dem Dreißigjährigen Krieg begonnen hatte; die Bautätigkeit war fast völlig zum Erliegen gekommen. Daher fällt es schon auf, dass in den Jahren um 1664 ein Umbau und vier Neubauten von Bürgerhäusern nachweisbar sind.[8] Ob diese Baumaßnahmen auf den Sturm vom Dezember 1660 zurückzuführen sind, ist bisher nicht durch Baubefunde oder Inschriften belegbar. Auch aus Minden sind für Dezember 1660 schwere Schäden durch einen Orkan überliefert, u.a. stürzten zwei Häuser ein und die Turmspitze der Kirche St. Simeon hatte sich so stark geneigt, dass sie teilweise abgetragen werden musste.[9]

Eindeutige Baubefunde für Sturmschäden lassen sich für die Fachwerkhäuser Lange Straße 29 und 31 in der westfälischen Stadt Wiedenbrück (Kreis Gütersloh) beibringen:[10] Das Haus Lange Straße 29 ist ein schmales, zweischiffiges Dielenhaus mit rechtsseitiger Diele. Die 1834 im Erdgeschoss umgebaute Fassade zeigt im Giebel Brüstungsbohlen mit geschnitzten Fächerrosetten (Abb. 1), die für eine Datierung ins 16. Jahrhundert sprechen. Schließlich konnten mehrere Hölzer in Dachwerk dendrochronologisch Ende 1574 und 1575 datiert werden.[11] Das Gebäude hat einen Drempel (Kniestock) und ein Sparrendach mit zwei Kehlbalkenlagen und mittig stehendem Stuhl; die Stuhlsäulen sind mit gekehlten Kopfbändern verstrebt. Auffallend ist, dass das Stuhlrähm ziemlich unvermittelt vor dem vierten Gebinde abgesägt wurde und weiter hinten im Bereich des zehnten Sparrengebindes sogar abgebrochen ist (Abb. 2). Eine Stuhlsäule und alle oberen Kehlbalken fehlen, mehrere Kehlbalken und leere Zapfenlöcher in den Sparren sitzen in unterschiedlichen Höhen. Auch sind die Abbundzeichen an den Hölzern

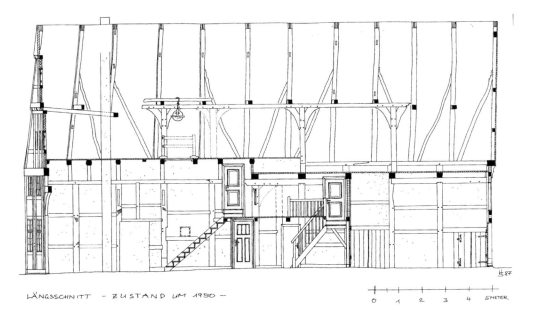

LÄNGSSCHNITT – ZUSTAND UM 1950 –

Abb. 2: Wiedenbrück, Lange Straße 29. Längsschnitt, Zustand um 1950 (Aufmaß und Zeichnung: Stiewe 1987)

des Dachwerks völlig durcheinander, eine logische Zählabfolge ist nicht erkennbar. Das ganze Dachwerk erweckt den Eindruck, als wäre es nach einem Abbruch oder Einsturz behelfsmäßig wieder zusammengeflickt worden.

Das breitere Nachbarhaus Lange Straße 31 wurde nach der Torinschrift am 20. September 1662 von den Eheleuten (*Coniuges*) Conrad Haver und A. (Anna) E. Oisterbrock errichtet (Abb. 3). Das Gebäude ist ein dreischiffiges Dielenhaus mit Mitteldiele, der Giebel ist auf schweren, barock profilierten Knaggen weit vorgekragt. Der Neubau von 1662 umfasst fünf Dielenfache und wurde vor ein offensichtlich älteres Hinterhaus gesetzt, das eine hohe Kaminküche und einen Saal nebeneinander enthielt. Das Vorderhaus wurde 1957 entkernt und zu einem großflächigen Ladenlokal ausgebaut. Das niedrigere Hinterhaus besitzt ein breites Sparrendach mit Sparrenschwellen, zwei Kehlbalkenlagen und einem mittig stehenden Dachstuhl (Abb. 4). Dieser besteht aus einem sorgfältig abgefasten Stuhlrähm und einer ebenfalls gefasten Stuhlsäule im vierten Gebinde, die mit zwei schlanken, schwach gekehlten Kopfbändern in Längsrichtung verstrebt ist. Die relativ hohe Verzimmerungsqualität dieser Bauteile spricht für eine Errichtung im späten 15. oder frühen 16. Jahrhundert (mehrere Dendroproben erbrachten hier leider kein Ergebnis). Aber auch dieses Dachwerk wirkt unsauber zusammengefügt, so fehlen z. B. die Querkopfbänder an der freistehenden Stuhlsäule und der zugehörige Kehlbalken mit den leeren Zapflöchern dieser Kopfbänder ist gegenüber der Stuhlsäule um etwa 20 cm verschoben (Abb. 5). Die anderen Stützen wirken sehr behelfsmäßig und nachträglich untergestellt.

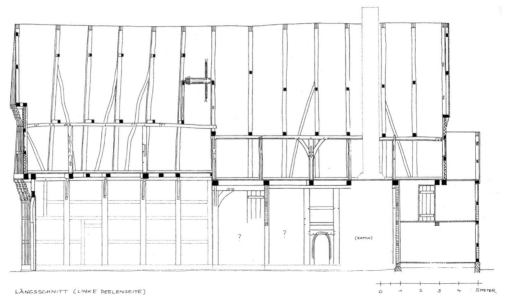

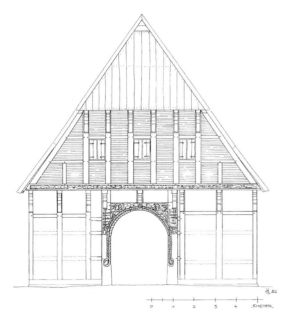

Abb. 3–5: Wiedenbrück, Lange Straße 31. Längsschnitt, Rekonstruktion; Fassade von 1662, Rekonstruktion (Aufmaß und Zeichnung: Stiewe 1986); Stuhlsäule mit leeren Kopfbandschlitzen und verschobenem Kehlbalken im Hinterhaus (Stiewe 1986)

Der entscheidende Hinweis auf Sturmschäden als Ursache für diese beiden so merkwürdig zusammengeflickten Dachwerke fand sich schließlich in einer alten Chronik, die der Wiedenbrücker Ratsherr Andreas Kothe 1621 zu Beginn des Dreißigjährigen Krieges begonnen hatte und die von seinen Söhnen Christoph und Henrich bis 1695 weitergeführt worden ist. 1660 notierte Henrich Kothe: *„Anno [1]660 den 20.*

Decembris ist ein großer, ungesthümer Windt entstanden, daß sehr viele nöwe und alte Häuser gantz zunichte geweyhet wie auch viele unterschiedtliche Böhme unndt, daß man kaum hat können über die Straßen gehen."[12]

Die beobachteten Unregelmäßigkeiten der Verzimmerung, zahlreiche vertauschte Hölzer und offenkundige Schäden (abgebrochenes Stuhlrähm bei Lange Straße 29) in den beiden Dachwerken sind als Hinweise auf einen hastigen und eher behelfsmäßigen Wiederaufbau nach einem Sturmschaden zu interpretieren. Offensichtlich haben wir hier zwei Häuser vor uns, die bei dem „ungesthümen Windt" am 20. Dezember 1660 schwer beschädigt worden sind. Während die Dächer des Hauses Lange Straße 29 und des Hinterhauses von Nr. 31 mit alten Hölzern wieder aufgerichtet werden konnten, wurde das Vorderhaus von Nr. 31 erst knapp zwei Jahre später neu erbaut – nach einem Besitzerwechsel: Am 11. Januar 1662 verkaufte Christoph Zurstraßen das Haus für 280 Taler an den Kaufmann Conrad Haver, der das Vorderhaus am 20. September 1662 neu aufrichten ließ.[13]

Vereinzelt werden Sturmschäden auch in Hausinschriften erwähnt; sie erscheinen aber deutlich seltener als die häufigen Hinweise auf Brände als Bauanlass. Ein Beispiel ist das Haupthaus des Nackenhofes in Herdecke (Ennepe-Ruhr-Kreis), Vestestraße 4, von 1704 (Abb. 6):[14] *„Nach dem vor einig Wochen das vorig alte Haus: vom Windsturm ward zerbrochen und gans gewichen aus: So ist in Gottes Nahmen dies neu gerichtet auf: Gott helf und [uns?] alzusammen vollbringen hier auf den Lauf. Hermann Poel g. Nackehof - Ianna Schwarzen Eheleute Anno 1704 den 10. Juny"*.

Das Haus Papenwinkel 2 im früheren Flecken Schwalenberg (Kreis Lippe) wurde laut Torinschrift 1592 durch Heinrich von Mengersen als Teil sei-

Abb. 6: Herdecke (Ennepe-Ruhr-Kreis), Vestestraße 4, ehem. Nackenhof. Haupthaus von 1704 (Thomas Spohn, LWL-Denkmalpflege, Landschafts- und Baukultur in Westfalen)

Abb. 7: Schwalenberg (Kr. Lippe), Papenwinkel 2. Das Gebäude von 1592 erhielt 1802 einen neuen Giebel nach einem Sturmschaden. (Stiewe 2010)

Abb. 8: Wenden (Kr. Olpe), Sturmschäden vom 22. Juli 1910. Historische Postkarte, 1910 (s. Anm. 16)

nes Adelshofes errichtet (Abb. 7). Anlass für den Neubau war ein überlieferter Stadtbrand im Jahre 1591. Eine gereimte Inschrift am Giebelbalken belegt, dass 1802 das Giebeldreieck und vermutlich auch das Dachwerk des Hauses nach einem Sturmschaden erneuert werden musste: ES WAR DIS JAHR DER XI. APRIL 1802 ALS DURCH DEN STURM DIS HAUS EINFIEL. BEHÜTE ES GOTT IN DER GEFAHR UND LASS ES STEHN NOCH MANCHES JAHR.

Ein Torbogen von 1837 vom früheren Hof Klaas aus Blomberg-Herrentrup (Kreis Lippe) in der Sammlung des LWL-Freilichtmuseums Detmold trägt eine ähnliche Inschrift: VOM STURMWIND VIEL DIESES HAUS HERNIEDER, DURCH GOTTES GNADE STEHT ES WIEDER.[15]

Am 22. Juli 1910 raste ein heftiger „Wirbelsturm" oder eine „Windhose", vermutlich ein Tornado, durch das Dorf Wenden im Sauerland (Kreis Olpe); die Folgen sind nun auch fotografisch dokumentiert.[16] Zwölf Wohnhäuser und mehrere Nebengebäude wurden zerstört oder schwer beschädigt. Fotos der Zerstörungen wurden als Postkarten vertrieben, deren Verkaufserlös dem Wiederaufbau zugute kommen sollte. Eine Ansichtskarte zeigt abgedeckte Dächer und aus dem Lot geratene Giebel, die abgestützt werden mussten (Abb. 8), auf einer weiteren Karte sind Häuser zu sehen, deren Dächer vollständig weggerissen worden sind (Abb. 9), darunter das Pfarrhaus von 1777/78.[17] Ähnlich muss es 1660 auch in Wiedenbrück ausgesehen haben.

Vermutlich gibt es zahlreiche vergleichbare Befunde für Sturmschäden an Dachwerken von Häusern oder auch Kirchen, die sich mit überlieferten Stürmen in Verbindung bringen lassen. Die gezeigten Beispiele sollen dazu anregen, bei der Untersuchung von Dachwerken auf mögliche Spuren von Sturmschäden zu achten. Sie können eine Erklärung sein für auffälli-

Abb. 9: Wenden, „Krusenhaus". Das Gebäude wurde bei dem Sturm am 22. Juli 1910 weitgehend zerstört. Historische Postkarte (Ausschnitt), 1910 (s. Anm. 16)

ge Unregelmäßigkeiten in der Verzimmerung, die mit Sparsamkeit des Bauherrn oder mangelnden Fähigkeiten der Zimmerleute nicht hinreichend erklärt werden können.

Die verbreitete Sorge vor Sturmschäden zeigt eine weitere Hausinschrift, die zum Abschluss zitiert sei: Das Haus Köller-Viedt in Blomberg-Herrentrup (Kreis Lippe), ein prächtiger dörflicher Fachwerkbau von 1618, wurde 1929 in seinen Außenwänden massiv erneuert. Dieser Umbau wird in der neuen Torinschrift wie folgt gerechtfertigt: *„Fest stehe ich auf Stein gestützt – Einst stand ich stolz auf Eichen. Stürmen trotz' ich länger nicht – Was morsch war, musste weichen."*

Anmerkungen

1   Der vorliegende Beitrag ist die überarbeitete Fassung eines Vortrages, der am 2. Dezember 2010 auf dem Jahrestreffen des Arbeitskreises für Hausforschung in Bayern in Bad Windsheim zur Verabschiedung von Konrad Bedal gehalten wurde.
2   Graafhuis, A. und D. P. Snoep (Hg.). 1 Augustus 1674. De Dom in puin. Herman Saftleven tekent de stormschade in de stad Utrecht. Ausstellungskatalog Centraal Museum Utrecht 1974
3   Glaser, Rüdiger. Klimageschichte Mitteleuropas. 1200 Jahre Wetter, Klima, Katastrophen. Darmstadt ²2008, S. 209 f.
4   Das genaue Datum des „verwichenen Sonntags" wurde ermittelt nach: Grotefend, H. Zeitrechnung des Deutschen Mittelalters und der Neuzeit. HTML-Version mit Datenrechner von Dr. H. Ruth im Internet unter http://www.manuscripta-mediaevalia.de/gaeste/grotefend/grotefend.htm (24.03.2013)
5   Landesarchiv NRW, Abt. OWL, Detmold, L 28 E VI, Schreiben vom 11. Dezember 1660
6   Gaul, Otto und Ulf-Dietrich Korn. Stadt Lemgo (=Bau- und Kunstdenkmäler von Westfalen, Bd. 49.1). Münster 1983, S. 156 und 182. Dort wird der Sturm auf den 9. Dezember 1660 datiert.

7 Wie Anm. 5; vgl. auch Gaul/Korn 1983 (wie Anm. 6), S. 243

8 Stiewe, Heinrich. Lemgoer Bürger und ihre Häuser. Bautätigkeit und Baukonjunktur im 17. Jahrhundert. In: Wilbertz, Gisela und Jürgen Scheffler (Hg.). Biographieforschung und Stadtgeschichte. Lemgo in der Spätphase der Hexenverfolgung (=Beiträge zur Geschichte der Stadt Lemgo, Bd. 5). Bielefeld 2000, S. 96–136, hier: S. 103 f. und 124 ff.

9 Kaspar, Fred und Ulf-Dietrich Korn (Bearb.). Stadt Minden. Einführung und Darstellung der prägenden Strukturen. Teilband I (=Bau- und Kunstdenkmäler von Westfalen, Bd. 50, Teil I). Essen 2003, S. 216 ff. Neben zahlreichen Bränden, Weserhochwässern und mehreren Erdbeben sind Sturmschäden für 1630, 1660, 1674 und 1747 überliefert.

10 Aufmaße und Bauuntersuchungen der Häuser Lange Str. 29 und 31 erfolgten durch den Verfasser 1986 und 1987 im Rahmen des DFG-geförderten Forschungsprojektes „Städtisches Bauen und Wohnen im Spätmittelalter und in der Frühen Neuzeit" (=Teilprojekt A 4 des Sonderforschungsbereiches 164 an der Universität Münster).

11 Dendrochronologisches Gutachten von Hans Tisje, Neu-Isenburg, 24.03.1987

12 Flaskamp, Franz (Hg.). Die Chronik des Ratsherrn Andreas Kothe. Eine Quelle zur westfälischen Geschichte im Zeitalter des dreissigjährigen Krieges (=Quellen und Forschungen zur westfälischen Geschichte, Bd. 90). Gütersloh 1962, S. 31

13 Angaben zur Besitzergeschichte nach Unterlagen von Josef Temme (†), Wiedenbrück, dem ich für die Überlassung zu Dank verpflichtet bin. Vgl. dazu: Temme, Josef. Lebensbilder Wiedenbrücker Häuser. Bd. 1: Langenbrückenpförtner Hof (=Quellen zur Regionalgeschichte, Bd. 16). Bielefeld 2009, S. 262–269; zu Lange Str. 29 s. S. 248–253

14 Informationen und ein Foto zu dem Gebäude stellte Dr. Thomas Spohn, LWL-Denkmalpflege, Landschafts- und Baukultur in Westfalen, zusammen mit weiterem Material zu Sturmschäden freundlicherweise zur Verfügung, wofür ihm herzlich gedankt sei.

15 LWL-Freilichtmuseum Detmold, Inv.-Nr. 1982:1297

16 Tröps, Dieter (Red.). Der Kreis Olpe in alten Ansichten. Aus der Schriftenreihe des Kreises Olpe, Nr. 21. Olpe 1992, S. 192

17 Vgl. Spohn, Thomas. Pfarrhausbau im Herzogtum Westfalen. In: Ders. (Hg.). Pfarrhäuser in Nordwestdeutschland (=Beiträge zur Volkskultur in Nordwestdeutschland, Bd. 100). Münster 2000, S. 45–141, hier: S. 137 f.

Juni 1816: heitere Tage 0
Ein Jahr ohne Sommer und die daraus resultierende Hungerkrise in Bayern und insbesondere der Oberpfalz 1816/17

von Birgit Angerer

Die Wetterbeobachtung „Juni 1816: heitere Tage 0" des Aufsatztitels[1] schrieb der ehemalige Benediktinermönch des Regensburger Klosters St. Emmeram Placidus Heinrich in sein sorgfältig geführtes Wettertagebuch.[2] Nicht ganz so nüchtern vermitteln zahlreiche Sprüche, die 1816, dem sogenannten Jahr ohne Sommer, und 1817 entstanden sind, die große Not vieler Menschen in dieser Zeit:

> „Theuerung war an allen Orten
> Hunger fast in jedem Land
> Und das Rauben, Betteln, Morden
> War fast allgemein bekannt"[3]

In diesen Jahren war die Bevölkerung in weiten Teilen Europas von Hungerkrisen bedroht. Nach Gerald Müller war Bayern unter den Staaten des Deutschen Reiches am stärksten von dieser Krise betroffen.

Am Ausgang einer Zeit, die von den Klimaforschern als kleine Eiszeit bezeichnet wird, wurde das Wetter 1816/17 besonders schlecht. Damals konnte keiner wissen, was der Auslöser für diese Verschlechterung war. Erst 1920 fand der Klimaforscher William Humphreys eine Erklärung für das „Jahr ohne Sommer" 1816. Er führte die Veränderung auf den Ausbruch des Vulkans Tambora auf der Insel Sumbawa im heutigen Indonesien 1815 zurück. Infolge der Explosion flogen große Menge an Asche und Aerosole durch die Luft und wurden über weite Teile der Erde verstreut.

Insgesamt waren die Temperaturen vor der Mitte des 19. Jahrhunderts, also in der kleinen Eiszeit, im Vergleich zu heute nur ein wenig niedriger, wir sprechen von ungefähr 1 °C. Selbst so ein geringer Unterschied ist beträchtlich, weil diese Schwankung in unseren Breiten eine Verkürzung der Vegetationsperiode um einige Wochen bedeutet. Schon der Unterschied zwischen der kleinen Eiszeit und unserer Gegenwart hat für die Landwirtschaft große Folgen. Die Umweltbedingungen im Untersuchungs-

Bilderbogen „Die Theuere Zeit vom Jahre 1816 auf 1817", kolorierte Lithografie (Historischer Verein/Stadtmuseum Neuburg a. d. D.: G0093)

zeitraum aber, also die Auswirkungen des Ausbruchs des Vulkans Tambora, der als der stärkste Vulkanausbruch der letzten 10.000 Jahre gilt, bedeuteten eine Abkühlung um ca. 3–4 °C in weiten Teilen Europas.[4]

Wie sehr extreme Wetterereignisse und Klimaschwankungen die Kultur und den Alltag von vormodernen Gesellschaften geprägt haben, ist eine interessante Frage. Dieser Zusammenhang ist innerhalb der Kulturwissenschaften erst in letzter Zeit beachtet worden.[5] Dabei muss sich die Umweltgeschichte einerseits mit einer Rekonstruktion der Umweltbedingungen in der Vergangenheit und andererseits mit der Rekonstruktion von deren Wahrnehmung und Interpretation durch die damals lebenden Menschen beschäftigen.[6]

Es ist durchaus möglich, dass das Klima eine wichtige Rolle bei historischen Veränderungen spielte. Es wäre wohl zu viel zu behaupten, die Französische Revolution sei eine Auswirkung der Schlechtwetterperiode gewesen. Aber eben auch damals hatte es eine Hungerkrise gegeben, die auf schlechtes Wetter zurückzuführen war und auf die Ludwig XVI. nicht mehr adäquat zu reagieren in der Lage war. Ebenso wenig soll hier die These vertreten werden, dass 1817 das Licht der Aufklärung in der bayerischen Regierung durch ein Jahr ohne Sommer ausgeblasen wurde, aber auch hier lässt sich ein Zusammenhang nicht ganz ausschließen. Das Klima und seine kulturgeschichtlichen Folgen sind in den letzten Jahrzehnten wiederholt Gegenstand von Forschungen gewesen. Besonders die kleine Eiszeit, die ungefähr vom Anfang des 15. bis zum Ende des 18. Jahrhunderts gedauert hat, mit einer Hauptphase im späten 16. und beginnenden 17. Jahrhundert, wurde mehrfach untersucht, wobei es sehr schwierig ist, eine offensichtliche Klimaverschlechterung, die von ständigen Wetterumschwüngen begleitet ist, für historische Phänomene, z. B. die Hexenverfolgungen, verantwortlich zu machen.[7]

Das sogenannte Jahr ohne Sommer dient hier als ein gut dokumentiertes Beispiel, um zu zeigen, wie solche Wetterereignisse wahrgenommen wurden, wie sie damals interpretiert wurden und welche Folgen sich daraus ergeben haben. Die klimatischen Auswirkungen waren in allen Teilen West- und Mitteleuropas, sogar im Nordosten Amerikas zu spüren („Eighteen hundred and froze to death", wurde dieses Jahr bezeichnet), daraufhin auch die wirtschaftlichen Folgen. Laut Manfred Vasold war das Jahr 1816 dasjenige mit den niedrigsten Durchschnittswerten an Ernteerträgen, die je in Europa gemessen wurden. Besonders nachteilig für die Ernte war die große Nässe im Frühjahr und Sommer 1816.[8]

Leider wurden damals vielerorts noch keine Temperaturmessungen vorgenommen, so dass man das Klima nur aufgrund der Folgen rekonstruieren kann. Ein wichtiger Anhaltspunkt sind die Termine für die Weinernte, die hinreichend überliefert sind und mit denen sich Renate Bärnthol in diesem Aufsatzband beschäftigt. Zu den zahlreichen Regenfällen kamen teilweise auch noch schwere Unwetter und Hagel. Das alles trug dazu bei, dass das Getreide wegen des schlechten Wetters 1816 sehr spät geerntet wurde und die Bauern feststellen mussten, dass die Ähren nicht ausgereift und die Kartoffeln auf den meisten Feldern verfault waren. Die Einwohner von Fischbach in der Nähe von Kallmünz hatten Glück, so meint jedenfalls Barbara Bredow-Laßleben, denn auf ihrem sandigen Boden wurde das Getreide früher reif und konnte vor dem andauernden Regen geerntet werden. Ihren Mehrertrag konnten sie natürlich gut verkaufen und bauten aus Dankbarkeit 1817 eine kleine Kapelle.[9]

Zu Beginn des 19. Jahrhunderts waren in Mitteleuropa noch fast drei Viertel der Bevölkerung Bauern, die vom Großteil ihres Ertrages lebten und nur wenig zu verkaufen hatten.[10] Bei den Städtern sah es so aus, dass die meisten Familien mehr als die Hälfte ihres Einkommens für Ernährung ausgaben, die Armen sogar vier Fünftel. Dies hatte zur Folge, dass bei höheren Lebensmittelpreisen das System von Angebot und Nachfrage schnell auseinanderbrach.

Im Durchschnitt musste ein Siebtel des Getreideertrages als neue Aussaat zurückgelegt werden. Zwei Siebtel blieben in der Hofgemeinschaft, um den Eigenbedarf zu decken. Die verbleibenden vier Siebtel konnten auf den Markt gelangen. Wenn in einem schlechten Jahr die Ernte um die Hälfte sank, dann blieb nur ein Siebtel für den Markt übrig. Hierbei handelt es sich jedoch um Durchschnittswerte, denn viele Bauern brauchten mehr als zwei Siebtel der Getreideernte, um allein den Eigenbedarf zu decken.

Der Getreidemarkt reagierte 1816 entsprechend panisch auf die sich abzeichnende schlechte Ernte. Bis zum Juli hatten sich die Preise gegenüber dem Frühjahrsniveau bereits verdoppelt. Dieses vorweg eilende Überreagieren der Märkte nennt Max Böhm ein typisches Verhalten der unelastischen Getreidemärkte bei Verknappung.[11]

Der Preisanstieg beim Getreide lässt sich aus den Aufzeichnungen in Nürnberg gut nachweisen.[12] In den Jahren vor 1816 kostete der Scheffel durchschnittlich 10 Gulden, 1816 35 Gulden, kurz vor der Ernte 1817 sogar 43 Gulden. Dass verbindliche Vergleiche stets anhand der Getreidepreise gemacht werden, liegt daran, dass das Getreide immer noch das Hauptnahrungsmittel war. Julius Graf von Soden schreibt: „Es gibt aber auch für den thierischen Organism des Menschen kein dringenderes Nahrungsmittel als Brod. Ohne Brod verdaut sich nichts, Fleisch und andere Speisen werden ohne Brod bald zum Ekel und selbst für die Gesundheit nachtheilig."[13] Getreide deckte zu Beginn des 19. Jahrhunderts zwei Drittel des menschlichen Nahrungsbedarfs. Fleisch spielte nur eine untergeordnete Rolle. Sein Verzehr dürfte um 1820 unter 20 Kilo gelegen haben und deckte so nur 5 % des Energiebedarfs.

Aber nicht nur das Essen war ein Problem, sondern auch das Trinken: „Eine Maß Bier 8 Kr. Dasselbe ist aus dünnem Sud, meist sauer und dem Viech zum Saufen zu schlecht. Der Wirt hat oft ganze Fässer müssen auslaufen lassen. Dann sind die armen Leut' gekommen, haben Sechter und Krüg untergehalten, das schlechte Zeugs getrunken und sich dabei den Krank geholt ..."[14]

Unter dem nasskalten Wetter 1816 litt selbstverständlich nicht nur das Getreide der Bauern. Das Vieh musste gefüttert werden und der Futtermangel führte dazu, dass auch hier große Verluste zu verzeichnen waren.[15] Es war auch noch bis ins 20. Jahrhundert oft der Fall, dass die Tiere oft nur völlig abgemagert den Winter überlebt haben.[16]

Zuverlässige Daten zur Getreideproduktion in Bayern fehlen für diese Zeit.[17] Die Angaben der Landwirte stimmen möglicherweise nicht, weil sie aus Misstrauen wohl oft zu niedrige Erträge bekanntgaben.[18] Der jährliche Getreidebedarf in Bayern lag etwa bei 7,4 Millionen Scheffel, die sich, laut Gerald Müller, wie folgt aufteilten:

    1 Mio. für Bier,
    1,5 Mio. für Pferdefutter,
    3,7 Mio. für Brot,
    1,2 Mio. für Saatgetreide.[19]

An vielen Orten ergab die Ernte im Sommer 1816 nur die Menge, die für die neue Aussaat nötig war. Aufgrund der dadurch entstandenen schlechten Wirtschaftslage wurden viele Dienstboten entlassen.

In der Zeit vor 1816 gehörten 6 % der Bevölkerung zu den Armen und wurden durch öffentliche Almosen und öffentliche Kassen am Leben erhalten. Die Anzahl der Armen, die von Unterstützung abhängig waren,

"Stettnerscher Schraubtaler" von Johann Thomas Stettner, Nürnberg 1816.
Der Nürnberger Graveur fertigte diese Erinnerung an die Missernte von 1816 in hoher Stückzahl in Silber oder Zinn an. (Museum der Brotkultur, Ulm)

ist während der Krise um wohl mehr als die Hälfte gestiegen. Die 19 %, die als Tagelöhner arbeiteten, waren, ebenso wie die Handwerksgesellen, in Krisenzeiten besonders gefährdet. In der Zeit um 1816/17 kam aber dazu, dass sich nicht einmal mehr all diejenigen, welche Haus und Boden besaßen, aus den Erträgen des eigenen Anbaus ernähren konnten.[20]

Die Bevölkerung hatte die Jahre zuvor ohnehin schon genügend Entbehrungen durch die napoleonischen Kriege erfahren. Junge Männer waren im Krieg gestorben, dazu auch viele Pferde, und zahlreiche Felder waren verwüstet. 1816 sollte eigentlich, nach dem Willen des bayerischen Königs, als erstes Friedensjahr gefeiert werden. Josef von Hazzi beschreibt die Krise mit folgenden Worten: „Als man mit dem Dreschen begann, kratzte sich der Landmann gar jämmerlich hinter den Ohren. Das rastlose Regnen, die verspätete Zeit erlaubte ihm kaum das Winterfeld zu bestellen … Ans Dreschen ging es nur für den Samen; aber noch wunderlicher ward ihm zu Muthe, sehend, dass er … meist nur leeres Stroh gedroschen."[21]

Johann Andreas Schmeller berichtet aus München: „Bettler langen lieber nach einem Schnittllein Brot als nach einem Kreuzer, um welchen man gar kein Brot mehr kaufen kann. Was noch vor kurzem 2 Pfennig kostete, kostet jetzt zwei Kreuzer."[22]

Übrigens war es nicht so, dass das Brot automatisch immer teurer wurde, vielmehr buk man die Brote immer kleiner. Vier solcher Brote, ungefähr so klein wie Hühnereier, hatte die Stadt Regensburg im Rathaus aufbewahrt, bevor sie in das Historische Museum kamen. Zwei davon sind auf Juni und August des Jahres 1817 datiert. Auch das Gerätemuseum in Ahorn besitzt zwei sogenannte Hungersemmeln.[23]

Aber auch die neue Frucht aus Amerika, die seit der zweiten Hälfte des 18. Jahrhunderts vermehrt angebaut wurde, konnte nicht gedeihen: „Das größte Unglück war da bei, daß die Kartoffeln, sonst ein Hauptnahrungsmittel der Armen und selbst eines großen theils des Mittelstandes, durchaus mißgerieten, und also kein Ersatz für mangelndes Brotkorn möglich war. … So wie dies mit der Nahrung der Menschen war, so traurig stand es auch um die Ernte des Heues und Viehfutters. Hafer und Heu waren unrein, taub, durch Überschwemmung fortgeführt, verdorben, verschlammt. Mit solchen trüben Aussichten gingen wir dem Winter 1816/17 entgegen."[24]

Placidus Heinrich berichtet im Juni 1816: „Die Sonne schien nie ohne Flecken. Merkwürdiger Monat wegen der vielen Wolkenbrüche und Überschwemmungen: wegen der zerstörenden Hagelwetter und wegen der Kälte beym höchsten Stande der Sonne: alles diese durch das ganze südliche, zwischen 20 und 30 Grad, gelegene Europa verbreitet." Oder noch einmal in kurzer Form: „Juni 1816: heitere Tage 0, windige 14, Tage mit Nebel 5, Tage mit Regen 12, Tage mit Hagel 1, Tage mit Gewitter 3; heitere Nächte 4, schöne Nächte 2, vermischte Nächte 9, trübe Nächte 15, windige Nächte 4, Nächte mit Nebel 5, Nächte mit Regen 5, Betrag des Regens 34 Linien."[25]

So nüchtern die Beobachtungen von Placidus Heinrich klingen, so dramatisch sind andere Nachrichten: „In der Umgebung Bambergs kam es im Juni zu einem so schweren Unwetter, daß 25! Dörfer fast ganz ruiniert sind an Feldern, Wiesen, Gebäuden, Wegen, Vieh und selbst mehrere Menschen kamen ums Leben."[26] Die heftigen Niederschläge waren oft mit großen Überschwemmungen verbunden.

Aus den Aufzeichnungen des Weideners Joseph Sintzel von 1817 erfahren wir Folgendes: „Häufige Donnerwetter mit gewaltigen Regensgüssen und Hagel, so wie überhaupt das den ganzen Sommer hindurch anhal-

Hungerbrote 1817: Die Brote waren vor der Gründung des Museums im Rathaus ausgestellt. (Historisches Museum der Stadt Regensburg)

tende Regenwetter verdarben in diesem Jahr alle Feldfrüchte, die anfangs die reichlichste Erndte versprachen, so, daß aller Lebensmittel des unerhörten Wuchers und aufgezehrten Vorrathes wegen auf einen solchen Grad steigen, daß die Geschichte wenige Beispiele davon wird aufweisen können."[27]

Über 1817 schreibt er: „Die wegen der vorjährigen Mißerndte entstandene Theuerung nahm immer mehr zu, und die Preise aller Lebensmittel stiegen des unerhörten Wuchers und aufgezehrten Vorrathes wegen auf einen solchen Grad, dass die Geschichte wenige Beispiele davon wird aufweisen können."[28]

Dieses Problem wurde damals von vielen Menschen gesehen. Ein unbekannter Autor hat eine Schrift über den Wucher als Hauptursache der Teuerung 1816/17 herausgegeben: „Ob der Nachbar sich vor Hunger am Boden krümmt, oder sammt Weib und Kinder sich von Wurzeln und Kleien sättig, dies ist dem stolzen Wucherer gleichviel, wenn er nur das Getreid am nächsten Markttage mehr gibt, ob Blut oder Schweiß an dem Gelde klebt, es ekelt ihn nicht."[29] Im Sommer 1819 kam es unter anderem deshalb in Teilen des Deutschen Bundes – auch im bayerischen Raum – zu antijüdischen Ausschreitungen, den sogenannten Hep-Hep-Krawallen, da man den Juden den Getreidewucher vorhielt.

Über die hohen Getreidepreise berichtet auch der Gesandte Graf de la Gard an den Herzog von Richelieu am 28. Juni 1817: „Die Theuerung macht sich im diesrheinischen Bayern sehr bemerkbar; Die Kornpreise habe sich verdreifacht. Man hat den Kavalleriepferden den Hafer genommen, um Brot daraus zu backen. Doch haben die Zwangsmaßnahmen der Regierung gegen den Kornwucher und die Aussicht auf eine gute Ernte seit einigen Tagen die Preise gesenkt."[30]

Deutungsversuche für die furchtbare Hungersnot gab es, neben dem Wucher, viele: Der viele Regen, so glaubten manche Leute, war abhängig von den zahlreichen Blitzableitern, die nicht lange zuvor von Benjamin Franklin erfunden worden waren und immer mehr eingesetzt wurden.[31] Ein 1811 beobachteter Komet wurde ebenfalls verdächtigt, schuld an dem schlechten Wetter zu sein. Er sollte nämlich bei seinem Vorbeiflug der Sonne „Wärmestoff" entzogen haben, so dass es seitdem kalte Sommer geben musste.[32] In dieser Zeit hatte man zudem die Sonnenflecken entdeckt, die prompt ebenfalls für das Nachlassen der Wärmeleistung der Sonne verantwortlich gemacht wurden.

Die Auseinandersetzung mit den Phänomenen des Wetters spielte zur Zeit der Aufklärung eine große Rolle. Man begann zu ahnen, dass es in der Entwicklungsgeschichte der Erde viele Klimaveränderungen gegeben hat. Es wurde klar, dass die Erdgeschichte nicht mit der Bibelerzählung synchron vonstattengegangen war, und es gab eine große wissenschaftliche Diskussion darüber, ob vulkanische Ausbrüche oder sich aus wässrigem Chaos langsam gebildete feste Stoffe die Erde geformt hatten.[33]

Die Folgen der Hungerkatastrophe waren eine hohe Sterbe- und Selbstmordrate sowie die Geburt von weniger Kindern. Über Rekrutenmessungen lässt sich auch nachweisen, dass die jungen Leute, die sich damals in der Wachstumsphase befanden, deutlich kleiner waren als die Generation ihrer Väter.[34]

Die Hungerkrise führte in Süddeutschland zur ersten Auswanderungswelle des 19. Jahrhunderts.[35] Die Ziele waren Amerika, Polen und Russland. Im Ganzen wanderten 20.000 Menschen aus allen Teilen Deutschlands aus, das war damals knapp ein Tausendstel.

Höchst eindringlich beschreibt ein niederbayerischer Pfarrer die Not 1816: „Einige von den Unsrigen leiden wegen der unverdaulichen Kost, mit der sie leben müssen, heftige Krampfungen des Magens, andere speien wegen der nämlichen Ursache Blut aus, die schwangeren Mütter sind ohne Kraft und sehen dem Tod in ihrer Entbindungsstunde entgegen, wieder andere von schwacher Leibkonstitution schwanken wie die Schatten mit Todesbleiche bedeckt herum und wir alle warten auf einen Hauch eines ungesunden Luftes, der den Krankheitsstoff, den die Noth bereits erzeugte, entzündet, ihn verbreitet, und uns ins Grab stürzt."[36] Sehr gefährlich war auch die Lagerung des meist feucht eingefahrenen Getreides. „Es ist deswegen nöthig, von Tag zu Tag in solchem Heu mit den Händen nachzuforschen, ob es sich erwärmt, und in solchem Fall der weitern Erhitzung und Entzündung durch Wenden und Ausbreiten vorzubeugen."[37]

Es gab viele Notrezepte, wie man dem Hunger begegnen konnte. Im Amberger Wochenblatt vom 4. Juli 1817 ist zu lesen: „Kinder sollen aus den

geackerten Brachfeldern Queckenwurzeln – auch Graswurz genannt – Agropyran respens sammeln. Gewaschen und getrocknet werden die Wurzeln zu G'sod geschnitten und zu Mehl vermahlen. Zum Brot backen soll man dann ein Drittel der Roggenmehlmenge durch Quecken ersetzen."[38] Das Brot mit anderen Mitteln zu „verbessern" versuchten auch die Bäcker. Zu den üblichen Methoden gehörte das Verfälschen des Mehles durch Alaun, Gips, Kreide, Kalk, Sand oder gebrannte Knochen, um das Brot weißer aussehen zu lassen. Dass solcher Schwindel in der Notzeit noch zunahm, führte dazu, dass Bäcker, Mehlhändler und Müller zu den am heftigsten beargwöhnten Berufsgruppen zählten.

Aus den Berichten des Landwirtschaftlichen Vereins in Bayern, der 1810 gegründet worden war, erfahren wir, welche Anstrengungen, die allerdings eher hilflos wirken, 1818 von dessen Mitgliedern zur Behe-

Schützenscheibe (Holz) 1818: „Zum Andenken an die Jahre 1817 u. 1818" (rechter Händler: „Ich bin gedekt", linker Händler: „Xaverl, wenn's immer so wär"). Die Abbildung bezieht sich auf die durch die Nahrungsmittelknappheit vermuteten Wucherpreise. (Schwäbisches Bauernhofmuseum Illerbeuren)

bung der Katastrophe unternommen wurden: „Ueber die gedörrten Kartoffeln, dann ihrer Benützung zu Brod, der Mehlbereitung aus denselben wurde nachgedacht und die große Theuerung und Brodnoth im Jahre 1816/17 hatte verschiedene Versuche veranlaßt, Brodsurrogate herzustellen. Ein Ungenannter gab daher Hinweis auf einige Brodmaterialien, und Hr. Tessier, Mitglied der k. Akademie der Wissenschaften, theilte im Journal des debats Methoden mit, aus Mehl von ausgewachsenen Getreid gutes Brot zu backen"[39]

Im Juli 1816 wird vom königlichen Landrichter Desch aus Tirschenreuth empfohlen, auf den Feldern faulende Erdäpfelzweige als Stecklinge zu vermehren. In den Pfarrkirchen sollen Betstunden für die Ernte eingehalten werden. Getreide soll auf keinen Fall feucht eingelagert werden und Rezepte für nahrhafte Suppen werden veröffentlicht.[40] Dazu gehörte auch die Suppe des berühmten Grafen Rumford, deren Grundlage aus Knochen und Getreide bestand.[41] In Göppingen z. B. wurde vom November 1816 bis zum Oktober 1817 eine sogenannte Rumford'sche Suppenanstalt im Spital eingerichtet Im Kassenbuch der Suppenanstalt werden folgende „Kochingredenzien" aufgezählt: Fleisch, „Beiner" (Knochen), Brot, Dinkel, Gerste, Reis, Mehl, Hafer, Erbsen, Ackerbohnen, „Grundbirnen" (Kartoffeln), Salz und „Allerlei".[42] Der Coburger Polizei- und Marktinspektor sorgte nicht nur für die Suppe, sondern ließ sie auch auf einem, ebenfalls von Rumford erfundenen Sparherd kochen: „Da sich hierzu in keinem städtischen Gebäude ein schickliches Lokal vorfand, so ließ ich in meinem Hause in der Rosengasse No. 16 eine holzsparende Feuerung und Kochanstalt einrichten."[43] Max Böhm nennt den großzügigen Coburger „den in der ersten Hälfte des 19. Jahrhunderts durchaus nicht seltenen Typus des gebildeten und aufklärerischen Beamten der jungen Verwaltungsstaaten".[44]

Der Regenkreis wollte schon im Sommer 1816 „Der Auskundschaffung verheimlichter oder rückbehaltener Vorräthe auch ferner ein scharfes Auge" zuwenden, die Regierung sei sich aber auch bewusst, dass es große Privatvorräte nicht mehr gebe. Es gehe vielmehr um jene „vielen kleinen Getraidquantitäten, welche die Besitzer aus übergrosser Besorgniß oder Gewinnsucht zurückhielten."[45] Aus der Summe dieser Kleinvorräte versprach sich die Mittelbehörde eine spürbare Entlastung.

Joseph von Hazzi schreibt 1818 über die Hungerkrise: „Die folgende Untersuchung versteht den Zeitraum von 1816–18, dessen Grenzen noch diskutiert werden, nicht allein als Wirtschaftskrise, sondern als eine Staatskrise, die das junge, in seinem Gebietsbestand noch ungefestigte Königreich Bayern erschütterte."[46]

Das war in der Tat ein Problem, mit dem die Regierung in diesem Falle überfordert war. Das ganze Land, inklusive der durch die Säkularisation hinzugewonnenen Gebiete, hatte erst 1808 eine Konstitution bekommen, bei der unter anderem die Leibeigenschaft aufgehoben worden war. Damit

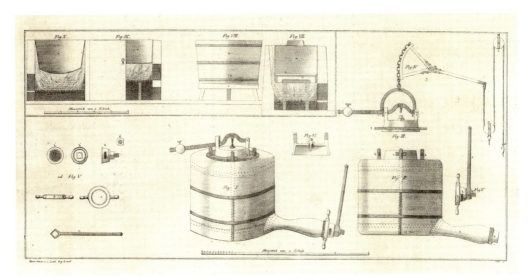

Graf Rumford erfand nicht nur die nach ihm benannte Suppe, sondern auch einen Sparherd und einen Dampfkochtopf, damit in Notzeiten auch mit Energie gespart werden konnte. (Bayerisches Hauptstaatsarchiv)

waren die vorher abhängigen Bauern nicht mehr Eigentum des Grundherrn – soweit sie leibeigen waren wenigstens – und konnten nicht mehr nach Willkür von ihren Höfen vertrieben werden, was allerdings ohnehin eher selten vorgekommen war. Die Dienstbarkeiten und Naturalabgaben waren in Geldabgaben umgewandelt worden und die Abhängigkeit von den Grundherren konnte später durch eine Entschädigungszahlung abgelöst werden. Möglicherweise fühlten sich die Bauern mit ihrer neuen Freiheit angesichts des Ernteverlustes und des drohenden Hungers nicht wohl.

Die bayerische Regierung versuchte der Krise durch die Einfuhr von Getreide abzuhelfen. Getreide besorgte der Staat zum Beispiel in Dresden, von wo aus es über Böhmen nach Waidhaus und Waldmünchen weitertransportiert wurde, in den Regen-, Isar- und Donaukreis. Solch ein Landtransport war aber überaus kostspielig. Bei einem Transport über 350 km lagen die Transportkosten höher als der Wert des Getreides. Zu erkennen ist dies zum Beispiel bei der Einfuhr von Getreide aus Polen, das erst nach München und dann weiter nach Erbendorf in der Oberpfalz transportiert wurde. Für ein Achtel Korn mussten dort 25 Gulden bezahlt werden, im folgenden Herbst erhielten die Bauern in Erbendorf für dieselbe Menge ihres dort angebauten Getreides 4 Gulden und 30 Kreuzer.[47]

Seit 1803 waren die Kornkammern der kirchlichen Stiftungen unter staatlicher Aufsicht, die Bevölkerung verließ sich auf diese Vorräte. Der Staat stand also in viel höherem Ausmaß als in der Zeit zuvor in der Verantwortung. Dass der Staat für eine ausreichende Vorratshaltung zu sorgen habe, meint auch der Autor des Textes, der Wucher als Hauptursache für die „Theuerung" sieht. Finanziert werden sollte die Vorratshaltung durch Besteuerung der Erträge.[48] Einerseits gelang es König Max I. und Montgelas, in Bayern mit einer reformierten Beamtenschaft und einem Berufsbeamtentum den dauerhaften Weg einer Modernisierung zu gehen. Andererseits wurden dadurch natürlich auch die Ansprüche an den Staat höher. Plötzlich war das gefordert, was wir heute als Wohlfahrtsstaat bezeichnen.

Politisch hatte dies Auswirkungen: Am 16. April 1817 loderte eine Feuersbrunst im Münchener Zeughaus, was wohl zu Recht als Anschlag auf die Residenz gewertet wurde. Der Magistrat versichert sofort die Treue Münchens zum König und der König versichert sofort sein Vertrauen in die Stadt, obwohl er offenbar kurzfristig überlegt hatte, selbige zu verlassen. Man kann zudem davon ausgehen, dass die politische Reaktion und Depression, die kurz nach Ende dieser Hungersnot einsetzte, auch in den Karlsbader Beschlüssen 1819 ihre Folgen hatten. Die Hungerjahre riefen mit ihren Bettlerheeren bei den oberen Gesellschaftsschichten Unsicherheit hervor; die verzweifelten Menschen flößten ihnen Angst ein. Auf Unruhen, die sich gegen die Regierung richteten, reagierte der König mit Entlassung des Hauptverantwortlichen für die eingeleiteten Reformen. Einerseits scheiterte Montgelas an der mangelnden Sympathie des Kronprinzen sowie dem Streit mit von Wrede und dem bayerischen Militär, andererseits gab wohl auch seine Unfähigkeit, die Hungerkrise zu meistern, Max I. Gelegenheit und Grund, ihn 1817 zu entlassen. Damit hatte der König wieder die Chance, sich als „Vater Max" und Retter zu inszenieren. Auch aus Regensburg sind Unruhen überliefert: „Den 7. Juli 1817 ist wegen Mangel an Brot nachts eine Revolution entstanden, wo sich mehrere hundert Menschen versammelt und bei einigen Bäckern die Fenster eingeschlagen, auch sogar manchem von seinen Habseligkeiten vieles entwendet geraubt, aber durch Herbeieilen des Militär ist es nicht weiter kommen, weil sie das Volk auseinandergetrieben und wieder Ruh verschafft haben."[49]

Die Regierung versuchte, mit gesetzlichen Maßnahmen die Auswirkungen der Hungersnot zu lindern. Die Armenpflege wurde in die Hände der Kommunen zurückgelegt, in allen Gemeinden wurde die Bildung von Armenpflegen durch die Armenverordnung vom 17. November 1817 angeordnet. In Artikel 57 wurden die Armenpflegen aufgefordert, „nach Umständen für die Bildung von Sparkassen für die Zeiten des Alters und der Noth und für die Ausmittlung von Laihkassen zu sorgen ..." Es ist das erste Mal, dass in einer bayerischen Rechtsnorm die Sparkassenidee aufgegriffen wurde. Gleichzeitig wurde eine Art Krankenversicherung für Handwerksgesellen und Dienstboten gefordert, die sich aus Beiträgen sowohl der Arbeitnehmer als auch der Arbeitgeber zusammensetzen sollten.[50]

Gerald Müller fasst die politische Krise wie folgt zusammen: „Am Ende war die Tätigkeit des bayerischen Staates vor allem das Ergebnis eklatanter Fehlentscheidung."[51] Dabei sollte man bedenken, dass ja die neue Art der Verwaltung, die das patrimoniale System des Landes durch Bürokratie ersetzen sollte, gerade erst organisiert wurde. Infrastruktur und niedrige Ertragsleistungen waren die Probleme, die nach Beseitigung drängten – und dies gerade in einer Zeit, in der sich der bayerische Staat als Institution ganz neu definieren musste.

Die Probleme, die die kleine Eiszeit seit Ende des Mittelalters mit sich brachte, stellten hier eine Regierung zum letzten Mal als mehr oder weniger unfähig dar, ihre Auswirkungen zu lösen. Folgen waren seit mehreren hundert Jahren immer wieder klimatische Krisen, in denen Kinderlosigkeit, Tierseuchen, Missernten, unbekannte Krankheiten und plötzlicher Kindstod auftraten sowie Judenfeindschaft und Hexenglauben blühten. Von den Theologen wurden diese Zeiten als Strafe Gottes für die Sünden der Menschheit bezeichnet. Auch in den 1770er und 1780er Jahren hatte es mehrere solcher Krisen gegeben. Zum Beginn des neuen, aufgeklärten politischen Systems unter Max I. erwartete die Bevölkerung aber eine Lösung der Probleme, die sie jedoch nicht erhielt. In der zweiten Hälfte des 19. Jahrhunderts gab es aufgrund der Klimaerwärmung und des technischen Fortschritts diese Art von wetterbedingten Krisen nicht mehr. An ihre Stelle traten Wirtschaftskrisen und wieder Kriege, die ebenfalls zu Hungersnöten führten.

Wolfgang Behringer kommentiert dieses Thema: „Indem die Sündenbockreaktionen eingedämmt und ein rationaler Umgang mit dem Klimawandel gefunden wurde, gelang aus eigener Kraft der Ausweg aus dem Jammertal. Das Schlüsselwort, mit dem man sich aus der vormodernen Sündentheorie befreite, den Einfluss religiöser Wahnvorstellungen in den Hintergrund drängte und eine Anpassung an die Lebensbedingungen der kleinen Eiszeit bewirkte, lautet: ‚Vernunft'."[52]

Interessant ist auch die Frage, wie die Kirchen auf die Krise reagierten. Schließlich hatte das aufgeklärte Regime in München versucht, in seinen Augen abergläubische Bräuche wie Wallfahrten, Feldumgänge und Ähnliches zu verbieten. Gerade in Krisenzeiten konnten aber solche Bräuche wieder wichtig werden und die verunsicherte Landbevölkerung beruhigen. Laut Gerald Müller sind im Zuge dieser Krise sogar eine Rei-

Hungertaler 1817: „MUTTER GIBD UNS BROT/DER HERR VERGIST DIE SEINEN NICHT; ER HILFTUNS WANN ES NÖTHIG IST.." (recto), „Im Jahr 1817/war die Theuerung/so groß dass…" (verso). (Schwäbisches Bauernhofmuseum Illerbeuren)

he von Sekten entstanden.[53] Johann Michael Sailer, der einflussreiche und sehr geschätzte Lehrer Ludwigs I., wies die Gläubigen auch ausdrücklich darauf hin, dass sie ihr Schicksal als gottgegeben hinnehmen sollten,[54] und wandte sich in einem Hirtenbrief gegen die Aufklärung. „Auch den unteren Volksklassen hat sich diese Lehre, durch Wort und Beispiel gepredigt, bereits mitgetheilt, und wenn auch nicht so sehr auf die Köpfe, so hat es in praktischer Anwendung um so mehr auf die Gesinnung, auf die Sitten des Volkes gewirkt."[55]

Max I. ging mit den kirchlichen Forderungen sehr nüchtern um. Er erließ Fastendispense 1815 wegen „des wenig unterbrochenen verderblichen Krieges" sowie 1816 und 1817 „Wegen der aus den Vorjahren zurückgebliebenen traurigen Folgen und Spuren bemerkbarer Mittellosigkeit und Geldmangels, hiezu sich gesellter eingetretener schlechter Ernte, welche eine allgemeine Getreidttheuerung verursachte, wonach die Preise auch der übrigen Fastenvictualien sehr hoch gestiegen sind".[56] Bereits 1816 hatte die bayerische Regierung angeordnet, dass die Kirchen beider Konfessionen Gottesdienste abhalten sollten, um für eine gute Ernte zu sorgen. Bittgänge und Wallfahrten wurden großzügig erlaubt und so konnte die Kirche schon in dieser Zeit einiges an Einfluss zurückgewinnen.

Die Hungersnot war Anlass für Maßnahmen zur Förderung der Landwirtschaft. In Baden-Württemberg wurde beispielsweise die Landwirtschaftschule in Hohenheim gegründet. Ihr bayerisches Pendant Weihenstephan war schon 1804 gegründet worden mit dem Ziel, auch für den „gemeinen Landwirt" landwirtschaftliche Versuchsflächen zugänglich zu machen, um ihm Anhaltspunkte für die Verbesserung seiner Betriebe zu geben; 1810 zog die Schule nach Schleißheim um. Nach der Hungersnot nahm die Institution eine Idee auf, die auch schon in Hohenheim verwirklicht wurde, nämlich auch die Volksschullehrer in einer landwirtschaftlichen Lehranstalt weiterzubilden.[57] Die Auswirkungen des wissenschaftlichen Herangehens waren neue Methoden in der Landwirtschaft. Dazu gehörte die Ausweitung der Nutzfläche, die Verkürzung der Brache, der Übergang zu Intensivkulturen.

Die Hungersnot beförderte auch den weiteren Aufstieg der Kartoffel, die in der Krise wohl endgültig den Weg vom Viehfutter zur Menschenmahlzeit machte. Zuerst hatten viele Bauern noch die Türen verriegelt, wenn sie heimlich die „Schweinefrucht" gegessen haben. 1818 erschien dann von Georg Friedrich Jakobi das „Kartoffelbuch" als Anleitung zum Kochen.[58] Der Anbau von Kartoffeln bewirkte eine gewaltige Steigerung verfügbarer Kalorien, denn während ein Hektar mit Weizen nur acht Doppelzentner Ertrag brachte, schaffte es die Kartoffel auf das Zehnfache. Der Kaloriengehalt des „Erdapfels" war im Vergleich zu dem des Getreides 3,6-mal so hoch. Mitte des 19. Jahrhunderts wuchsen die Knollen auf rund 10 % der Anbaufläche in Bayern. Für den Kartoffelanbau war die Oberpfalz eines der frühesten und größten Verbreitungsgebiete.[59]

Joseph Utzschneider, Staatsbeamter und Unternehmer, analysierte 1825 die Lage aus dem Blick der Wirtschaftspolitik und schildert, dass die Landleute aufgrund der Kriege und der Teuerung durch die Hungerkrise ihr Betriebskapital verloren hätten und dass unbedingt neue Wege zur Verbesserung der Landwirtschaft eingeschlagen werden müssen. Ein Vorbild für Neuerungen ist sicherlich England gewesen, das weniger unter starken Hungerkrisen zu leiden hatte, weil die Modernisierung der Landwirtschaft mit vergrößerten Äckern und neuen Anbaumethoden dort schon seit Mitte des 18. Jahrhunderts im Gange war.[60] Utzschneider schreibt über die Situation in Bayern: „Bey uns herrscht vielfältig noch das Vorurtheil, dass unser Ackerbau auch ohne Industrie, ohne über das ganze Volk verbreiteten Gewerbefleiß aufblühen könne."[61]

Die Forschungen von Justus von Liebig und dessen Wunsch, die Landwirtschaft zu unterstützen, gehen wohl auch auf Kindheits- und Hungererinnerungen in der Zeit 1816/17 zurück. 1840 erschien sein Buch „Die organische Chemie in ihrer Anwendung auf Agricultur und Physiologie", das ganz neue Möglichkeiten in der Landwirtschaft den Weg wies. Liebigs Entwicklung des Fleischextraktes in den 1840er Jahren steht am Anfang der Entwicklung der modernen Konservenindustrie.[62]

Möglicherweise hängt auch die Erfindung der Draisine mit der Hungersnot zusammen. Dieses Vorgängermodell des heutigen Fahrrades wurde 1817 zum ersten Mal vorgestellt. Dass das Gerät sehr schwierig zu bedienen war, zeigt eine Zeichnung aus dem Almanach der Wiener Unsinnsgesellschaft. Auf der Zeichnung ist Franz Schubert zu sehen, der ein Kaleidoskop vor die Augen hält, das auch 1817 erfunden worden war, und kann deshalb seinen Freund Kupelwieser nicht sehen, der wiederum Schwierigkeiten mit dem Lenken des Fahrzeuges hat. Mit dem merkwürdigen Gefährt, das wie ein Fahrrad, aber ohne Pedale zum Antrieb funktioniert, war es trotz Lenkschwierigkeiten doch

Mariä Himmelfahrt, Gemälde von Joseph Auffinger (?): „Denkschrift. Ich schlug euch mit Brandluft Mihlthau Hagel, mit Korn Wuchern u. Speculant, u. doch bekehret ihr euch nicht. (…) Mit jedem neuen Schrannetag steigt Früchtpreiß u. Hungerplag: darum können lejder alle sagen. das Menschen nur die Menschen plagen" (Museum der Stadt Burgau, ursprünglich Dreifaltigkeitskapelle)

„Das Kaleidoskop und die Draisine". Das Fahrrad, das als Ersatz für Pferde erfunden worden war, galt als gefährlich. Leopold Kupelwieser überfährt hier beinahe Franz Schubert, der durch das gerade erfundene Kaleidoskop schaut. (Wienbibliothek im Rathaus, HSS Jb 86.126/7)

möglich, ganz enorme Strecken zurückzulegen. Dies war eine Entlastung im Transportwesen, denn schließlich hatte sich durch die Kriegsjahre, aber eben auch durch die Hungerkatastrophe, die Anzahl der Pferde erheblich reduziert. Die Eisenbahn, die 1835 zum ersten Mal in Bayern beziehungsweise Deutschland fuhr, hat dann endgültig den lokalen Hungersnöten ein Ende gemacht. Johann von Baader, der einflussreiche Ingenieur in bayerischen Diensten, hat 1825 mit begeisterten Worten für die Einführung der Eisenbahn in Bayern geworben: „Unberechenbar sind aber auch die Vortheile, welche hieraus einem Lande entspringen müssen, wo das Brennmaterial so wohlfeil, und alle Lebensmittel für Menschen und Thiere so theuer sind. Eine Million von Pferden, welche man gegenwärtig für das Fuhrwesen bedarf, wird entbehrlich: Ungeheure Flächen des besten Landes, welche gegenwärtig der Pferdezucht allein gewidmet sind, werden für den Ackerbau, für die Vermehrung von Nutzvieh gewonnen."[63]

Die Ernte 1817 war aufgrund des beständig schlechten Wetters und der dezimierten Aussaat noch immer nicht ausreichend. Vor allem waren die Preise des Getreides nicht wesentlich gefallen. Ein Bürger aus Emskirchen berichtet allerdings, dass die Kartoffel im Gegensatz zum Getreide mehr Ertrag gebracht hatte: „So sind die Erdbirnen häufig in das Mehl gemengt worden und wurde gutes Brot davon gebacken."[64]

Trotz dieser keineswegs entspannten Situation schreibt der Weidener Joseph Sintzel in seiner Chronik 1819 zu den Ereignissen zwei Jahre zuvor: „Doch der Herr erbarmte sich seines tiefgebeugten Volkes. Eine ergiebige Ernte erfolgte. Unter frommen Jubel begleitete man auch hier, also am 30ten Juli [1817] die ersten mit Blumen und Kränzen gezierten Getraidewägen in der Stadt, und eilte der Kirche zu, um Gott zu danken."[65]

Viele solcher Beschreibungen sind in den Quellen erhalten. So auch in Regensburg. Die Bevölkerung dankte am 22. Juli 1817 dem Herrn: „Die beiden Herrn Geistlichen, Herr Pfarrer Hartner und Herr Kaiser, empfingen die Wagen, die Waisenkinder als Schnitter trugen einen Triumphbogen des Inhalts: Groß sind die Werke des Herrn, wer darauf merket, hat Lust und Freude daran."[66]

„Ein russisches Dorf aus dem 21. Jahrhundert", Zeichnung von Georg Wiedermann
Die humoristische Utopie erschien 1818 im Almanach der Wiener Unsinnsgesellschaft und zeigt, wie man sich den technischen Fortschritt damals vorgestellt hat. (Wienbibliothek im Rathaus, HSS Jb 86.126/9)
„Herr Semprestà welcher sich zuweilen mit Magie beschäftigt lässt uns einen Blick in künftige Zeiten werfen indem er ein russisches Dorf aus dem 21. Jahrhunderte vor unser Auge führt. Wir müssen billig über die verfeinerte Cultur desselben erstaunen, denn Palläste zeigen sich statt der Hütten und eine Säule trägt die mächtige Pfanne voll Glas welche die nächtliche Beleuchtung erzweckt. Hohlspiegel fangen die Sonnenstrahlen auf und wandeln die nördliche Kälte zur südlichen Wärme so dass Wein und Ananas im freyen Felde reifen. Eine zum Pflug verwendete Dampfmaschine erleichtert endlich die Arbeit des Ackerns dergestalt dass der gebildete Bauer bequem in derselben sitzt u ohne die Hände zur strengen Arbeit zu brauchen ruhig seine Cigarro rauchen und den Cicero lesen kann. O tempora o mores!" (Steblin, Rita. Die Unsinnsgesellschaft. Franz Schubert, Leopold Kupelwieser und ihr Freundeskreis. Wien 1998, S. 353)

Zuletzt soll nicht unerwähnt blieben, dass es noch weitere kulturelle Folgen dieses Jahres ohne Sommer gegeben hat. Lord Byron, Mary Wollstonecraft Shelley und Byrons Arzt John Polidori machten in der Schweiz, in der ebenfalls 1816 ein langanhaltender Regen einsetzte, Urlaub in der Nähe des Genfer Sees. Sie fingen an, sich bei dem scheußlichen Wetter gegenseitig schaurige Geschichten zu erzählen, und beschlossen schließlich, dass jeder eine solche schreiben solle. Mary Shelley erfand „Frankenstein" und Polidori schrieb das Buch „Der Vampyr", lange bevor Bram Stokers berühmtes Buch „Dracula" 1897 erschien.[67] Lord Byron brachte keine solche Erzählung zustande, schrieb dafür aber sein eindrucksvolles Gedicht „Die Finsternis": „I had a dream, which was not at all a dream. / The bright sun was extinguish'd , and the stars / Did wander darkling in the eternal space …"[68]

Vielleicht hängt auch das von Franz Schubert 1817 von seinem Freund Johann Baptist Mayrhofer vertonte Gedicht „Wie Ulfru fischt" einerseits mit der persönlich erlebten, hier erläuterten Katastrophe und andererseits mit den politischen Reaktionen zusammen, die sich zwischen Wiener Kongress und Karlsbader Beschlüssen herausbildeten. Diese politischen Konsequenzen aus den Folgen der Französischen Revolution, der napoleonischen Kriegen und den im Reich entstanden liberalen und nationalen Tendenzen gipfelten schließlich in der Restauration. Möglicherweise ist aber auch die von schlechtem Wetter erzeugte Hungerkrise mit daran schuld. Die dritte Schubert-Strophe beginnt nämlich mit den Worten: „Die Erde ist gewaltig schön, doch sicher ist sie nicht."[69]

Anmerkungen

1 Dieser Aufsatz geht auf einen Vortrag zurück, der bei der Tagung: „Alle reden vom Wetter – Der Einfluss von Klima und Wetter auf die ländliche Alltagskultur" gehalten wurde; Oberpfälzer Freilandmuseum – Arbeitskreis Landeskunde Ostbayern, 10. Juli 2010. Eine große Hilfe bei der Vermittlung des Themas war eine Ausstellung, die die Studenten der vergleichenden Kulturwissenschaft anlässlich der Tagung zusammengestellt haben. Für Unterstützung und anregenden Wissensaustausch danke ich auch Jasmin Beer, Volontärin am Freilichtmuseum Finsterau.
2 Vasold, Manfred. Das Jahr des großen Hungers. Die Agrarkrise 1816/17 im Nürnberger Raum. In: Zeitschrift für bayerische Landesgeschichte 64 (2001), S. 745–782, hier S. 755
3 Müller, Gerald. Hunger in Bayern 1816–1818. Politik und Gesellschaft in einer Staatskrise des frühen 19. Jahrhunderts. Frankfurt 1998, S. 189
4 Vasold (wie Anm. 2), S. 756 f.
5 Dazu, wie aussagekräftig klimatische Veränderungen für die ökologische Forschung sind, siehe auch: Reith, Reinhold. Umweltgeschichte der frühen Neuzeit. München 2011, S. 72 f.
6 Winiwarter, Verena und Martin Knoll. Umweltgeschichte. Köln 2007, S. 23
7 Maulshagen, Franz. Klimageschichte der Neuzeit 1500–1900. Darmstadt 2010; Behringer, Wolfgang, Hartmut Lehman und Christian Pfister (Hrsgg.). Kulturelle Konsequenzen der „Kleinen Eiszeit". Göttingen 2005; Behringer, Wolfgang. Kulturgeschichte des Klimas. Von der Eiszeit bis zur globalen Erwärmung. München ²2007
8 Vasold (wie Anm. 2)
9 Bredow-Laßleben, Barbara. Auf'm Hausbankerl. In: Die Oberpfalz 50 (1962), S. 183. Möglicherweise steht der Kapellenbau aber doch nur in einer Reihe von Erinnerungsdenkmälern, die im Jahre 1817 entstanden sind.
10 Vasold (wie Anm. 2), S. 746
11 Böhm, Max. Erinnerungen des Coburger Polizei- und Marktinspektors Eberhardt. In: Blätter zur Geschichte der Coburger Landes 21 (1992), S. 72
12 Vasold (wie Anm. 2), S. 758
13 Soden nach Müller, S. 24
14 Strobl, Lorenz. Die Haus und Hofchronik (Aufzeichnungen aus einem „Churpfälzischen und dem Landshuterischen Schreibkalender", 1817). In: Landwirtschaftliches Wochenblatt 1955, Bd. II
15 Müller (wie Anm. 3), S. 22
16 Belege dafür sind Fotos, die sich im Bestand des Oberpfälzer Freilandmuseums befinden.
17 Müller (wie Anm. 3), S. 16
18 Müller (wie Anm. 3), S. 21
19 Müller (wie Anm. 3), S. 16 f.
20 Müller (wie Anm. 3), S. 36
21 Vasold (wie Anm. 2), S. 757
22 Vasold, Manfred. Der große Hunger. In: DIE ZEIT Nr. 13, 25.03.1994, http://www.zeit.de/1994/13/der-grosse-hunger [07.02.2013]
23 Böhm (wie Anm. 14), S. 71, dazu auch: Krauß, Irene. Seelen, Brezeln, Hungerbrote. Brotgeschichte(n) aus Baden und Württemberg. Ostfildern 2007 (=Begleitbuch zur Ausstellung „Seelen, Brezeln, Hungerbrote". Vom täglichen Leben und brotlosen Zeiten in Baden und Württemberg. Museum der Brotkultur Ulm, 06.05.–04.11.2007), S.124 f.
24 Ehrnthaller, Sigmund. Die Stadt Kemnath. 1857. Zitiert nach: Heindl, Anton J. G. Die schweren Jahre des Mangels und der Theuerung 1816/17. In: Die Oberpfalz 74 (1986), S. 174
25 Vasold (wie Anm. 2), S. 755

26 Müller (wie Anm. 3), S. 14
27 Krauß, Annemarie. Ein grausames Hungerjahr vor 180 Jahren. In: Oberpfälzer Heimat 42 (1998), Weiden 1997, S. 23
28 Krauß (wie Anm. 27)
29 Der Wucher, als Hauptursache der Theuerung in den Jahren 1816/17 und Getreidemagazine als das vorzüglichste Mittel gegen Wucher. Landshut 1818, S. 12
30 Gesandtschaftsberichte, S. 28
31 Müller (wie Anm. 3), S. 14
32 Müller (wie Anm. 3), S. 14
33 Angerer, Birgit. Sternberg und Goethe in Ostbayern und Böhmen. Regensburg 1999, S. 34f. Dem letzteren, dem sogenannten Neptunismus, hing übrigens Goethe an, der sich mit diesen Fragen intensiv auseinandersetzte. Er führte regelmäßig ein „Wolkentagebuch" und schrieb 1821 ein Gedicht über diese Himmelsphänomene, „Howards Ehrengedächtnis", das dem englischen Witterungsforscher Luke-Howard gewidmet war.
34 Vasold (wie Anm. 2), S. 778
35 Vasold (wie Anm. 2), S. 768; Müller (wie Anm. 3), S. 178
36 Müller (wie Anm. 3), S. 37
37 Warnungstafel, aus dem Korrespondenten von und für Deutschland, 1816, Nr. 237
38 Müller (wie Anm. 3), S. 34
39 Der landwirtschaftliche Verein in Baiern am Schlusse des Septembers 1818, S. 13 f.
40 Krauß (wie Anm. 27), S. 24
41 Graf von Rumford, geboren als Benjamin Thompson, hatte sich bereits 1797 Gedanken über „Speiße und Beköstigung der Armen" gemacht. Sein Buch erschien in Weimar und hing möglicherweise mit den großen Hungersnöten der 70er und 80er Jahre des 18. Jahrhunderts zusammen.
42 Jäger, Christa und Wolfgang Jäger. Die Hungerjahre 1816–1817 im heutigen Landkreis Hassberge. In: Schriftenreihe des Historischen Vereins Landkreis Hassberge, 2008, Beiheft, S. 73
43 Böhm (wie Anm. 14), S. 74
44 Böhm (wie Anm. 14), S. 76
45 Müller (wie Anm. 3), S. 142
46 Vasold (wie Anm. 2)
47 Krauß (wie Anm. 27), S. 23
48 Wucher (wie Anm. 36), S. 28
49 Freytag, Rudolf. Ein altes Regensburger Stammbuch. In: Die Oberpfalz 13 (1919), S. 17–21, S. 20
50 Handbibliothek des bayerischen Staatsbürgers, oder Sammlung königl. Bayer. Administrativ-Gesetze und Verordnungen vom Jahre 1817 bis auf d. neueste Zeit …, Artikel 57; Armenfürsorge und Daseinsvorsorge. Dokumente zur Geschichte der Sozialgesetzgebung und des Sparkassenwesens in Bayern. Ausstellung des Bayerischen Sparkassen- und Giroverbandes und des Bayerischen Hauptstaatsarchivs, München 1992
51 Müller (wie Anm. 3), S. 168
52 Behringer (wie Anm. 10), S. 196
53 Müller (wie Anm. 3), S. 202
54 Sailer, Johann Michael. Handbuch der christlichen Moral, Band III. München 1817, S. 228 f.
55 Sailer, Johann Michael. Hirtenbrief des Bischofs von Regensburg, an seinen Diözesan-Klerus, über die gegenwärtige Zeit und das Wirken des Priesters in ihr. Regensburg am 15.04.1832
56 Oberhirtliche Verordnungen und allgemeine Erlasse für das Bisthum Regensburg vom Jahre 1250–1852, gesammelt durch Joseph Lipf. Regensburg 1853, S. 192
57 Steuert, Ludwig. Die Kgl. Bayerische Akademie Weihenstephan und ihre Vorgeschichte. Festschrift zur Jahrhundertfeier. Berlin 1905, S. 12 f.
58 Jakobi, Johann Georg Friedrich. Jacobis Kartoffelbuch. Weißenburg 1818

59 Vasold (wie Anm. 2), S. 779 ff.; Müller (wie Anm. 3), S. 38 ff.; Häußler, Theodor. Erdäpfelpfalz. Das Kartoffelbuch aus der Oberpfalz. Regensburg 1993
60 Wetter. Verhext, gedeutet, erforscht. Hrsg. von Verena Burhenne im Auftrag des Landschaftsverbandes Westfalen Lippe unter der Mitarbeit von Monika Weyer und Rosa Rosinski, Münster 2006, S. 90 (=Katalog zur gleichnamigen Wanderausstellung des Westfälischen Museumsamtes in Zusammenarbeit mit dem Bauernhaus-Museum Bielefeld)
61 Utzschneider, Joseph von. Antrag an die hohe Kammer der Abgeordneten zur Begründung und Erhaltung des Wohlstandes der baierischen Güterbesitzer, zur Beförderung des vaterländischen Gewerbefleißes und zur Belebung des Handels in Baiern. München 1825, S. 5
62 Hirschfelder, Gunther. Europäische Esskultur. Eine Geschichte der Ernährung von der Steinzeit bis heute. Frankfurt/New York 2005
63 Baader, Joseph von. Über die neuesten Verbesserungen und die allgemeine Einführung der Eisenbahnen. München 1825. Zitiert nach: Aufbruch ins Industriezeitalter, hrsg. von Grimm, Claus u.a., Band 3: Quellen zur Wirtschafts- und Sozialgeschichte Bayerns vom ausgehenden 18. Jahrhundert bis zur Mitte des 19. Jahrhunderts, München 1985, S. 165
64 Zur Wirtschaftslage siehe Müller (wie Anm. 3), S. 139 f.; Zitat: Aufzeichnungen eines Emskirchner Bürgers aus den Jahren 1753 bis 1823, Archiv des fränkischen Freilandmuseum Bad Windsheim, TS 209
65 Krauß (wie Anm.27)
66 Höser, Joseph. Über das Hungerjahr 1817. In: Die Oberpfalz 11 (1917), S. 152
67 Das Buch wurde aus Versehen unter Lord Byrons Namen veröffentlicht und hatte großen Erfolg, Goethe hielt es sogar für das beste Produkt des englischen Schriftstellers.
68 www.poetryfoundation.org/poem/173081 [13.02.2013]
69 Die letzte Strophe lautet: „Die Erde ist gewaltig schön,/doch sicher ist sie nicht. / Es senden Stürme Eiseshöh'n, / der Hagel und der Frost zerbricht / Mit einem Schlage, einem Druck, / Das gold'ne Korn, der Rosen Schmuck, / Dem Fischlein unter'm weichen Dach, / Kein Sturm folgt ihnen vom Lande nach."
Vgl. http://www.schubertlied.de/index.php/de/die-lieder/255-wie-ulfru-fischt [13.02.2013]

Gleichsam eine Revolution in der Natur
Vom Umgang mit Unwettern

von Otto Kettemann

Die Nachrichten über das Wetter und insbesondere über Unwetter bzw. drohende Unwetter nehmen in den Medien seit einigen Jahren immer breiteren Raum ein. Lokale Ereignisse verbreiten sich in Windeseile um die ganze Welt und lösen gewissermaßen eine kollektive Betroffenheit aus. Die Schilderungen des zu erwartenden Wetters in Funk und Fernsehen sind geradezu dramatisch geworden, und in meiner Regionalzeitung[1] erstreckt sich das „Wetter" mittlerweile auf zwei Drittel einer Seite und duldet neben sich nur noch den Fortsetzungsroman (und ein wenig Werbung). Im Teletext werden aktuelle Unwetterwarnungen veröffentlicht und im Internet erfahren wir von der Unwetterzentrale von meteomedia brandaktuell, wo Sturm oder Orkan, Starkregen, Starkschneefall, Gewitter, Glatteisregen, Extremtemperaturen oder Straßenglätte drohen.[2] Auch der Deutsche Wetterdienst gibt nach festgelegten Kriterien[3] detaillierte Warnungen heraus.[4] Selbst bei ruhiger Wetterlage erreichen die Kalt- und Warmfronten der Wetterkarte die Anmutung von Schlachtplänen. Man ist geneigt zu glauben, dass die Schilderungen des Wetters umso packender werden, je mehr wir uns im Alltag unabhängig von ihm machen.
Der Blick in das 1992 erschienene 24bändige Taschenlexikon von Meyer macht stutzig, weil man das Schlagwort „Unwetter" vergeblich sucht. Selbst Meyers Konversations-Lexikon in seiner 5. Auflage (1894–1897), das als ein Höhepunkt der deutschen Lexikongeschichte gilt, enthält kein „Unwetter". Ebenso verzichtet Zedlers „Grosses vollständiges Universal-Lexicon Aller Wissenschafften und Künste" (1732–1754) auf das Stichwort „Unwetter", und die sonst so ausschweifende „Oeconomische Encyclopädie" (1773–1858) von Johann Georg Krünitz fasst sich in Sachen Unwetter kurz und verweist dabei auf einen anderen Begriff: „*Unwetter*, ein schlechtes Wetter, eine rauhe, ungestüme Witterung, die sich jedoch noch von Ungewitter unterscheidet, worunter man ein Unwetter mit Donner und Blitz, mit Sturm und Hagel versteht. Unwetter ist der

Gegensatz von gutem, freundlichem Wetter, also ein Wetter, welches feucht, kalt und rauh ist, ein regnigtes Wetter, oder ein Wetter, bei welchem Schnee und Hagel fällt."[5] Das Unwetter ist damals also lediglich das unangenehme Wetter, welches aber keine katastrophalen Auswirkungen hat. Dafür ist das „Ungewitter" zuständig: „*Ungewitter* ein im hohen Grade ungestümes Wetter, gleichsam eine Revolution in der Natur. Man kann unter diesen Namen Alles bringen, was Schreckliches sich in der Natur zuträgt: daher heftige Stürme oder Orkane, heftige Regengüsse, die Ueberschwemmungen verursachen, heftige Gewitter oder Donnerwetter, Wolkenbrüche Hagel, bedeutender Schneefall, Wasserhosen, Wettersäulen, Erdbeben, Ausbrüche feuerspeiender Berge, weil auch diese oft mit fürchterlichen Nebenerscheinungen begleitet sind etc. […] Ungewitter ist […] der Inbegriff von Allem, was sich in der Natur Fürchterliches zuträgt."[6] Auf die sich wandelnde Bedeutung des Begriffs wird auch im Grimmschen Wörterbuch hingewiesen, wonach der Begriff „Unwetter" im 18. Jahrhundert aus der Literatursprache verschwand und stattdessen Ungewitter in Gebrauch kam. Erst im 19. Jahrhundert habe „Unwetter" wieder die verdiente Anerkennung gefunden.[7] Es wird auch darauf hingewiesen, dass „Wetter" improbative Bedeutung haben kann und so „Wetter" und „Unwetter" zusammenfallen.[8] So steht etwa im Bayerischen „Wetter" für „Gewitter".[9]

Das Wetter ist, um sich an die „Erste Allgemeine Verunsicherung" anzulehnen, immer und überall[10], so dass es ebenso wenig wie Unkosten eigentlich kein Unwetter geben kann. Aber es verhält sich wie mit der Untiefe, die in küstenfernen Regionen als unvorstellbar tief gedeutet wird, oder dem Unmenschen, der eben ein Mensch mit enorm schlechten Eigenschaften ist. Der gegenwärtige wissenschaftliche Sprachgebrauch meidet diese Klippen und spricht im allgemeinen wenig malerisch von Extremereignissen bzw. Extremwetter.

Im Rahmen dieses Beitrags sollen Unwetter weder naturwissenschaftlich erklärt noch das Auftreten von Wetterkatastrophen dokumentiert werden, vielmehr soll anhand verschiedener Beispiele der Umgang mit Unwettern und deren Folgen beschrieben und Formen der Bewältigung verdeutlicht werden.

Gleichmut und das Leben mit dem Unvermeidlichen

Hochwasser und Überschwemmungen[11] begleiten die Menschen seit Jahrhunderten.[12] Sie gehören bis heute zu den Ereignissen, die in hohem Maße allgemeines Interesse wecken und vielerorts zeugen Hochwassermarken an Gebäuden von enormen Wasserständen.

Im Januar 1909 überschwemmte die Pegnitz wieder einmal Nürnberg. Am Hauptmarkt stand das Wasser 2,55 m hoch. Der tief gefrorene Boden,

eine stattliche Schneelage, heftiges Tauwetter und starker Regenfall hatten zu einer wahren Flutwelle geführt. Von 23.00 Uhr bis 1.00 Uhr in der Nacht vom 4. auf den 5. Februar stieg das Wasser um zwei Meter an, bis 8.00 Uhr in der Früh nochmals um zwei Meter: Die untere Stadt stand unter Wasser.

Insgesamt drei Stege wurden von den Fluten zertrümmert und weggeschwemmt[13], den Privat- und Geschäftsleuten waren große Schäden entstanden. Nach dem Abfluss des Wassers sah man auf den Straßen zum Trocknen aufgestellte Wohnungseinrichtungen, und die Geschäfte priesen ihre beschädigten Waren zu Schleuderpreisen an. „Die Nürnberger und auswärtigen Besucher schlenderten mit einer Mischung aus Neugier, Bedauern und Jagdfieber nach billigen Notverkäufen durch die Stadt."[14] Manchen Geschäften hatte das Wasser die Waren mitgenommen. So suchte etwa die Drogerie Staub & Co durch Zeitungsanzeigen nach weggeschwemmten Fässern, Kisten, Kannen und Ballons, von denen einige flussabwärts in Schniegling, Fürth und, bereits durch die Regnitz weitergeschwemmt, in Stadeln und Vach gefunden worden seien.[15]

Die Nürnberger Stadtchronik verzeichnet seit dem 14. Jahrhundert elf Katastrophenhochwasser, 44 große Hochwasser und 83 mittlere. Die ufernahe Bebauung, feste Wehre, die Wasserräder der Mühlen und andere Engstellen behinderten den Durchfluss großer Wassermengen. Man sah zwar das Problem des engen Flussquerschnitts in der Altstadt, aber die angedachten baulichen Maßnahmen zur Behebung der Misere hätten große Eingriffe erfordert, was auf energischen Widerstand in der Bevölkerung

Hochwassermarken am 1945 zerstörten Bäumlerhaus am Hauptmarkt in Nürnberg. Die Marke von 1909 musste in die Überschrift „Wasserhöhen" gezeichnet werden; offenbar hatte man zuvor nicht mit einem solchen Wasserstand gerechnet. (http://feuerwehrmuseum-nuernberg.de/upload/Hochwasser/Bild_Nr._01.1_Marken_Bumlerhaus.JPG)

Die übertragenen Hochwassermarken in Nürnberg, 23.01.2013

Verkauf beschädigter Waren in Nürnberg 1909 (http://www.kubiss.de/kultur/projekte/pegnitz/nbg1909/images/hilfe/schuhta.jpg)

stieß. Vor allem die Mühlenbesitzer wehrten sich gegen Veränderungen am Flusslauf. So wurden keine ernsthaften Versuche unternommen, die Gefahr zu mindern oder zu beseitigen. Und weil die katastrophalen Hochwasser in langen Zeitabständen auftraten, wurden zwar immer wieder Baumaßnahmen diskutiert, doch der entschiedene Wille zur Realisation verschwand stets mit der Beseitigung der Schäden.

Nach der Überflutung von 1909 schien die Zeit zum Handeln gekommen. Bereits im Oktober 1910 lag eine umfangreiche Studie zur Beseitigung der Überschwemmungen im Pegnitzgebiet vor.[16] Man zögerte aber wieder und die beiden Weltkriege förderten die Vorhaben nicht. 1945 war dann alles anders geworden. Die Nürnberger Altstadt lag in Trümmern und der Weg war frei für umfangreiche und effektive Baumaßnahmen zum Hochwasserschutz, die in den 50er und 60er Jahren des 20. Jahrhunderts vorgenommen wurden. Zuvor arrangierte man sich mit dem Hochwasser und ertrug offenbar die Unbilden mit Gleichmut. Nicht ganz, denn nach dem Hochwasser von 1909 schaffte man zum sicheren Betrieb der Rettungsboote Fährleinen an und montierte an den Häusern in genügender Höhe eiserne Ringe zum Befestigen der Leinen.[17]

Mit Bauten die Natur bezwingen

Durch Immenstadt im Allgäu fließt der kleine Steigbach, der gewöhnlich kaum in Erscheinung tritt. Im August 1846 verließ er infolge von Wolkenbrüchen dreimal sein Bett, überschwemmte den Marktplatz und „brachte alles mit, was ihm im Wege lag: Holz und Steine."[18] 1873 gebärdete er sich noch wilder, löste Murgänge aus und eine haushohe Trümmermasse schob sich in Richtung Innenstadt, wobei der seit 1853 am Südrand der Stadt liegende Eisenbahndamm das Schlimmste verhinderte, doch elf Menschen starben, zehn Wohngebäude, sechs Nebengebäude und zehn Brücken wurden total zerstört, 100 weitere Gebäude beschädigt.[19]

Nach diesem verheerenden Hochwasser begann die Wildbachverbauung des Steigbachs. Querbauten und andere Befestigungen sowie eine Korrektion zielten darauf ab, Geröll zurückzuhalten und den Wasserabfluss zu verbessern. Diese Arbeiten wurden bereits von Aufforstungen und Bepflanzungen begleitet, welche die Standsicherheit der Hänge verbessern sollten.

Trotzdem kam es 2006 wieder zu einem großen Erdrutsch, der zu weiteren massiven Verbauungen führte. Interessant ist nun, dass der alte Steigbachtobel weiter oben, wo keine zusätzlichen neuen Verbauungen notwendig waren, als „kleines Paradies" angesehen wird, das nichts von seiner „Märchenhaftigkeit" verloren habe.[20]

Am 17. November 1859 klagte Bernhard Kräuter von Ferthofen an der Iller der königlichen Baubehörde in Memmingen seine missliche Situation. 1833 hatte er ein Anwesen gekauft, das ein Haus und „50 Tagwerke gute, aus Äckern und Wiesen bestehende Grundstücke" umfasste. Bereits 1836 musste er sein Haus vom linksseitigen auf das rechtsseitige Ufer versetzen. 1859 waren ihm von seinem Besitz „nur mehr 9 Tagwerk Feld und Wiesen und weitere 4 Tagwerk Wiesen, welche jedoch den Überschwemmungen ausgesetzt sind" geblieben, während seine „übrigen Grundstücke in Kiesbänke, Rinnsale und Aufschüttungen verwandelt sind"[21]. Die Iller hatte sich etwa 80% seines Grundes geholt. Sie war ein in viele Arme zerklüfteter Flusslauf, der sich nach jedem Hochwasser – vor allem im Frühjahr bei intensiver Schneeschmelze und Regen – änderte. Etwa 600 Meter breit darf man sich den Illerlauf vorstellen, geprägt von ausgedehnten Kiesbänken.

Zum Zeitpunkt der Beschwerde Bernhard Kräuters begann die Korrektion der Iller. Man wollte die ganzjährige Befahrbarkeit der Iller mit Flößen und Landgewinn mit ausreichendem Hochwasserschutz für eine gesicherte, intensive Landwirtschaft erreichen.[22] Von 1859 bis 1894 wurde die Iller

Der Marktplatz von Immenstadt 1873. Nach einer Lithographie von Xaver Glötzle. Aus: Bayerisches Landesamt für Umwelt (Hrsg.). Leben mit dem Fluss. Hochwasser im Spiegel der Zeit. Augsburg 2008, S. 74

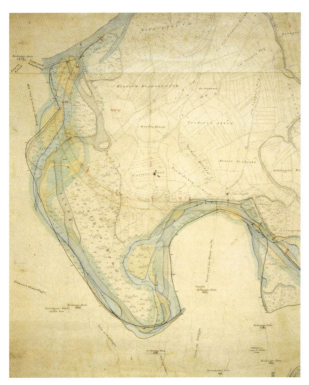

Korrektionskarte der Iller bei Wiblingen nahe Ulm (Wasserwirtschaftsamt Krumbach)

kanalartig ausgebaut.[23] Abgesehen von den ökologischen Folgen war der Illerausbau durchaus erfolgreich. Denn als das Bezirksamt Illertissen im März 1931 vor Hochwasser infolge heftiger Schneeschmelze im Gebirge warnte und um Meldung getroffener Vorkehrungen ersuchte, wurde aus Illereichen-Altenstadt gemeldet, dass durch den vorhandenen Werkkanal „jede Hochwassergefahr beseitigt ist"[24]. Andere Gemeinden meldeten brav, was sie für den Ernstfall vorhielten: Bretter und Bohlen, Pfähle, ca. 100 Sandsäcke (in Au), Beile, Hauen, Pickel, Sägen, Faschinenmesser, Drahtrollen für den Faschinenbau, Sturmlaternen und Pechfackeln.[25]

Schwerwiegende Baumaßnahmen sind – unter Einbezug ökologischer Belange – immer noch das Mittel der Zeit, um Schäden an Hab und Gut des Menschen durch Hochwasser zu verhindern. So sieht sich das Wasserwirtschaftsamt Kempten nach dem letzten großen Hochwasser der Iller, dem sogenannten Pfingsthochwasser von 1999, „gezwungen, den Hochwasserschutz neu zu konzipieren. Zwischen Immenstadt und Waltenhofen sollen neue Dämme aufgebaut werden"[26].

Katastrophe als Spektakel

Im September 1899 gingen im südlichen Bayern und im angrenzenden Österreich heftige Regenfälle nieder. Vom 5. bis 8. September hatte man in München noch 26° C im Schatten gemessen, am 8. begann es abends im Oberland zu regnen und hörte fünf Tage lang nicht auf. In vielen Städten kam es zu vorher nicht gekannten Überflutungen und in München führte die Isar Hochwasser. „Eine nach Tausenden Zählende Menge wandelt dem Strome entlang, sich das schauerlich wilde Naturschauspiel betrachtend", berichtet die Münchener Ratsch=Kathl [27]. Das Schlimmste befürchtend, wettert das Blatt vorsorglich gegen die Tatenlosigkeit des Magistrats, der die seit langem gewünschte Regulierung der Isar und den Bau einer neuen Fraunhoferbrücke „an Stelle der morschen, für eine Stadt wie München geradezu schandbaren hölzernen"[28] nicht in Angriff

Postkarte: Die eingestürzte Luitpoldbrücke

nehme. „Am 13. wird's ganz schlimm. Die hölzerne Fraunhoferbrücke droht einzustürzen und wird von der Polizeidirektion gesperrt. Doch sie hält stand, obwohl die Münchner das ‚alte Graffl' gern los geworden wären."[29] Dafür brachten die reißenden Fluten die 1876 als Eisenkonstruktion erbaute Max-Joseph-Brücke – auch Bogenhauser Brücke genannt – zum Einsturz. Einen Tag später, am 14. September, war das rechte Widerlager der Luitpoldbrücke so weit unterspült, dass auch dieses keine zehn Jahre alte Bauwerk – „der Stolz Münchens"[30] – am Spätnachmittag in den Fluten der Isar versinkt. Der 78jährige Prinzregent verließ das Hofjagdlager, wo er seit Ende Juni weilte, und eilte in die Haupt- und Residenzstadt. Schließlich war seine Brücke – er hatte sie aus seinem Privatvermögen bezahlt – Opfer der Fluten geworden.

Bereits acht Tage nach dem Unglück schickte ein gewisser Peter eine Postkarte[31] in München ab, auf der die beiden eingestürzten Brücken bzw. das, was von ihnen übrig geblieben war, zu sehen ist. Drei der ursprünglich vier Pylone der Luitpoldbrücke stehen noch am Ufer, vom Rest ragen nur noch Trümmer aus den Fluten.

Der Brückeneinsturz war nicht nur ein Unglück, sondern auch eine Sensation und eine Geschäftsgrundlage für die Postkartenverlage. Eine Vielzahl verschiedener Drucke[32] erschien in Windeseile: Fotografien, Zeichnungen, Farblithografien. Die meisten der Karten zeigen die untergegangenen Bauwerke, wenige auch Menschenansammlungen mit Blickrichtung auf die Einsturzstelle. Es scheint, als habe sich kein Postkartenverlag das Geschäft mit der Sensation entgehen lassen wollen. Und offenbar wurden die Karten gerne gekauft und verschickt. Merkwürdig ist aber, dass auf den knapp 30 zufällig zusammengetragenen Postkarten kaum auf das Ereignis selbst eingegangen wird. Man hatte eben Grüße zu schicken oder eine Mitteilung zu machen und wählte dazu eine Katastrophenkarte aus. Ein Schreiber ergänzte den aufgedruckten Titel „Die eingestürzte Bogenhauser-Brücke" um den Zusatz „durch das Hochwasser in Oberbayern", ein anderer sandte die Karte einem Freund zur Ergänzung von dessen Postkartensammlung, andere verschickten sie später „zur Erinnerung" an das Geschehnis. Die meisten aber gehen nicht auf das Motiv ein, das offenbar keiner weiteren Erläuterung bedarf. Bemerkenswert ist, wie rasch die Postkartenverlage auf das Ereignis reagierten und ungerührten Geschäftssinn bewiesen.

Methoden der Zeit und Nachbarschaftshilfe

Längere Frostphasen führen dazu, dass Flüsse und Seen zufrieren. Auch wenn die Winter seit 1900 im Vergleich zur Zeit davor auffallend milder geworden sind[33] und die Aufheizung durch Kraftwerke und Industrie- und Stauanlagen ein Zufrieren der Gewässer immer seltener macht[34], kam es auch im 20. Jahrhundert immer wieder entlang der Flüsse zu gefährlichen Situationen beim Abgang der Eismassen. Bei schneller Erwärmung bricht die Eisschicht und es entstehen oft tonnenschwere Schollen. Treiben diese ungehindert flussabwärts, so spricht man von Eisgang. Zum Eisstoß kommt es, wenn sich die Schollen an Hindernissen wie Brücken aufstauen und den Wasserabfluss verhindern, was zu Überschwemmungen und Beschädigungen durch die Wucht der Eismassen führt. Vor allem, wenn die Schollenbildung im Oberlauf beginnt, während im Unterlauf noch eine weitgehend geschlossene Eisdecke besteht, droht Eisstoß mit Überschwemmung. Denn dann treiben die Schollen unter das feststehende Eis und verstopfen sozusagen den Fluss.
Eindringliche Schilderungen eines Eisstoßes mit Überschwemmung liegen aus der Pfarrei Pfelling bei Bogen an der Donau vor[35], zu der neben Pfelling links der Donau die rechtsseitigen Orte Entau und Sofienhof gehörten. Mitte Dezember 1940 führte die Donau Treibeis, ab dem 23. war sie zugefroren und am 25. kamen die Sofienhofer über die Donau zur Kirche nach Pfelling. Dann setzte nach kräftigem Schneefall Regen ein, und die ankommenden Schollen schoben sich unter das flussabwärts noch feste Eis. Der Hofbesitzer Joseph Prebeck aus Entau brachte seinen neuen Opel-Wagen sowie seinen neuen Lanz Bulldog zum Bauern Anton Eidenschink nach Sofienhof, weil er meinte, dass sie dort vor dem drohenden Hochwasser sicher seien. Am 27. Januar 1941 rissen morgens um 8:00 Uhr das Wasser und das Eis den Kiesdamm südlich der Donau weg, und

Die Bewohner von Pfelling verlassen ihre Häuser, weil die Eisbarrieren bombardiert werden sollen.

um 16.00 Uhr stand Anton Eidenschinks Hof samt Opel und Lanz unter Wasser. Auf Prebecks Hof in Entau, zu dem zahlreiche Helfer aus dem etwa 10 Meter höher gelegenen, ungefährdeten Irlbach gekommen waren, hatte man mit gepressten Strohballen eine schief Ebene gebaut, die in den Strohstock führte, und brachte 15 Milchkühe, 15 Jungrinder, die Kälber und Schweine nach oben. Die sechs Pferde des Hofs und der ca. 20 Zentner schwere Zuchtbulle wurden über die an der Giebelseite angebrachte Treppe, die mit Bretter und Querlatten „begehbar" gemacht wurde, auf den Stallboden bugsiert. Auf dem Hof Eidenschink in Sofienhof stieg das Wasser immer höher und die Tiere standen bereits tief im Wasser. Um Mitternacht kamen endlich Nachbarn zu Hilfe und man brachte das Großvieh auf einen Nachbarhof. Die Schweine konnten erst anderntags, als ihnen das Wasser schon über den Rücken stand, mit einem Kahn gerettet werden. Die Frauen und Kinder evakuierte man in das sichere Irlbach. Zu allem Überfluss wurde es bitter kalt und das Wasser gefror.

Um die Eisbarrieren zu beseitigen, griff man im Krieg zu Mitteln der Zeit. Am 28. Januar 1941 wurde versucht, unterhalb Irlbachs die Eisblockaden durch Artilleriebeschuss zu beseitigen. Mit 10,5-cm-Geschützen wurden mehre Schüsse mit Spätzünder, später mit Aufschlagzünder abgefeuert, wodurch im Eis kleine Löcher entstanden, die die Sperre aber nicht zerstörten. Tags darauf sollten Sturzkampfflugzeuge die Eisbarrieren zerstören. Die drei abgeworfenen Bomben rissen zwar große Löcher in das Eis, zerbrachen es aber nicht. Am 30. Januar sollten größere Sprengbomben zum Einsatz kommen. Um bei einem Fehlabwurf nicht in Lebensgefahr zu geraten, mussten alle Einwohner ihre Häuser verlassen: Wegen zu großer Risiken sah man im letzten Augenblick von den Vorhaben ab und die Pfellinger durften wieder in ihre nun kalten Häuser zurückkehren – beim Verlassen hatten sie alle Fenster geöffnet, um das Zerbersten der Scheiben durch die Druckwellen zu verhindern.

Bei den Rettungsaktionen in Entau halfen neben den Familienangehörigen nicht nur Bauern aus dem nahe gelegenen Irlbach, sondern auch die drei polnische Mädchen und die beiden belgischen Kriegsgefangenen, die als Zwangsverpflichtete auf dem Hof arbeiteten. Dies wurde von den Beteiligten sehr positiv bemerkt. Im Straubinger Tagblatt soll weder von der Überschwemmung, geschweige denn von der Hilfe der Zwangsarbeiter berichtet worden sein. „Der Luftkampf um England füllte die vorderen Seiten und in den Lokalnachrichten wurde lieber über den Landwirt XY berichtet, der dem Führer 4 Söhne als Soldaten zu Verfügung gestellt hatte."[36]

Am 3. Februar 1941 beseitigten ein Sprengkommando und ein Eisbrecher von Deggendorf aus das Eis und beendeten den Eisstoß und die Überschwemmung. Nicht alle Tiere auf den Höfen wurden gerettet, und auch der Opel konnte nicht mehr in Gang gebracht werden. Er wurde an den unbeschädigten Lanz gehängt und nach Straubing zur Reparatur gezogen.

Sammlungen für Unwettergeschädigte

Die Sammlung zu Gunsten von Naturkatastrophengeschädigten hat lange Tradition. Als die Iller im Jahr 1670 in Kempten mehrere Mühlen, Häuser und ein gutes Stück Stadtmauer mitnahm, erhielt die betroffene Reichsstadt erhebliche Geldbeträge auch von weit entfernten Städten.[37] Und als „übermächtige Naturgewalten Süditalien und Sizilien in verheerender Weise heimsuchten, hat ganz Deutschland einmütig und in reichem Maße dazu beigetragen, die Not derer zu lindern, die weit jenseits der Alpen durch diese furchtbare Katastrophe Haus und Herd verloren"[38]. Die Sammlung war noch nicht richtig abgeschlossen, als „weite Landstrecken in Franken und in der Oberpfalz […] verwüstet, Tausende von Minderbemittelten in Stadt und Land (…) durch die alles zerstörenden Fluten um Hab und Gut gebracht worden"[39] waren. Das „Komitee zur Unterstützung der Einwohnerschaft Süditaliens" konstituierte sich nun als „Landeshilfskomitee für die durch Hochwasser geschädigten Bewohner Nordbayerns" und sammelte weiter. Die Spenden für Italien sollten aber nicht nach Bayern umgeleitet werden. Der Bürgermeister im schwäbischen Donauwörth fand, weil einem das Hemd eben näher als die Jacke ist, für seinen Ort folgenden Kompromiss: Die Erdbebensammlung Süditalien hatte 228,80 Mark erbracht, die Hochwassersammlung Nordbayern 450,00 Mark. 100 Mark sollten nach Italien gehen, die restlichen 128,80 Mark aus der Italiensammlung für Nordbayern verwendet werden.[40] Sammelstellen waren übrigens vor allem die Einrichtungen der Königlichen Postanstalten.

Wenn aus Unannehmlichkeit Vergnügen wird

Im Winter 1962/63 war es lange Zeit kalt und auf dem Bodensee bildete sich Eis. Am 15. Januar 1963 wurde der Untersee[41] zum Begehen freigegeben, zwei Wochen später durfte man auch über den Überlinger See spazieren und ab dem 7. Februar waren 15 Überquerungsrouten, vor allem zwischen der Schweiz und Deutschland, offiziell freigegeben, weitere zwölf Routen nahmen die Menschen auf eigene Gefahr. Dieses seltene Naturereignis, das sich heuer zum 50sten Mal jährt, wird Seegfröre genannt.[42] Seit dem 9. Jahrhundert sind Ereignisse dieser Art für den Bodensee festgehalten.[43]

Die lange Frostphase, die zur Seegfröre führte, war für die Bevölkerung mit vielen Unannehmlichkeiten verbunden. Als aber der See zugefroren war, stiftete der Frost viel Freude. Am 2./3. Februar 1963 findet auf dem Überlinger See vor Ludwigshafen ein Eisfest statt: 7.000 Menschen halten sich auf der Eisfläche auf und 2.500 heiße Würstchen werden verkauft.[44] Flieger starten und landen auf dem Eis, Motorräder donnern darüber, drei junge Männer fahren mit einem eigens dafür hergerichteten Auto von Nonnenhorn nach Rorschach und drei junge Burschen laufen auf Schlittschuhen von Wasserburg bis Bregenz, wo sie vom dortigen Bürgermeister Dr. Tizian zu einem Vesper eingeladen werden. Von besonderer Bedeutung aber ist die Eisprozession zwischen Münsterlingen am Schweizer und Hagnau am deutschen Ufer, die seit 1573 verbürgt ist. Seitdem wird, wenn es die Eisverhältnisse zulassen, eine von den Münsterlingern in Auftrag gegebene Büste des Evangelisten Johannes in einer Dankprozession über den See getragen. 1830 hatte die Büste letzt-

Ein seltenes Vergnügen: Auto fahren auf dem Bodensee, 1963

mals den Weg aus der Schweiz nach Deutschland unternommen, nun, 1963, brachten 1.000 Prozessionsteilnehmer den Evangelisten von Hagnau nach Münsterlingen, wo er seitdem steht und auf die nächste Seegfröre wartet.[45]

Mit dem Zufrieren des Sees versiegte die Nahrungsquelle für die Wasservögel. Bereits im Dezember erschienen Aufrufe von Tierschützern, sich der Not der Tiere anzunehmen. Und so wurden Schwäne gefangen und im Konstanzer Schlachthof untergebracht und gefüttert, und Sportflieger warfen Rindertalg und andere Nahrung ab.

Wagemut und mangelnde Erfahrung

Am 7. März 1908 stiegen gegen Abend zwei Tourengeher durch das Stallental im Karwendelgebirge auf, um in der Lamsenjochhütte der Sektion Oberland des Deutschen Alpenvereins zu übernachten, die seit 1906 eine beliebte Unterkunft auf fast 2000 Metern war. Trotz intensiver Suche fanden sie die Hütte nicht und mussten die Nacht vollends draußen verbringen.[46] Anderntags konnten sie nur noch klägliche Überreste entdecken: Matratzen, Türfüllungen, Bettstellen. „Die Hütte ist mit Ausnahme der eingangs erwähnten Gegenstände spurlos verschwunden."[47]

Man vermutete, dass das Bauwerk Opfer einer Staublawine geworden war und baute noch im gleichen Jahr eine neue Lamsenjochhütte, allerdings 20 m tiefer und 200 m östlicher vom alten Standort.[48]

Der Mensch ist, seit er den alpinen Lebensraum besiedelt, von Lawinenabgängen bedroht. Aber es waren über Jahrhunderte in erster Linie Gebirgsbewohner, ihr Vieh und ihre Gebäude davon betroffen. Man mied die Besiedlung lawinengefährdeter Zonen und schützte sich gegebenenfalls durch Verbauungen. Mit der zunehmenden touristischen Erschließung stieg in den Alpen das Schadensrisiko[49] und Lawinenabgänge gehören zu den gefürchteten Naturkatastrophen,[50] die einen enormen Aufwand an Warn- und Rettungssystemen erfordern. Viele der ersten Hütten des Alpenvereins wurden, wie die Lamsenjochhütte, Opfer von Lawinenabgängen. Man musste erst Erfahrungen sammeln und gegebenenfalls einen neuen Standort beziehen.

Schäden für die Landwirtschaft

„Am 27. Juli 1936 war ein sehr heißer Tag. Schon am frühen Vormittag drückte uns die Hitze fast zu Boden", schrieb der Schullehrer Eugen Jehle in seiner Chronik über die Gemeinde Kronburg.[51] „Reif der Roggen, reif der Weizen […] prachtvoll stand das Korn da […] die Obstbäume schwer beladen mit Früchten", fährt er fort. Und dann: „Am Abende desselben Tages lag die ganze Herrlichkeit vom Hagel zerschlagen, zerstört, ver-

Die Reste der Lamsenjochhütte (Archiv des Deutschen Alpenvereins, 00080448_m)

wüstet. Die Brotfrucht, das Grummet, das Kartoffelkraut geknickt und wie mit Walzen an die Erde gedrückt, die Bäume entlaubt und geleert, die Rinde verwundet, die Beerensträucher ihrer gereiften Beeren beraubt, die Blumen alle geköpft und zu Boden geschlagen; im Walde eine Masse Bäume entwurzelt […] 100te von Hektar am Boden; an den Häusern die Dachplatten zertrümmert und halbe Dächer abgedeckt, die Fenster in tausend Scherben. […] Das Hagelwetter kam mit solcher Schnelligkeit und Gewalt, als ob die ganze Hölle losgelassen wäre, man hatte nicht mehr Zeit die Fensterladen zu schließen ohne sich in Lebensgefahr zu begeben. […] In Kronburg, wo eben eine Hochzeit war, warf der Sturm den Stadel des Bauhofes wie ein Kartenhaus um. […] Dass es nun aus war mit Musik, Tanz und Hochzeitsschmaus lässt sich denken, war ja dem Hochzeiter selbst in seinem Haus und Garten großes Unheil angerichtet worden."[52] Zusammenfassend beendet Jehle seine Schilderung mit der Feststellung: „Das schlimme und tragische an der Sache war der Umstand, dass die meisten Bauern schlecht oder gar nicht versichert waren."
Immer wieder waren und sind Bauern von Ernteausfällen durch Gewitter mit Hagelschlag betroffen.[53] Gegen Ende des 18. Jahrhunderts und ab den 20er Jahren des 19. begannen sich vor allem im norddeutschen Raum Hagelversicherungen zu entwickeln.[54] In Bayern begann man Provinzialhagelversicherungsvereine einzurichten, dessen erster der am 1. Mai

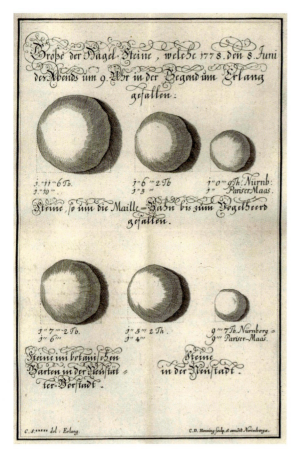

Das im Verlauf des 18. Jahrhunderts wachsende Interesse an systematischer Beobachtung der Wetterphänomene verschwistert sich mit der Hinwendung zum aktuellen Ereignis, das der zu dieser Zeit aufkommende Journalismus bedient: „Größe der Hagel-Steine, welche 1778. den 8. Juni des Abends um 9. Uhr in der Gegend um Erlang gefallen." (Staatsarchiv Nürnberg, 76-I-158-P1)

1833 gegründete „Hagelassekuranz=verein für den Isarkreis " war. Der Verein dehnte sich allmählich auf sämtliche bayerische Landesteile aus und erhielt später den Namen „Hagelversicherungs=Verein für das Königreich Bayern".[55] Zugelassen waren aber auch andere Gegenseitigkeitsanstalten wie etwa die große Norddeutsche Hagelversicherungsgesellschaft in Berlin. 1884 waren in Bayern 2.600 Landwirte, das waren 2,5%, gegen Hagelschaden versichert.[56] 1884 gingen die Vereine in der staatlich gelenkten „Bayerischen Landesversicherungsanstalt" auf. Dass die Hagelversicherung ein schwieriges Geschäft war, ist offensichtlich. Vielfach wähnten sich die Bauern in hagelfreiem Gebiet und versicherten sich nicht, wie die oben widergegebene Schilderung aus Kronburg zeigt. Und die Tarifierung war aufgrund der lokal und regional kaum vorhersehbaren Hagelschäden schwierig. Interessant ist die Klassifizierung der Hagelempfindlichkeit der Fruchtgattungen durch die Bayrische Landesversicherungsanstalt aus dem Jahr 1884. In der niedrigsten Klasse (1) befinden sich Gräsereien wie Klee und Senf, in der höchsten (8) Weintrauben vor vollendeter Blüte und Tabak als Zigarrengut. Roggen und Kartoffeln fielen beispielsweise in die Klasse 3, Weizen und Gerste nur in die Klasse 2. Beim genannten Getreide entfielen drei Zehntel der Versicherungssumme auf das Stroh, sieben Zehntel auf die Körner, während bei Hopfen nur die Dolden inbegriffen waren und der Wert der Ranken als Futter unberücksichtigt blieb.[57] Besondere Gefahren durch Blitzschlag drohten den Bauern im Bereich der Alm- bzw. Alpwirtschaft. Es werden zwar keine Statistiken geführt, aber der Almwirtschaftliche Verein für Oberbayern verliert jährlich 30–50 Stück Vieh, wobei etwa knapp die Hälfte durch Blitzschlag ums Leben kommt.[58] Im Bereich des Alpwirtschaftlichen Vereins im Allgäu zählt man etwa 100 Verluste pro Jahr, ohne sagen zu können, welche Ursachen dafür verantwortlich sind.[59] Es wird sich aber ähnlich wie im bayerischen Alpenraum verhalten.

Schluss

Für die Entscheidung, ob ein Wetterereignis ein Unwetter ist oder gar zu einer Katastrophe führt, gibt es objektive, messbare Kriterien.[60] Über die individuelle Wahrnehmung der Betroffenen sagt dies aber wenig aus. Aufgrund der zunehmenden Präsenz von Wetter- und Unwettermeldungen und der Erwartung präziser Wettervorhersagen scheint die Spannbreite des „Normalwetters" enger, die Schwelle hin zum Unwetter niedriger zu werden. Man erwartet die rechtzeitige Warnung vor einem Unwetter; es darf einfach nichts Unvorhergesehenes eintreten, man will alles im Griff haben. Wenn dann doch das Unerwartete eintritt, gewinnt das Ereignis an Tragweite.

Bei der Bewältigung der Unwetterfolgen bzw. Naturkatastrophen nennt Martin Gudd[61] vier Strategien: geistig-religiös motivierte, materiell orientierte, technisch orientierte und räumlich orientierte (z. B. Auswanderung) Bewältigung. Die oben geschilderten Ereignisse und Handlungsweisen lassen sich durchaus in diese Muster der Bewältigung einfügen. Dennoch, und das mögen die Beispiele gezeigt haben, ist jedes Unwetter für die Betroffenen ein spezielles Ereignis, das auf besondere Weise bewältigt wird. Man arrangiert sich wie in Nürnberg mit dem Hochwasser, man versucht, die Folgen von Unwettern durch Bauwerke zu verhindern, man erlebt ein überwältigendes Naturschauspiel, ist betroffen von der Not anderer und spendet, eilt den betroffenen Nachbarn zu Hilfe, trifft Vorsorge und versichert sich und erwartet schaudernd und gespannt das nächste Unwetter, mit dem uns der Klimawandel reichhaltig zu versorgen gedenkt.

Anmerkungen

1. „Memminger Zeitung" mit Mantelteilen „Allgäuer Zeitung" und „Augsburger Allgemeine"
2. http://www.unwetterzentrale.de/uwz/ (letzter Zugriff 17.3.2013)
3. Der Deutsche Wetterdienst gibt Unwetterwarnungen heraus, ab
   - Windböen in ca. 10 m Höhe über offenem, freiem Gelände von 105 bis 115 km/h,
   - Starkregen von mehr als 25 l/m² in 1 Stunde bzw. 35 l/m² in 6 Stunden,
   - Dauerregen von mehr als 40 l/m² in 12 Stunden bzw. 50 l/m² in 24 Stunden bzw. 60 l/m² in 48 Stunden,
   - Schneefall von mehr als 10 cm in 6 Stunden und bei
   - verbreiteter Glatteisbildung am Boden oder an Gegenständen,
   - Tauwetter bei steigenden Temperaturen von Abflussmengen von mehr als 40 l/m² in 12 Stunden bzw. 50 l/m² in 24 Stunden bzw. 60 l/m² in 48 Stunden
4. http://www.wettergefahren.de/index.html (letzter Zugriff 17.3.2013)
5. http://www.kruenitz1.uni-trier.de/, Stichwort „Unwetter" (letzter Zugriff 17.3.2013)
6. Ebenda
7. Deutsches Wörterbuch von Jacob und Wilhelm Grimm. Nachdruck München 1991, Bd. 24, Sp. 2198

8 Ebenda
9 Schmeller, Johann Andreas und Georg Carl Frommann. Bayerisches Wörterbuch. (http://daten.digitale-sammlungen.de/~db/bsb00005027/images/index.html?id=00005027&fip=193.174.98.30&no=&seite=550, letzter Zugriff 17.3.2013)
10 „Das Böse ist immer und überall". Erste Allgemeine Verunsicherung in „Ba-ba-ba-banküberfall", 1985
11 Auch wenn grundsätzlich zwischen Hochwasser und Überschwemmung zu unterscheiden ist, werden hier die beiden Begriffe synonym verwendet. Ein Hochwasser geht nicht zwangsläufig mit einer Überschwemmung einher. Letzteres entsteht erst, wenn durch Überschreitung eines bestimmten Wasserstands oder den Bruch von Schutzdämmen Land überflutet wird.
12 Siehe etwa die Beschreibung der Hochwasserhäufigkeiten an deutschen Flüssen in: Glaser, Rüdiger Klimageschichte Mitteleuropas. 1200 Jahre Wetter, Klima. Katastrophen. Darmstadt ²2008, S. 218–233
13 Die alten Hochwassermarken gingen mit dem Bäumlerschen Haus Hauptmarkt Nr. 5 verloren, sind aber in anderer Form am Haus Hauptmarkt 3 angebracht.
14 http://www.kubiss.de/kultur/projekte/pegnitz/nbg1909/htm/klschue.htm (letzter Zugriff 17.3.2013)
15 http://www.kubiss.de/kultur/projekte/pegnitz/nbg1909/htm/hilfe.htm (letzter Zugriff 17.3.2013)
16 http://www.kubiss.de/kultur/projekte/pegnitz/nbg1909/images/hilfe/wasuch.jpg (letzter Zugriff 17.3.2013)
17 Bayerisches Landesamt für Umwelt (Hrsg.). Leben mit dem Fluss. Hochwasser im Spiegel der Zeit. Augsburg 2008, S. 26
18 http://feuerwehrmuseum-nuernberg.de/Geschichte/Historische-Braende/Hochwasserkatastrophe-1909-Nuernberg.html (letzter Zugriff 18.3.2013)
19 Bayerisches Landesamt für Umwelt, wie Anm. 17, S. 74
20 Ebenda
21 http://www.steigbachtobel.de/mure.html (letzter Zugriff 30.1.2013)
22 Protokoll der königlichen Baubehörde Memmingen, zitiert nach: Kost, Ulrich. Der Lauf des Wassers früher, heute und in Zukunft. In: Kettemann, Otto und Ursula Winkler (Hrsg.). Die Iller. Geschichten am Wasser von Noth und Kraft. Kronburg-Illerbeuren ²2000 (=Druckerzeugnisse des Schwäbischen Bauernhofmuseums Illerbeuren 5), S. 73
23 Raab, Stefan. Die Illersanierung von Bellenberg bis Ulm. In: Kettemann/Winkler, wie Anm. 22, S. 323
24 Mit dem Aufhören der Flößerei auf der Iller begann der Ausbau des Flusses zur Energiegewinnung. Siehe dazu und auch zu den Folgen der Korrektion verschiedene Aufsätze in: Kettemann/Winkler, wie Anm. 22
25 Staatsarchiv Augsburg, Bezirksamt Illertissen Nr. 3674. Betreff Hochwassergefahr und =warnung 1931
26 Ebenda
27 Schlösser, Klaus. Das Jahrhundert-Hochwasser im Oberallgäu an Pfingsten 1999. In: Kettemann/Winkler, wie Anm. 22, S. 322
28 Münchener Ratsch=Kathl. 11. Jahrgang, Nr. 74, 16.11.1899, S. 1
29 Ebenda
30 tz Nr. 212 vom 14./15.9.1974 in einer Rückschau auf das Hochwasser vor damals 75 Jahren
31 Ebenda
32 Postkarte in der Sammlung des Bauernhofmuseums, noch ohne Inventarnummer
33 Das antiquarische Angebot an Postkarten mit den entsprechenden Motiven ist überraschend reichhaltig.
34 Seit 1900 sind die Winter im Vergleich zur Zeit davor auffallend milder, und seit dem letzten Drittel des 18. Jahrhunderts deutlich niederschlagsärmer geworden (Siehe Glaser, wie Anm. 12, S. 94 f.).
35 Der Main fror zum letzten Mal im Winter 1962/63 zu. Am Oberlauf kam es be-

sonders in den strengen Wintern 1984/85 und 1995/96 noch zu starken Vereisungen, so dass die Schifffahrt eingestellt werden musste (http://de.wikipedia.org/wiki/Main#Eisgang, letzter Zugriff 17.3.2013). Vilshofen an der Donau litt immer wieder unter fürchterlichen Eisstößen. Im kalten Winter 1929 entstand auf der Donau ein Eisgang von Ingolstadt bis Passau, der von Januar bis Ende Februar andauerte. Am 16. März wurde das Eis in Bewegung gebracht; größere Schäden blieben aber aus. (http://regiowiki.pnp.de/index.php/Eisst%C3%B6%C3%9Fe_%28Vilshofen%29, letzter Zugriff 17.3.2013)

36 http://www.pfelling.de/uberschwemmung_1941.html (letzter Zugriff 17.3.2013). Vielen Dank an Siegfried Komma, der Fotos vom Eisstoß zur Verfügung stellte.
37 Ebenda
38 Beck, Gertrud. Gefahren an der Iller: Überschwemmungen, Eisgang, Unglücksfälle und ihre Überlieferung in Wallfahrten. In: Kettemann/Winkler, wie Anm. 22, S. 205 f.
39 Gemeint ist das Erdbeben am 28. Dezember 1908, welches Messina und Reggio Calabria zerstörte und über 70.000 Tote forderte. (Aufruf des Landeskomitee zur Unterstützung der durch Hochwasser geschädigten Bewohner Nordbayerns, Staatsarchiv Augsburg: Regierung von Schwaben, Nr. 18263)
40 Aufruf des Landeskomitees, siehe Anm. 39
41 Staatsarchiv Augsburg: Regierung von Schwaben, Nr. 18263, 27.2.1909
42 Der Bodensee ist in drei Bereiche gegliedert: den Untersee mit der Insel Reichenau, den Überlinger See mit der Insel Mainau und den größten Teil, den Obersee.
43 Seit dem 9. Jahrhundert wurde dieses Ereignis festgehalten, es fand im Schnitt alle 70 Jahre statt.
44 Gustav Schwab soll 1826 von einer tragischen Begebenheit erfahren haben, die er in der Ballade „Der Reiter und der Bodensee" verarbeitete. Generationen lernten sie auswendig und fühlten sich intensiv angesprochen.
45 Das große Eis. 1963. Die längste Bodensee-Gfröre seit Menschengedenken. Südkurier-Sonderheft. Konstanz 1963, S. 2
46 Siehe ebenda
47 Archiv des Deutschen Alpenvereins, Chronik Sektion Oberland, S. 43. Hier auch eingeklebte Zeitungsausschnitte aus den Münchner Neuesten Nachrichten.
48 Münchner Neueste Nachrichten, zitiert nach Zeitungsausschnitt in: Archiv des Deutschen Alpenvereins, Chronik Sektion Oberland, S. 43
49 Das Schicksal der Lamsenjochhütte sollen viele andere geteilt haben, weil man erst Erfahrungen hinsichtlich des Verlaufs von Lawinenabgängen sammeln musste.
50 Damit begann auch das wissenschaftliche Interesse an Lawinen. Siehe: Achermann, Dania. Die Schnee- und Lawinenforschung in der Schweiz. Merkmale und Bedingungen des Wandels hin zu einer modernen wissenschaftlichen Disziplin 1931–1943. Lizentiatsarbeit der Philosophischen Fakultät I der Universität Zürich, Historisches Seminar, November 2009 (http://www.slf.ch/ueber/geschichte/anfaenge_lawinenforschung/Liz_Dania_Achermann.pdf)
51 In den letzten 100 Jahren gab es in den Alpen im Schnitt jährlich 100 Tote durch Lawinenabgänge. Allein die Katastrophe von Galtür (Tirol) am 23. Februar 1999 forderte 38 Menschenleben. (http://de.wikipedia.org/wiki/Lawine, letzter Zugriff 18.3.2013)
52 Jehle, Eugen. Ortsgeschichtliche Aufschreibungen. Kronburg-Illerbeuren. Schwäbisches Bauernhofmuseum Illerbeuren, S. 32
53 Ebenda, S. 34
54 Beim großen Hagelsturm am 12. Juli 1984 allerdings überstieg der versicherte Schaden an Kraftfahrzeugen (800 Mio. DM) den in der Landwirtschaft und in Gärten (80 Mio. DM) erheblich. (http://de.wikipedia.org/wiki/Hagelsturm_von_München, letzter Zugriff 18.3.2013)
55 Twyrdy, Verena. Die Bewältigung von Naturkatastrophen in mitteleuropäischen Agrargesellschaften seit der Frühen Neuzeit. In: Masius, Patrick, Jana Sprenger und Eva Mackowiak (Hrsg.). Katastrophen machen Geschichte. Umweltgeschichtliche

Prozesse im Spannungsfeld von Ressourcennutzung und Extremereignis. Göttingen 2010, S. 19 f.
56 Königliche Versicherungskammer (Hrsg.). Die unter Leitung der Königlichen Versicherungskammer vereinigten Wohlfahrtsanstalten für Brand=, Hagel=, Vieh= und Pferdeversicherung in Bayern. Denkschrift. München 1906, S. 83
57 Ebenda
58 Ebenda S. 85
59 Freundliche Mitteilung von Michael Hinterstoißer, Almwirtschaftlicher Verein Oberbayern
60 Freundliche Mitteilung von Petra Breuer, Alpwirtschaftlicher Verein im Allgäu. Der Verlust einer Kuh wird direkt zwischen Bauer und Versicherung geregelt, so dass der Alpwirtschaftliche Verein keinen Grund für Erhebungen hat.
61 Zu Unwetter siehe Anmerkung 3. Als Katastrophe gilt, wenn mehr als 100 Tote zu beklagen sind und ein Sachschaden von mehr als drei Millionen Dollar entstanden ist. (Vgl.: Rohr, Christian. Extreme Naturereignisse im Ostalpenraum. Naturerfahrung im Spätmittelalter und am Beginn der Neuzeit. Köln, Weimar, Wien 2007, S. 56). Eine solche Definition ist für kulturgeschichtliche Betrachtungen unbrauchbar. Christian Rohr entwickelt deshalb sieben Kriterien, von denen drei bis vier in Kombination wahrgenommen werden müssen, damit von einer Katastrophe gesprochen werden kann. Die Kriterien sind: Mangel an Hilfskräften, Vorhandensein bzw. Fehlen von Erklärungsmustern, direkte oder indirekte Betroffenheit, Unerwartetheit bzw. Alltag, Häufung von Ereignissen in kurzer Zeit, symbolische Konnotationen und allgemeine Krisenstimmung. Siehe Rohr, S. 56–62
62 Gudd, Martin. Schwere Gewitter im 18. und 19. Jahrhundert und ihre Auswirkungen auf die Kulturlandschaft zwischen Taunus, Spessart, Vogelsberg und Rhön. In: Siedlungsforschung 23, 2005, S. 153–170

Wiesenwässerung durch Berieseln

Die Wührgräben im Hinteren Bayerischen Wald, die Wasserschöpfräder an der Regnitz und die gebräuchlichen Werkzeuge der Wässerwiesenwirtschaft

von Martin Ortmeier

Wer Rinder halten will, braucht Wiesen. Manche Flurstücke werden beweidet. Von vielen Grünflächen aber erntet der Bauer mehrmals im Jahr frisches Gras für die Sommerfütterung des im Stall gehaltenen Viehs, von anderen Flächen wirbt er für die Winterfütterung Grassilage und Heu. Der Nährwert bestimmt die Güte des Grases, die Güte des Bodens bedingt die Qualität des Grases. Gutes und reichlich erwirtschaftetes Gras und Heu ermöglichen gut genährtes Vieh. Vom Viehbestand hängt die Ernährung der Menschen ab, direkt, weil Milch und Fleisch Nahrungsmittel sind, indirekt, weil Kot und Urin der Rinder als Dünger für die Äcker dienen, auf denen Brotgetreide und Hackfrüchte gezogen werden.

Eine wachsende Bevölkerung braucht zusätzliche Flächen, auf denen Nahrungsmittel erwirtschaftet werden. Aber nicht alle Flächen sind zu Dauergrünland geeignet, vor allem vernässte Bereiche entlang von Bächen und Flüssen und am Austritt von Hangquellen erbringen nur geringwertiges Futter.

Zudem wurde stets jedes geeignete Flurstück unter den Pflug genommen, weil mit dem Getreidebau höhere Erträge zu erwirtschaften waren. Und auch für den bäuerlichen Wirtschaftswald waren Bereiche zu reservieren. Der mittelalterliche Landausbau, aber auch die Siedlungserweiterungen der Zeit der Aufklärung[1] und die sogenannten Colonien[2] des frühen 19. Jahrhunderts waren erfolgreiche Schritte der Binnenkolonisierung.

Die Entwässerung von Sümpfen und Feuchtwiesen, das Auffüllen von Dobeln, das Entsteinen von Bergwiesen und das Erschließen von Waldflächen geringerer Bodengüte für die Grünland- und Ackerwirtschaft fanden jedoch natürliche Grenzen. Deshalb waren die Bauern und Grundherrn zugleich bestrebt, den Ertrag von den vorhandenen Flächen zu steigern. Die Einführung der ganzjährigen Stallhaltung um 1800 und begleitend die geregelte Düngerwirtschaft waren vor der Verfügbarkeit des Kunstdüngers ein wesentliches Mittel der Ertragssteigerung.

Wasserschöpfrad, Modell M=1:10 von Georg Scheller Wasserradbau Möhrendorf (Josef Lang, Freilichtmuseum Finsterau 2013)

Bis dahin aber war die Bewässerung der Wiesen das vorrangige Mittel der Ertragsverbesserung. Das Buch „Kunst die Wiesen zu wässern oder vollständige Abhandlung von dem Wasser, wie solches in der Land-Wirthschaft und dem Feldbau nützlich zu gebrauchen" von M.J. Bertrand[3], 1765 in deutscher Sprache publiziert und mehrere Auflagen erzielend, wurde von aufgeklärten Ökonomen eifrig rezipiert.

Belege für Wiesenwässerung durch Schwemmen und Berieseln reichen bis weit in die Zeit des Mittelalters zurück. „Bis ins 19. Jahrhundert vollzieht sich eine fortschreitende, oft jedoch über längere Zeiträume unterbrochene Ausbreitung der Rieselwiesen in den Mittelgebirgen. Im Bayerischen Wald ist sie auf die ständig größer werdende Notwendigkeit einer Intensivierung der Viehzucht und damit der Grünlandwirtschaft in Folge der stetig zunehmenden Bevölkerungszahl und der fehlenden Ausdehnungsmöglichkeit des Ackerlandes zurückzuführen. Sie erfährt in der Mitte des 18. Jahrhunderts einen besonderen Impuls, da zu dieser Zeit die landwirtschaftliche Nutzfläche durch ausgedehnte Rodungen in die für Ackerbau nur wenig günstigen Waldgebiete des Hinteren Bayerischen Waldes und der Wegscheider Hochfläche vorgeschoben wurde. Dazu kommt noch, daß die neuen Siedler von Anfang an mit wirtschaftlichen Schwierigkeiten kämpfen mußten und daher gezwungen waren, das Grünland so intensiv wie möglich zu nutzen. Die Zunahme vollzog sich

Wasserschöpfrad an der Regnitz mit Wehr, Ausleitung, Verteilungsgraben, Abzweigung und Überlauf (Ortmeier 2012)

Ein weit in den Fluss reichendes überströmtes Wehr leitet Wasser zum am Ufer errichteten Schöpfrad. Das Wasser, welches die Schöpfräder zu den Wiesen heben, ist sauerstoff- und nährstoffreicher, zudem wärmer als das Wasser, das elektrische Pumpen von der Gewässersohle abziehen. Im Betrieb sind sie nicht auf externe Energie angewiesen. Die Schöpfwerke und die zum Betrieb im Flussbett angelegten Schwellen sind auch ökologisch wertvolle Einrichtungen. Zur handwerklichen Herstellung der Schöpfräder gibt Konrad Kupfer – „Die fränkischen Wasserschöpfräder" – 1931 Auskunft.

im Bayerischen Wald nicht überall gleich, denn von jeher kollidierten die Interessen der Grundherren mit denen der Bauern. Jene trachteten danach, die Gewässer für Fischerei, Perlfang und Trift möglichst zu schonen, diese versuchten zur Verbesserung ihrer Wiesen ständig neue Wehre und Ausleitstellen anzulegen und immer mehr Wasser auszuleiten. Von der

Die lange und vielerorts gepflegte Tradition der Wiesenberieselung und die zunehmende Propagierung in Zeitschriften und Landbauschulen hat zu einer reichen Ausdifferenzierung der Werkzeuge geführt. Die wichtigsten stellt G.C. Patzig 1846 in seinem Buch „Der praktische Rieselwirt" (Freilichtmuseum Finsterau, Inv. Nr. F 2012/257) vor: „Wiesenbeil" (eine Kreuzhaue mit Beil- und Hackenklinge), „Stechschippe" (ein Spaten zum Abstechen und Abheben von Grassoden und zum Ausheben von Gräben, mit ebenem, in flachem Winkel angestellten Blatt und gerader Schneide), „Spatenschippe" (eine leichte hölzerne Schaufel mit leicht gewölbtem stahlbeschlagenen Blatt, am Stiel mit kurzem Griff), „Schäler" (zum Ablösen von Rasensoden, die, seitlich nach der Schnur mit dem Wiesenbeil abgeschnitten, in Bahnen aufgerollt werden), „Planierhacke" (zum plan „nach der Schnur" Abziehen des freigelegten Bodens), „Rammel" (zum Festigen des Erdreichs in aufgefüllten Mulden), „Rasenklatsche" (zum Festschlagen der frisch aufgelegten Rasenbahnen auf dem planierten Boden), „Hand- oder Schubkarre" („sie erleichtert dem Arbeiter in hohem Grade das Ausschütten der eingeladenen Masse und fährt sich leicht", Patzig, S. 76). Patzigs Rasenklatsche erscheint wenig praxisgerecht, das bei Hinrich Siuts abgebildete „Klopfholz" wirkt überzeugender.

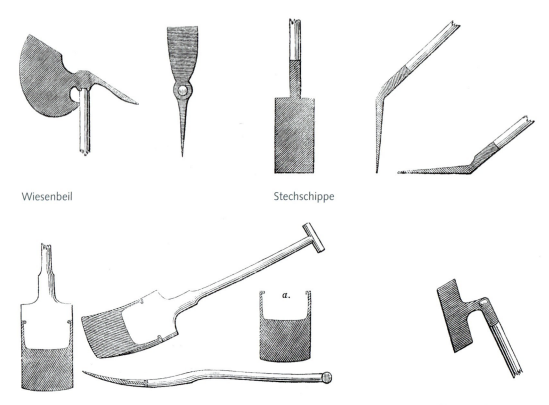

Wiesenbeil Stechschippe

Spatenschippe Planierhacke

Einstellung des Grundherrn jener Zeit zu den Fragen der Landwirtschaft hing es also ab, wie weit die Wünsche der Bauern erfüllt werden konnten."[4] Was hier für den Bayerischen Wald dargelegt wird, ist in allen Gebirgsgegenden vergleichbar anzunehmen und in Studien belegt.[5] Einen guten Überblick über die bayerischen Verhältnisse bietet das „Landschaftspflegekonzept Bayern".[6]

Neben den Grundherren hatten auch die Radwerkbetreiber, also die Müller, Hammerschmiede, Schleifer usw., Interesse an uneingeschränkt verfügbarem Fließgewässer. Die gerichtlichen Auseinandersetzungen der Bauern mit anderen Interessennehmern und die Fülle der Wässerordnungen belegen den hohen Wert der Wässerungsmöglichkeiten.[7]

Wiesen sind für ihren Wuchs auf ausreichend Feuchte angewiesen. Während Äcker mit geeignetem Saatgut auch in niederschlagsarmen Regionen Ertrag bringen, gedeihen Wiesen nur, wenn durch Regen genug Wasser zur Verfügung steht. In kleinräumig differenzierten Landstrichen sind Trockeninseln[8] anzutreffen, die an die Grünlandwirtschaft besondere Ansprüche stellen. In den deutschen Mittelgebirgen sind gewöhnlich die östlich eines Gebirgszugs gelegenen Täler mit geringeren Niederschlägen versorgt. Das Tal der Regnitz liegt im Windschatten des Steigerwaldes,

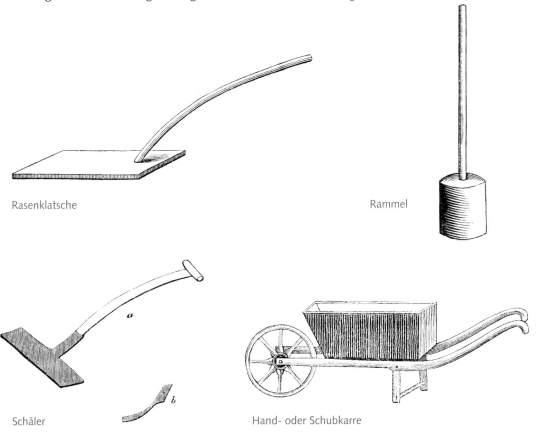

Rasenklatsche

Rammel

Schäler

Hand- oder Schubkarre

Für die Gräben verschiedener Tiefe und verschiedener Breite (von den Haupt- und Zuleitungsgräben zu den Verteilern und den Rieselrinnen mit abnehmendem Querschnitt) sind Hackenblätter verschiedener Größe nötig. (Freilichtmuseum Finsterau, Inv. Nr. F 2013/116–118)
Mit dem Wiesenbeil werden Rasenstücke längs zur Arbeitsrichtung abgeschnitten und zugewachsene Grabenränder abgeschlagen. (Freilichtmuseum Finsterau, Inv. Nr. F 2004/319)
Der Wiesenspaten mit Steg ist zum Abstechen und, mit seinem langen Stiel, auch zum Schaufeln geeignet. (Freilichtmuseum Finsterau, Inv. Nr. F 369)
Der kurzstielige Spaten mit breitem Blatt dient zum tiefen Abstechen von Grabenrändern. Auf den langen Holm des Stiels kann der Arbeiter mit seinem Körpergewicht wirken. (Freilichtmuseum Finsterau, Inv. Nr. F 1986/033)
Die Drainageschaufel (S. 201 links) formt einen Graben zum Einlegen runder Drainagerohre, aber sie wird auch zum Putzen zugewachsener und zugeschwemmter Grabensohlen verwendet. (Freilichtmuseum Finsterau, Inv. Nr. F 2013/120)
(Photos: Josef Lang, Freilichtmuseum Finsterau 2013)

und auch im Bayerischen Wald gibt es Zonen, denen nur geringere Niederschlagsmengen zu Gute kommen. Der Steigerwald, der im Westen einen prägnanten Anstieg aufweist, ist mit reichen Niederschlägen gesegnet, die in Aisch und Regnitz Richtung Main abfließen, die jedoch nach Osten zu deutlich abnehmen. Weil die am Ostrand des Steigerwaldes verlaufende Regnitz zwischen Erlangen und Forchheim zudem kleinräumig im Windschatten eines süd-nord verlaufenden breiten Bergrückens liegt, sinken dort die Niederschläge auf jährlich unter 500 mm. Im Bayerischen Wald sinken die Niederschläge im südöstlichen Teil auf 1100 bis 800 mm jährliche Niederschlagshöhe[9] ab. In beiden Fällen kommt hinzu, dass die Böden durchlässig sind, so dass bereits nach wenigen Sonnentagen die Wiesen unter Trockenheit leiden, im Bayerischen Wald verstärkt durch die trockenen, kontinentalen „Böhmwinde". Die anliegenden Fließgewässer führen jedoch durchwegs ausreichend Wasser, das ortsnah zur Bewässerung genutzt werden kann.

Wiesenwässerung ist, vom Beregnen der Edelgrünflächen in Parks und auf Sportplätzen abgesehen, ganz aus dem Blick geraten, denn die traditionelle Zuführung des Wassers über Gräben und Rinnen ist mit der Mechanisierung und Motorisierung der Landwirtschaft hinderlich geworden. Gräben wurden an vielen Orten verfüllt, flachere Rinnen glichen sich nach mehrmaliger Maschinenmahd der umgebenden Fläche an, Wehre wurden zerstört.[10] Dass mit der Auflösung der Wässerungseinrichtungen Bauten aus der Kulturlandschaft verschwinden, die nicht allein das 19. Jahrhundert prägten, sondern lange Zeiträume davor, wird beklagt[11], manchenorts werden Relikte gepflegt oder sogar rekonstruiert und erneut in Betrieb genommen. Diese Aktivitäten sind Anlass, dass hier die Rieselwiesen im Hinteren Bayerischen Wald und an der Regnitz[12] näher betrachtet werden.

Die Bewässerung von Grünland dient nicht allein der Wasserzufuhr, der Verhinderung einer Austrocknung der Grasnarbe. Der Zweck ist reicher: Insbesondere die düngende Wirkung des zugeleiteten Wassers war stets mit angestrebt. „Die Bezeichnung Wiesenbewässerung ist etwas irrefüh-

Der Reschwassergraben in Finsterau verläuft quer zu den schlanken, hängigen Flurstücken. Der Graben ist, weil er oberhalb mit Lesesteinriegeln besetzt ist, auf weiten Strecken gut erhalten. Die Hauptausleitung aus dem Reschbach ist jedoch zerstört. Von den einfachen Grabenschleusen sind einige Steine erhalten. Die flachen Flutgräben (Rieselrinnen) sind auf manchen Flurstreifen noch gut erkennbar. Es bestanden auch entlang den Flurgrenzen von den Flutgräben abzweigende Verteilungsgräben, die in gleichen Abständen wiederum quer weitere Rieselrinnen speisten. Sie waren bei der Dokumentation 2012 im Gelände nicht mehr verlässlich auszumachen.
(Graphik: Gabriele Blachnik, Freilichtmuseum Finsterau 2013: Geländesituation und Prinzip der Zu- und Ausleitung, schematische Darstellung einer Grabenschleuse, Querschnitt der Gräben bei Anstau bzw. Ausleitung)

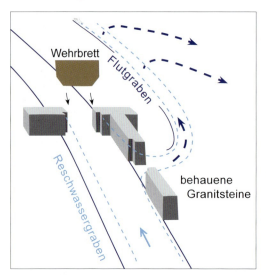

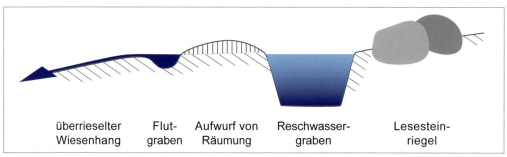

rend. In den meisten Regionen West- und Mitteleuropas jedenfalls stand wegen ausreichender Niederschlagsmengen die Versorgung des Grünlandes mit Wasser bei der Wiesenbewässerung nicht im Vordergrund. [Es ging] vor allem darum, den Nährstoffentzug, der durch die Heuernte ent-

1986 führte der Reschwassergraben in Finsterau noch Wasser, genutzt wurde er seit etwa 1950 nicht mehr. Zwei Wehre mit steinernen Backen sind bis heute erhalten und auffindbar geblieben, eine aus Holz gefügte Schleuse war 1986 noch erkennbar, sie ist zwischenzeitlich durch Waldbaumaßnahmen völlig zerstört. An einem Wehr steckte 1986 noch ein Brettchen, das aber nicht mehr ausreichend hinderte, dass der Rieselgraben ständig Wasser führte. Weil zu dieser Zeit ein Anlieger, der als letzter die Bewässerung wenigstens gelegentlich genutzt hatte, noch von Hand die Gräben ausmähte, konnte sich dort eine reiche Pflanzengesellschaft erhalten. (Ortmeier 1986, Freilichtmuseum Finsterau)

standen war, wieder auszugleichen und durch zusätzliche Düngung die Ertragsfähigkeit der Wiesen noch zu steigern, ohne hierfür Stalldünger einzusetzen und damit den Äckern Dünger zu entziehen."[13] Bevor mit Verlauf des 19. Jahrhunderts in den Siedlungen eine geregelte Ablagerung des tierischen Dungs hergestellt wurde, waren die Wasserausleitungen aus den Bächen unterhalb der Ortschaften nährstoffreicher, weil sie von den Hofflächen und Wegen Schwemmmaterial mitführten. Aber auch Waldbäche und Quellen trugen mit ihren mineralischen Anteilen zur Düngung bei.[14] Im Bayerischen Wald führten die Bäche aus den Gneis-Bereichen Mineralien zu den mineralarmen granitdurchsetzten Böden.

Als weiterer „Vorteil ist die Bodenerwärmung zu nennen. Durch zeitige Frühjahrswässerung ließ sich das Graswachstum um ein paar Wochen vorverlegen. Im Herbst konnte die Überflutung vor Frost schützen. [...] Schließlich darf noch eine andere Funktion nicht vergessen

Der Blick vom Hauptgraben hangabwärts lässt, Jahrzehnte nach Auflassung der Bewässerung, an einer Flurgrenze noch einen Verteilungsgraben erkennen. An der Hofzufahrt ist der Graben durch Steinschwellen gesichert.

Um 1950 wurden Wiesen- und Weideflächen oberhalb des Reschwassergrabens aufgeforstet. Am Waldrand sind der verlandete Graben (rechts), der talseitige Damm und die flache Rieselrinne (links) noch deutlich wahrnehmbar. An einer anderen Stelle des Grabenverlaufs sind zwar der bergseitige Lesesteinriegel und der talseitige Damm mit Büschen und Heidelbeerstauden bewachsen, aber der Graben hat sein Trogprofil besser bewahrt. (Gabriele Blachnik 2012, Freilichtmuseum Finsterau)

werden: Durch Überschwemmen liessen sich tierische Schädlinge vernichten oder vertreiben."[15] Im Frühjahr wurde auch im Bayerischen Wald das Wässern zum Ausapern der Flächen und damit zur Verlängerung des Wuchszeitraums genutzt.

Bewässerung war stets arbeitsintensiv: Das Einrichten der Gräben und Wehre, deren Pflege und Unterhalt, die Organisation der Aufteilung des verfügbaren Wassers auf mehrere Nutzer und die Aufsicht und die Regulierung der Ausleitung kosteten Zeit.[16] Das Wässern durfte auch nicht ohne Umsicht und Sachverstand geschehen. Wenn zu ausdauernd gewässert wurde, kam es auf durchlässigen Böden zur Ausschwemmung und Magerung der Böden, schwach drainierende Böden neigen zur Versauerung. Neben der Zuleitung des Wassers war deshalb auch die Ableitung der nicht vom Boden aufgenommenen Mengen wichtig. So erklärt sich das Nebeneinander von Be- und Entwässerungsgräben auf ein und demselben Flurstück.

Bewässerung ist ein weiter Begriff, der auch das Beregnen mit Hilfe von Pumpwerken und die heute vielfach angewendete Tröpfchenbewässerung einschließt. In den beiden Gebieten, die hier betrachtet werden, handelt es sich um Hangberieselung im Bayerischen Wald und um Stauberieselung im Regnitztal.[17] Das gewollte oder ungewollte Überstauen flussnaher Wiesen führte Feuchte und Nährstoffe an die Pflanzen, aber in Mulden stehen bleibendes Wasser verursachte auch Schaden. Deshalb wird bei der geregelten Stauberieselung auf eine sehr ebene Wiesenfläche hingewirkt und es wird dafür gesorgt, dass überstehendes Wasser, wenn es seine Nährstoffe abgesetzt hat und der Boden mit Wasser gesättigt ist, abfließen kann.[18]

Bei der Hangberieselung wird in einem Graben möglichst weit oben am Wiesenhang Wasser herangeführt und dort mittels Brettern, Steinen oder Rasensoden zum Überlaufen gebracht. Die Kunst, das Überquellen nicht in Rinnsalen, sondern flächig zu veranlassen, wurde verfeinert und fand im aufwendigen Lüneburger Rückenbau[19] seinen Höhepunkt. Im Vintschgau, aber auch in etlichen anderen Gebieten der Alpen[20], wurde die Hangberieselung bereits

Der Langreuter Wässerungsgraben bei Bischofsreut (Landkreis Freyung-Grafenau) wurde instandgesetzt und im Rahmen des Kulturlandschaftsmuseums für kulturgeschichtlich interessierte Wanderer erschlossen. Über mehrere Kilometer führt er Wasser an die Wiesen des Weilers Langreut heran. (Andreas Bürger, Büro FNL-Landschaftsplanung München 2012)

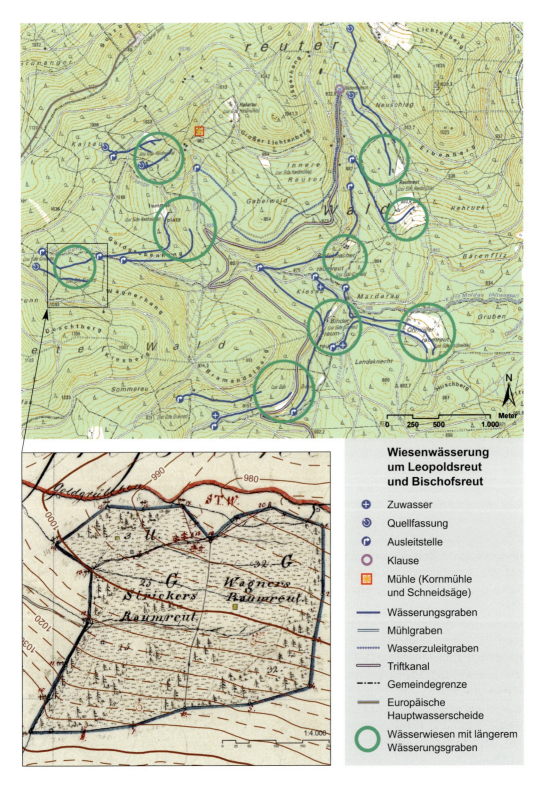

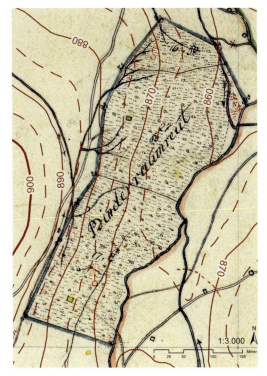 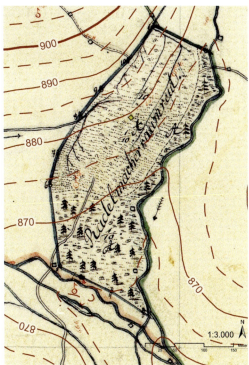

seit dem 14./15. Jahrhundert zu vielgliedrigen aufwendigen Systemen ausgebaut. Die Wale[21] führen bis in entlegene Seitentäler. Die Ausleitung von Wasser aus der Regnitz war nie möglich, weil sie zu tief eingegraben ist. Deshalb waren hier schon seit dem Mittelalter Schöpfräder im Einsatz.

Der tradierte, später wissenschaftlich und von Wiesenbauschulen[22] propagierte und geförderte Bau von Bewässerungswiesen fand in den Gebirgsregionen immer enge Grenzen. Vor allem das gleichmäßige Einebnen der Fläche, dem der „Kunstwiesenbau" viel Aufmerksamkeit schenkt, scheitert dort, wo nach jeder Frostperiode unter der flachen Krume neue Steine hochfrieren und Buckel aufwerfen. Die berieselten Wiesen hatten deshalb immer trockenere und feuchtere Partien. Es waren Kinder und Alte, die über Stunden hinweg mit einfachen Hilfsmitteln den Abfluss des Rieselwassers auf unbenetzte Partien lenkten.

Den Bauern der Rodungssiedlung Leopoldsreut (gegründet 1618) im Hinteren Bayerischen Wald wurden vom Grundherrn, dem Fürstbischof von Passau, Nachrodungen, sogenannte Raumreuten, zugestanden, weil die ertragsarmen Wiesenflächen im Umfeld des auf 1110 m gelegenen Dorfes (ab 1963 abgesiedelt) für die Ernährung nicht ausreichten. Zur Ertragssteigerung auf diesen Nachrodungen dienten Ausleitungen aus den Waldbächen und die Ableitung von nahen Quellen zur Bewässerung. Der Liquidationsplan aus dem Jahr 1829 (die abgebildeten Ausschnitte mit nachgetragenen Höhenlinien) dokumentiert neben den natürlichen Bächen auch diese Gräben und deren Verzweigungen zu kurzen Rieselrinnen. Anhand der Höhenlinien lässt sich unterscheiden, was Quellrinnsale sind, die sich zu einem Bach sammeln, und was „Auskehrer" zum Zweck der Bewässerung sind.
Die Übersichtskarte zeigt die Dichte der für die verschiedenen Zwecke genutzten Gewässer an, drei der eingekreisten Teilflächen betreffen die Auszüge aus der 1829er Flurkarte: Strickers und Wagners Raumreut, Radelmacherraumreut, Binderraumreut. Der linke Kreis der Karte zeigt die geteilte Raumreute des Strickers und des Wagners an. (Recherche und Graphik: Andreas Bürger, Büro FNL-Landschaftsplanung München, im Auftrag des Freilichtmuseums Finsterau, 2012).

Im Bayerischen Wald unterscheiden wir anhand der beiden betrachteten Beispiele in Finsterau und in den Raumreuten bei Bischofsreut und Leopoldsreut zwei Varianten. Der Reschwassergraben am westlichen Abhang der Finsterauer Flur hat neben dem Wehr- oder Wührgraben[23] einen flachen Graben, den wir Rieselrinne nennen. Von dort aus sollte das überquellende Wasser wie beim Rückenbau gleichmäßig die hängige Fläche bestreichen. Die Raumreuten haben ein System von Zuleitungsgräben, Verteilern und kleinen, in der Fläche verlaufenden Schlitzgräbchen[24], sogenannten Auskehrern. Diese Variante ist breitgelagerten Wiesenpartien vorbehalten. Schlankere Flurstücke wie die Finsterauer Hufen haben einen vom hangparallelen Zuleitungsgraben senkrecht abzweigenden Verteilungsgraben, von dem in regelmäßigen Abständen wiederum hangparallele flache Rieselrinnen abzweigen. In die Bewässerung der hofnahen Wiesenstücke wurde das aufgestaute nährstoffreiche Wasser von Schwemmen eingeleitet. In diese Schwemmen hat man die Jauche des aufgestallten Viehs und das von den Miststätten ablaufende Regenwasser eingeleitet.

Die frühe Fachliteratur zur Wiesenwässerung[25] hat sich ausführlich mit den Werkzeugen und Hilfsmitteln befasst, die zur Herstellung und Pflege der Gräben und Rieselflächen dienten. Während die Gräben, Wehre und Rinnen aus der Landschaft weitgehend verschwunden sind, haben sich in den Museen die Werkzeuge erhalten. Sie gruppieren sich in die zur Anlage der Gräben, Wehre und Wiesenflächen nötigen Hilfsmittel – wie Schnüre, Visierbrettchen und Waaglatten[26], die Werkzeuge zum Graben und Schaufeln, die verschiedenen Hauen, die Werkzeuge zum Einebnen und die Hilfsmittel zum Transport von Erdreich.

Bei den Schaufeln[27] sind die Spaten mit geradem Blatt, die zum Abstechen von Schollen dienen, von den gekröpften, teils auch gewölbten Schaufeln zu unterscheiden, die zum Auffassen und Auswerfen von Grabgut geschaffen sind. Die Schäler zum Abheben von Grassoden und die Drainageschaufeln[28] zählen entsprechend ihrer Funktion und Handhabe zu den Schaufeln. Alle Werkzeuge, die in den Gräben wirken sollen, haben besonders lange Stiele, damit sie trotz der um bis zu einem halben Meter erhabenen Arbeitsposition des Landarbeiters aufrecht gehandhabt werden konnten.

Die Hauen sind besonders differenziert. Zu unterscheiden sind Beile, deren Klinge längs zur Arbeitsrichtung wirkt, Hacken, die quer ins Erdreich eingreifen, und Pickel, deren Spitze dem Lockern festen Bodens dient. Das Wiesenbeil mit seiner breiten Klinge ist das Instrument, das wie kein anderes Werkzeug den Wiesenbauer oder – wie es in der Literatur heißt – den Rieselwirt[29] kennzeichnet. Die Klingen der Hacken unterscheiden sich in der Breite des Blattes, der Krümmung der Schneide und wiederum in der Länge des Stiels, auch im Anstellwinkel des Blattes, je nach Verwendungszweck. Zuleitungsgräben haben eine ebene Sohle, flache Ausleitungsgräben, die man mit den Rädern von Karren und Wägen überrollen

Um 1958 dokumentierte ein Luftbildphotograph die Dörfer und Anwesen der Gemeinde Haidmühle (Landkreis Freyung-Grafenau), als dort auf fast allen Höfen Landwirtschaft noch intensiv und in traditioneller Weise betrieben wurde.
In der Draufsicht zeichnet sich das Geländeprofil nur undeutlich ab und es ist schwer zu ermitteln, in welche Richtung Gräben und Rinnen entwässern. Häufig sind Be- und Entwässerungsgräben auf ein und derselben Fläche oder zumindest in enger Nachbarschaft anzutreffen. Je nach Witterungsverlauf und vor allem vor dem Heuen dienten die Ableitungsgräben der Wiesenwässerung auch zur Entwässerung.
Wo allerdings parallele Gräben quer zum Hang in regelmäßigem Abstand verlaufen, wie hier bei zwei Anwesen in Theresienreut, steht sicher die Bewässerung im Vordergrund. Am Waldrand verläuft der Zuleitungsgraben, von dem an zwei Stellen die Verteilungsgräben abzweigen. (Archiv Gemeinde Haidmühle, Repro Büro FNL-Landschaftsplanung München 2012)

will, werden mit „Herzhauen" aufgerissen, Ableitungsgräben (Drainagegräben) gab man bevorzugt eine gerundete Sohle. Viele Hauen sind kreuzweise mit zwei Klingen ausgestattet, zumeist ist eine Beilklinge an der einen, eine Hackenklinge an der anderen Seite des Öhrs ausgeschmiedet. Der Arbeiter drehte dieses eine Werkzeug nach Bedarf im Fortgang seiner Arbeit. Nur beim arbeitsteiligen Wiesenbau größerer Gruppen war es sinnvoll, dass der eine Arbeiter ein Beil, der andere eine Hacke führte. Die kombinierten Werkzeuge werden zumeist Kreuzhacke genannt, es müsste aber Kreuzhaue heißen, weil ja Hacke und Beil oder auch Hacke und Pickel in einer Haue kombiniert sind. Zu den Planier- und Abziehwerkzeugen zählen wir auch die Rechen, die aber nur in den Regionen nötig waren, wo das Erdreich mit Steinen durchsetzt ist.

Be- und Entwässerungsanlagen in der Landschaft werden unter dem Aspekt des Naturschutzes für störend erachtet. Als Dokumente einer einst vielfach gepflegten und geförderten landwirtschaftlichen Kultur verdienen sie aber, in eine Abwägung der Güter einbezogen zu werden. Die Deutsche Wasserhistorische Gesellschaft (DWhG) e. V. hat 2005 in ihrer „Weimarer Erklärung" auf die Gefahren und Verluste hingewiesen, die bei einem „unreflektierten Rückbau von wasserbaulichen Anlagen" auftreten können.[30]

In den hier näher betrachteten Landstrichen Regnitztal und Bischofsreuter/Leopoldsreuter Raumreuten sind es bürgerliche Vereine[31], die sich um die Erhaltung der Wiesenbewässerungsanlagen kümmern. Beim Finsterauer Reschwassergraben, dessen Ausleitbauwerk[32] Ende der 80er Jahre des 20. Jahrhunderts zu Schaden kam und der nur im Oberlauf verfüllt ist, wäre eine Rekonstruktion möglich. Die Grabenfläche ist großenteils im Eigentum der Gemeinde, allerdings ist die Rückführung des ungenutzten Wassers in den Reschwasserbach ungeklärt. An der Regnitz sind wieder zehn Wasserschöpfräder in Betrieb, das gehobene Wasser fließt aber die meiste Zeit wieder ungenutzt am selben Ort in den Fluss zurück.

Anmerkungen

1   Hier interessiert der Landausbau der Passauer Fürstbischöfe in ihrem Herrschaftsbereich im Hinteren Bayerischen Wald, beginnend 1618 mit den Dörfern Schwendreut und Leopoldsreut, endend 1764 mit Firmiansreut und 1786 mit Auersbergsreut; s. Ortmeier, Martin. Bauernhäuser in Niederbayern, Passau 1989, S. 11–12.
2   Pietrusky, Ulrich. Colonien im frühen 19. Jahrhundert. In: Niederbayern Nr. 2, III/1980, S. 86 ff.
3   Bertrand, M. J. Kunst die Wiesen zu wässern oder vollständige Abhandlung von dem Wasser, wie solches in der Land-Wirthschaft und dem Feldbau nützlich zu gebrauchen, Nebst einigen Abrißen von Wasserleitungen. Nürnberg 1765. Die Ausgabe ist aus dem Französischen übersetzt, es gibt davon eine „Zweyte, verbesserte und viel vermehrte Auflage", Nürnberg 1774.
4   Sehorz, Ernst Hans. Die Wiesenwässerung im Bayerischen Wald. Eine kulturgeographische Untersuchung. Mühldorf 1963 (=Dissertation an der Ludwig-Maximilians-Universität München), S. 132–133

5   Kursorisch seien hier genannt: Endriß, Gerhard. Die künstliche Bewässerung des Schwarzwaldes und der angrenzenden Gebiete. In: Berichte der Naturforschenden Gesellschaft zu Freiburg i. Br., 42, 1952, S. 77–109; Konold, Werner. Wasser, Wiesen und Wiesenbewässerung in Isny im Allgäu. In Schriften des Vereins für Geschichte des Bodensees und seiner Umgebung, 109. Jg., 1991, S. 161–213; Fiedler, Karl-Heinz. Die Wiesenbewässerung im Saarland und in der Pfalz, Saarbrücken 1968; Hack, Hans-Peter, Konrad Thürmer und Kurt Schröter. Die Geschichte der Wiesenbewässerung in Südthüringen. In: Ohlig, Christoph (Hg.). Gewässerentwicklung in der Kulturlandschaft. Siegburg 2005, S. 9–17.
Für die Schweiz sind die Schriften von Christian Leibundgut herauszustellen.
Für die Rhön dient im Überblick: Historische Kulturlandschaft Rhön. Bd. 1: Historische Kulturlandschaft Rhön um Fladungen. Hrsgg. vom Fränkischen Freilandmuseum Fladungen, Bamberg 2008, S. 43–44.

6   Landschaftspflegekonzept Bayern. Hrsgg. von der Bayerischen Akademie für Naturschutz und Landschaftspflege, Laufen; dort in Band II.10, 1994, das Kapitel 1.6.2.2 Bewässerungsgräben und in Band II.19, 1994, das Kapitel 1.3.6 Wiesenbewässerung

7   Die Literatur zu den die Wiesenwässerung betreffenden historischen Rechtsakten ist reich. Hier sei nur ein Beispiel angeführt: Bungert, Franz. Wiesenwässerung. In: Landkreis Rhön-Grabfeld (Hg.). Heimatjahrbuch des Landkreises Rhön-Grabfeld. Bad Neustadt a. d. Saale 2004, S. 278–288.

8   Zur inneralpinen Trockenvegetation: Bundi, Martin. Zur Geschichte der Flurbewässerung im rätischen Alpengebiet. Chur 2000, S. 15

9   Sehorz, S. 53, weist darauf hin, dass es auch auf die Verteilung der Niederschläge im Jahreslauf ankommt. Die Wasserhauptbedarfszeiten liegen im Hinteren Bayerischen Wald im Umfeld des ersten Schnittes, also um die ersten Junitage.

10 Schönwald, Ina. Die historischen Bewässerungsanlagen in der Gemeinde Happurg. In: Altnürnberger Landschaft e. V. Mitteilungen, 60. Jg., 2011, S. 65–69

11 Zur „Flurbewässerung im Kontext des Kulturlandschaftswandels" siehe Bundi, S. 259 ff.

12 Die Literatur (Kupfer, Konrad. Die fränkischen Wasserschöpfräder. Ein Beitrag zur Geschichte der Technik, Wiesenkultur und Volkskunde. Erlangen 1931) widmet sich den Wasserschöpfrädern, deren Urtümlichkeit die Aufmerksamkeit auf sich lenkt. Bei Gabbert wird die Ausleitung und Verteilung kursorisch behandelt: „Die Abflußrinne [aus dem Schüttkasten des Rades] wird auf hölzernen Gabeln, den Rinnböcken oder Gaubitzen zum Land und von dort bis zu einem Wassergraben geführt. Ein Netz von ½ m breiten Bewässerungsgräben verteilt das Wasser auf den zu bewässernden Grundstücken" (Gabbert, Horst. Die letzten Wasserschöpfräder Mitteleuropas in der Regnitz bei Erlangen/Mfr. In: Erlanger Bausteine, 19. Jg., 1972).
Das Siemens Archiv München verwahrt einen SW-Film von zirka 1950 mit dem Titel „Fränkische Wasserschöpfräder" (9 Min 52 Sec, Film Nr. F 178).

13 Grottian, Tilmann. Wasser, Wiesen, Wischenmaker. Von Suderburg in alle Welt: Bewässerungswiesen der Lüneburger Heide. (=Museumsdorf Hösseringen. Landwirtschaftsmuseum Lüneburger Heide. Am Landtagsplatz zu Hösseringen e. V. Materialien zum Museumsbesuch Nr. 21). Suderburg-Hösseringen 2001, S. 5

14 Ineichen, Andreas. Innovative Bauern. Einhegungen, Bewässerung und Waldteilungen im Kanton Luzern im 16. und 17. Jahrhundert. (=Luzerner Historische Veröffentlichungen, Bd. 30) Luzern und Stuttgart 1996, S. 96

15 Ineichen, S. 97

16 Bundi referiert für die Alpen einige Berechnungen des Arbeitsaufwands für die Bewässerung: S. 243 (s. a. S. 149 f.).

17 Die Literatur zur Wässerung an der Regnitz gibt keinen Aufschluss über die Wasserverteilung mittels Gräben und Rinnen und die Ableitung des überschüssigen Wassers. Auskunft hat Dipl.-Ing. Rolf Dürschner aus Möhrendorf gegeben (11.02.2013), der sich in der Wasserradgemeinschaft Möhrendorf e. V. seit vielen Jahren um Rekonstruktion und Erhalt der Wasserschöpfräder an der Regnitz küm-

mert. Die Einleitung des Wassers auf die Wiesenstücke geschah demnach über mehrere kleine Auslässe in den Grabenrändern. Fast das gesamte Wasser, das eingeleitet wurde, versickerte, wobei die düngenden Schwebstoffe ausgefiltert wurden. Nur geringe Mengen flossen auf benachbarte Wiesen. Es ist wohl korrekt von Überstauen der Wiesen zu reden, allerdings war das Überstauen so gering, dass es einem Berieseln gleichkommt – und anders als beim Überstauen wird kein überschüssiges Wasser nach dem Absetzen der Schwebstoffe aus den polderartigen Wiesenstücken abgelassen. Die Wiesen waren genau nivelliert, damit das eingeleitete Wasser sich gleichmäßig über die ganze Fläche verteilte. Dazu hat man bei Hochwasser Pflöcke in die Wiesen eingeschlagen und markiert, zwischen denen später Nivellierschnüre gespannt wurden.

18 Grottian erläutert die Varianten von den einfachen Schwemmwiesen und der wilden Berieselung über die Stauberieselung und die verfeinerte Hangberieselung bis zum Rückenbau: S. 9 f.
19 Grottian S. 12 ff.
20 Bundi, S. 38 ff.
21 Zu den je nach Region unterschiedlichen Benennungen der Gräben siehe Bundi S. 233 f.
22 Die Wiesenbauschule Suderburg und ihre Leistungen und Breitenwirkung behandelt Grottian (s. Anm. 13). Zur thüringischen Wiesenbauschule Schleusingen siehe Hack/Thürmer/Schröter (s. Anm. 5).
23 Wegen der erforderlichen Wehre (Wühren) werden diese Wasserzuleitungsgräben regional Wührgräben genannt.
24 Sehorz (s. Anm. 5), S. 60 f.
25 Vor allem und in mehreren Auflagen wirksam: Patzig, G. C. Der praktische Rieselwirth, Leipzig 1946. Zuvor bereits derselbe: Aufruf an alle Bauern zur Verbesserung ihrer Wiesen durch Bewässerung, Leipzig 1941
26 Siuts, Hinrich. Bäuerliche und handwerkliche Arbeitsgeräte in Westfalen. Die alten Geräte der Landwirtschaft und des Landhandwerks 1890–1930. Münster Westfalen 1982. Dort sind S. 105, Tafel 53, Graphiken von Wiesensetzwaage und Wiesenhaspel. Das Kapitel Wiesenwirtschaft, S. 104 ff., bietet wertvolle Erläuterungen und Illustrationen.
27 Bei Siuts wird die Schaufel natürlich niederdeutsch Schippe genannt.
28 Zumeist Drainagespaten genannt
29 Bei Patzig bereits im Buchtitel
30 Zitiert nach: Ohling (s. Anm. 5), S. V: „Mit dem unreflektierten Rückbau von wasserbaulichen Anlagen sind aber auch einige schwer kalkulierbare Risiken verbunden, wenn nicht im Vorfeld eine eingehende Analyse stattfindet. So haben sich die Grundwasserstände entsprechend den angelegten Be- und Entwässerungsgräben bzw. den Mühlgräben eingestellt. Veränderungen können hier zu Vernässungen an Gebäuden und in den Flächen führen. In der Folge wird sich auch die Vegetation verändern. Die Wiedervernässung großer Flächen, die Anlage von Stillgewässern aller Art kann, insbesondere unter Berücksichtigung der Klimaerwärmung, auch zu erneuten gesundheitlichen Problemen führen. Eine Reihe von wasserbaulichen Maßnahmen unserer Vorfahren waren (…) gerade darauf ausgerichtet, hygienische Missstände, wie u.a. Fieber und Malaria, zu beseitigen. Hier ist das aktuell vorhandene Wissen gering, um zukünftige Generationen vor solchen Problemen zu bewahren."
31 Wasserradgemeinschaft Möhrendorf e. V. (91096 Möhrendorf) und Förderverein Kulturlandschaftsmuseum Grenzerfahrung e. V. (94145 Haidmühle). Die Maßnahmen in der Gemeinde Haidmühle (mit den Ortsteilen Bischofsreut und Leopoldsreut) betreut das Büro für ökologische Feldforschung, Naturschutz und Landschaftsplanung FLN, München.
32 Im Gebiet des Nationalparks Bayerischer Wald gelegen

Klima und Boden nicht zuwider

Bäuerlicher Gartenbau in der Oberpfalz

Von Bettina Kraus

Gartenbau als Landnutzungsform hat sich in Mitteleuropa seit dem Ausgang der Jungsteinzeit parallel zu Ackerbau und Viehzucht entwickelt. Der Zweck des frühen Gartenbaus lag im Anbau von zusätzlichen Nahrungs- und Hilfsmitteln, die aus der Sammelwirtschaft und der Landwirtschaft nicht erbracht werden konnten. Pflanzen mit würzenden oder medizinischen Inhaltsstoffen und Pflanzen für kultische Zwecke wurden in eigens eingehegte, wohnungsnahe Flächen geholt, um ihre Verfügbarkeit sicher zu stellen und den Vegetationsverlauf günstig zu beeinflussen. Wie jede Form von Landeskultur ist der Gartenbau von den Einflüssen von Klima und Wetter und von den naturräumlichen Gegebenheiten abhängig. Anders als auf dem Acker gibt es jedoch größere Einflussmöglichkeiten. Kleine Flächen, geringe Anbaumengen und die Nähe zum Haus ermöglichten mehr Schutz- und Pflegemaßnahmen und dadurch auch die Kultur von nichteinheimischen Pflanzen. Gartenbau verfolgte ursprünglich die Absicht, die Lebensbedingungen durch die Nutzung pflanzlicher Ressourcen zu verbessern.[1] Daraus entwickelte sich in Mitteleuropa, besonders durch mediterrane Einflüsse, eine reiche und breit gefächerte Gartenkultur. Das Spektrum reicht von den Ziergärten der weltlichen und geistlichen Oberschicht bis hin zum Erwerbsgartenbau, der Pflanzenproduktion zur Erzielung eines Einkommens betreibt.[2] Daneben existierte in agrarisch geprägten Gesellschaften, in Städten und auf dem Land, bei Klöstern und herrschaftlichen Gutsbetrieben, bei Bürgern und Bauern stets eine gärtnerische Produktion, die weder an Repräsentation noch an Erwerb orientiert war, sondern der Selbstversorgung des jeweiligen Personenverbandes diente. Die bäuerliche Gartenkultur nimmt mit ihrer Funktion der Eigenversorgung des bäuerlichen Haushalts eine wichtige Rolle in der ländlichen Sozialgeschichte ein. Sie soll hier im Zentrum der Betrachtung stehen.[3] Für ihre Ausprägung und Entwicklung waren viele Faktoren bestimmend. Anhand des bäuerlichen Gartenbaus der Oberpfalz soll die Bedeutung der natürlichen Voraussetzungen, Wetter, Klima und Boden, eingeordnet werden. Der gewählte Betrachtungszeitraum beginnt mit der endgültigen Aufhebung des grundherrlichen Obereigentums um 1850 und greift in die 60er Jahre des 20. Jahrhunderts aus.

Grundlagen und Merkmale des bäuerlichen Hausgartenbaus

Bayerns Landwirtschaft war bis ins letzte Jahrhundert von kleinen und mittleren Betrieben dominiert, die darauf ausgerichtet waren, die Bedürfnisse des eigenen Hauswesens durch Ackerbau, Viehhaltung und Gartenbau selbst zu bedienen. Solange das System der Grundherrschaft bestand, wurden die Erträge eines Hofes dazu aufgewendet, Abgaben an die Grund- und Landesherren zu entrichten. Was übrig blieb, diente dem Selbsterhalt der bäuerlichen Arbeitsfamilie.[4] Die Beseitigung der feudalen

Zusammen mit den Wirtschafts- und Wohngebäuden bildeten die Gärten einst das bäuerliche Anwesen. Hier sind die rekonstruierten Gartenflächen des Denkenbauernhofs im Oberpfälzer Freilandmuseum zu sehen. (Günter Moser)

Strukturen ließ die Abgabenverpflichtung wegfallen und machte die Bauern im 19. Jahrhundert zu Vollbesitzern des bewirtschafteten Grund und Bodens. Ackerbau und Viehzucht wurden nun mit dem Ziel betrieben, Überschüsse zu verkaufen und Gewinn zu erwirtschaften. Der Garten blieb jedoch der Ort, an dem ausschließlich für den eigenen Bedarf produziert wurde. Er fiel zusammen mit allen übrigen Belangen der Lebensmittelgewinnung, -lagerung und -aufbereitung in den Bereich der bäuerlichen Hauswirtschaft und damit den weiblichen Familienmitgliedern zu, allen voran der Bäuerin.[5]

Während der Ackerbau die Grundnahrungsmittel zur Verfügung stellte, war der Hausgarten die Fläche für zusätzliche Nahrungs- und Würzpflanzen, für Heil- und Zierpflanzen.[6] Auch mehrjährige Pflanzen konn-

ten hier gezogen werden. Ein schützender Zaun, bessere Pflege und Nährstoffversorgung sowie ein günstiges Kleinklima innerhalb der Siedlungen wirkten sich positiv auf die Pflanzen aus. Die meisten bäuerlichen Betriebe verfügten über Gartenflächen, die in mehrere Einzelteile, häufig einen größeren Baum- und einen kleineren Hausgarten zerfielen. Der Baumgarten diente dem Grasbau und zu Weidezwecken (Jungtiere, Geflügel). Der kleinere Hausgarten war geschützte Sonderanbaufläche.[7] Zusammen stellten die Gartenflächen eine feste Rechtsgröße dar. Formen und Ausmaße der Gärten waren höchst individuell. Sie orientieren sich an den jeweiligen örtlichen Gegebenheiten und an historischen Siedlungsstrukturen. Bemerkenswert ist die Kontinuität von Grundriss und Größe über Generationen und Besitzerwechsel hinweg.[8]
Der historische bäuerliche Hausgarten lässt sich weniger über ein bestimmtes Erscheinungsbild und einen Katalog äußerer Merkmale definieren, als über ein gemeinsames Nutzungskonzept, das in der Unterstützung der Selbstversorgung bestand.

Die Oberpfalz. Naturräumliche Voraussetzungen, wirtschaftliche und soziale Ausgangslage

Naturräumliche und klimatische Voraussetzungen geben wesentliche Bedingungen vor, aber auch Verflechtungen der bäuerlichen mit der allgemeinen Wirtschaft, Verkehrsanbindung, Stadtnähe, örtliche Vorbilder und vieles andere mehr hatten Einfluss auf den örtlichen Gartenbau. Der heutige Regierungsbezirk Oberpfalz ist in seinen Grenzen im Wesentlichen auf die königlich-bayerische Gebietsreform von 1837 zurückzuführen[9] und stellt ein herrschaftsgeschichtlich wie naturräumlich stark differenziertes Gebilde dar. Die natürlichen Voraussetzungen für die Landwirtschaft waren hier seit jeher problematisch. Vom Klima begünstigte Vorzugslagen mit überdurchschnittlicher Bodenqualität stellten die Ausnahme dar. In den weitaus größten Teilen der Oberpfalz wurde die Landwirtschaft durch starke Hanglagen, dünne Humusschichten und Nährstoffarmut der Böden erschwert. Verschiedene nachteilige Klimaeinflüsse verschärften die Situation, wie etwa der lange Winter und strenge Fröste in den Mittelgebirgslagen, trockene Fallwinde in den nach Osten geöffneten Senken, geringe Niederschlagsmengen im Oberpfälzer Hügelland und Wasserarmut auf den Jurahochflächen.[10] Dennoch bildete die Landwirtschaft seit dem Niedergang der Montanindustrie im 17. Jahrhundert die wichtigste Lebensgrundlage für den größten Teil der Oberpfälzer Bevölkerung. Die dürftigen Erträge hatten ärmliche Verhältnisse besonders bei jenen zur Folge, die keine Nebeneinkünfte aus dem Glasgewerbe oder der Leinenweberei bezogen.[11] In der Mitte des 19. Jahrhunderts standen die „rationelle Landwirtschaft" und die Durchsetzung neuer Erkenntnisse in Bezug auf Düngung und Bodenverbesserung noch am Anfang. Auch die Entfernung zu den Absatzmärkten wirkte sich negativ aus. Trotz der schwierigen Ausgangslage hielten sich die bäuerlichen Strukturen in der Oberpfalz besonders lange. 1882 waren rund 58 % der Erwerbstätigen in der Land- und Forstwirtschaft tätig, 1939 waren es noch 49 %.[12] Bayernweit waren diese Anteile jeweils um etwa 10 % geringer.[13] Preisschwankungen bei den Agrarprodukten und Agrarkrisen hatte auf die Oberpfälzer Bevölkerung besonders starke Auswirkungen. Ärmliche Lebensbedingungen, schlechte Wohnverhältnisse, überdurchschnittlich hohe Säuglingssterblichkeit[14] und starke Abwanderung bestimmten den Alltag.

Bäuerliche Gartenkultur in der Oberpfalz von 1850 bis 1960

Ausgangslage. Bäuerliche Hausgärten sind in zeitgenössischen Quellen (Liquidationsprotokolle, Katastereinträge, Ortsblätter, Übergabebriefe) zwar als Besitz- und Größeneinheiten fassbar, ihre inneren Strukturen, ihr Pflanzensortiment oder die Bewirtschaftungsweise waren aber nur selten Gegenstand detaillierter Beschreibungen. Für die nördliche Oberpfalz stellte der Amtsarzt Dr. Besold in der medizinisch-topographischen Beschreibung des Physikats Erbendorf (Physikat = Zuständigkeitsbezirk eines beamteten Arztes) fest:

„Der Bauer und die Mehrzahl der städtischen Oekonomiebürger nehmen mit Kraut, Kartoffeln und Dorschen vorlieb, haben weder Sinn für Verfeinerung des Genußes noch auch des Erwerbes. Die Gärten zunächst zwischen den Hofräumen u. Häusern sind klein, ohne Licht u. Luft u. sehen Wildnißen eher als Gemüse- u. Obstgärten ähnlich. Außer etwa einiger zum Selbstgenuß gebauter Salatstauden, einigen Bohnen (Feuerbohnen), etlichen Zwiebeln, außer der Honigbirne u. Zwetschken ist selten feineres Gemüse oder Obstsorten zu finden. […] Dass aber den feinsten Obstsorten und dem Gemüsebau Klima und Boden nicht zuwider seien, beweisen die herrschaftlichen Gärten zu Reuth, Thumsenreuth, Altenstadt, Friedenfels u. Siegritz."[15] Im Allgemeinen sind auch in den sogenannten Physikatsberichten[16] die Gärten selten ausführlich thematisiert. Anhaltspunkte zur Gartenbewirtschaftung der bäuerlichen Bevölkerung können jedoch über die dort beschriebenen und aus anderen Quellen hervorgehenden allgemeinen Lebensverhältnisse und Ernährungsgewohnheiten ermittelt werden.[17]

Die Ernährung der bäuerlichen Landbevölkerung war äußerst einfach und eintönig. Aus den gut lagerfähigen Grundnahrungsmitteln Getreide, Kartoffeln und Hülsenfrüchten wurden mit Hilfe von Milch, Eiern und Schmalz die stets gleichen, sättigenden Mahlzeiten hergestellt. Fleisch, vor allem Schwein, gab es nur an wenigen Tagen des Jahres. Zukauf spielte nur bei Produkten eine Rolle, die nicht selbst hergestellt werden konnten (z. B. Salz). An Gemüsezuspeisen hatten konserviertes Feldgemüse sowie Pilze und Wildfrüchte die größte Bedeutung. Sie ergänzten Brot, Mehlspeisen und Kartoffelgerichte in Form von Sauerkraut, Rübenkraut, Breien und Brühen. Saisonal wurde besonders zur Erntezeit etwas Gartengemüse verzehrt. Vor allem Kopfsalat, Gurken und Rettiche waren verbreitet. Sie waren leicht zu kultivieren und erforderten keine aufwendige Zubereitung. Feineres Gemüse mit hohem Pflegeaufwand, wie Blumenkohl oder Buschbohnen, waren weniger gebräuchlich. Der Gemüseanbau wurde auf äußerst einfachem Niveau betrieben und durfte weder viel Zeit und Ausgaben, noch besondere Kenntnisse des Anbaus, der Lagerung und der Verarbeitung verlangen.[18]

Die Haferpflaume wird in der Oberpfalz auch Kriechenpflaume („Kriecherl") genannt. Wie der Schlehdorn, mit dem sie verwandt ist, tragen ihre Zweige Dornen. Ihre kleinen Früchte eignen sich zur Herstellung von Mus. (Bettina Kraus)

Wegen ihrer guten Lagerfähigkeit wurden Zwiebeln und Meerrettich zur Speisenverbesserung verwendet.[19] Bei der Kultivierung stellte die mehrjährige Meerrettichstaude ebenfalls keine Ansprüche. Auch beim Sauer- und Rübenkraut war die Haltbarkeit ein wichtiges Kriterium. Einmal in großer Menge eingemacht, stand es über den ganzen Winter und darüber hinaus zur Verfügung. Der Hausgarten war dabei wichtig zur Vorkultur. Kraut, aber auch Rüben und Dorschen, wurden hier ausgesät, bevor sie ab der zweiten Junihälfte auf die Felder gesteckt wurden.[20]

In den Grasgärten oder an anderen Stellen des Hofes wurden gerne Obstbäume gepflanzt. Gute Kultursorten waren noch kaum, Holzbirnen und Holzäpfel dagegen weit verbreitet. Auch die robuste Haferpflaume war gebräuchlich. Holzäpfel und Holzbirnen, die sich kaum zum Rohverzehr eigneten, wurden getrocknet und im Winter zu Hutzelbrühe verarbeitet. Regelrechter Obstbau lag im 19. Jahrhundert noch im Argen. Man begnügte sich um 1860 weitgehend mit den Früchten der robusten, wildnahen Kulturformen oder mit Wildobst wie Schlehen und Beeren.

Bezüglich der Heil-, Zier- und Brauchtumspflanzen im Garten sollen hier nur einige Besonderheiten herausgestellt werden. Der Oberpfälzer Volkskundler Franz Xaver von Schönwerth hat um 1850 ein allgemeines Bild der Hausgärten seiner Heimat gezeichnet: „In einer Ecke des Hofraumes steht der Backofen, die Hauswurz auf dem Dache. Daneben ist ein kleines Wurzgärtchen angelegt mit struppigen Bäumen, mit Salat, Nelken, Lupinien, dann sicher auch Kren, aber voller Unkraut. Rosmarin steht in einem Topfe auf dem Zaun."[21] Als Brauchtumspflanze hatte Rosmarin bei Taufen, Hochzeiten und Beerdigungen große Bedeutung.[22] Aus diesem Grund wohl unterzog man sich der aufwendigen Kultivierung. Als Gartenblumen waren überwiegend leicht zu kultivierende und zur Selbst-

Rosmarin wurde wegen seiner Verwendung als Schmuck für Braut, Bräutigam und Hochzeitsgäste auch „Hochzeitsbleaml" genannt. Der Halbstrauch aus dem Mittelmeerraum ist nicht völlig winterhart und wurde deshalb von den heiratswilligen Mädchen in Töpfen gezogen. (Günter Moser)

aussaat neigende Pflanzen verbreitet. So sind etwa Fingerhut und Gartenmohn belegt.[23] Allgemeine Verbreitung kann für Blumen angenommen werden, die nicht nur eine einfache Kultivierung aufweisen, sondern darüber hinaus im kirchlichen und profanen Brauchtum und in der Volksmedizin verankert waren. Dies trifft auf die Ringelblume zu, die z. B. bei Leichenaufbahrungen von Nöten war, um üble Gerüche zu überdecken und auf die Pfingstrose, die als Kirchen- und Prozessionsschmuck diente.[24] Ein regelrechtes Sortiment an „Bauerngartenblumen" kann kaum festgelegt werden, zu groß waren die jeweiligen Möglichkeiten, Vorlieben und zu unterschiedlich die örtlichen Traditionen. Je stärker die Beziehungen zwischen Stadt und Land waren, desto größer darf die Vielfalt an Zierpflanzen angenommen werden. Nach der Landes- und Volkskunde des Königreichs Bayern, „Bavaria", waren um 1860 in Oberpfälzer Gärten zahlreiche Zierpflanzen zu finden. Eine Differenzierung nach Stadt und Land und sozialen Unterschieden wurde nicht vorgenommen. Deshalb ist nicht zwangsläufig von allen aufgeführten Blumen eine allgemeine Verbreitung anzunehmen.[25] An Heilpflanzen waren für die Landbevölkerung heimische Wildpflanzen wichtig. Spitzwegerich, Huflattich, Kamille, Schafgarbe, Johanniskraut und Arnika wurden wild gesammelt und mussten nicht in die Gärten geholt werden.[26] Gern dort angesiedelt wurden Pflanzen, von denen man häufig Gebrauch machen musste, wie etwa Pfefferminze und Wermut. Außerdem sind die Würzpflanzen Liebstöckel, Salbei, Borretsch und sogar der wärmebedürftige Majoran als Gartenpflanzen belegt.[27]

Entwicklungsschritte. Um 1960 hatten einmal wichtige Brauchtumspflanzen, wie etwa Rosmarin, an Bedeutung verloren, dafür waren reichblühende Beetstauden wie Dahlien oder Sonnenhut wichtig geworden. Der nachlässig betriebene Anbau von etwas Sommergemüse war zu einem vielseitigen Gemüsebau angewachsen. Weil die in der Regel kleinen Gärten die benötigten Mengen nicht aufnehmen konnten, war der Gemüseanbau teilweise auf die Krautfelder ausgelagert. Buschbohnen, Kohlrabi und Erbsen, Spinat, Radieschen, Petersilie und Schnittlauch waren allgemein verbreitet, eine wichtige Rolle nahm das Suppengrün mit Möhren, Lauch und Sellerie ein.[28] Mit Hilfe von Mistbeeten wurde die Vegetationsperiode verlängert. Sogar die wärme- und nährstoffbedürftige Tomate hatte sich inzwischen von den Städten in die bäuerlichen Gärten ausgebreitet.

Verschiedene Entwicklungsstränge haben zur Intensivierung des Hausgartenbaus innerhalb von rund hundert Jahren beigetragen. In dem Maße, wie die Verflechtung zwischen Stadt und Land voranschritt, orientierte sich die dörfliche Lebensweise ab dem späten 19. Jahrhundert stärker an städtisch-bürgerlichen Vorbildern. Die Landwirtschaft wurde zunehmend durch die Erkenntnisse naturwissenschaftlicher Forschung beeinflusst. Intensivere Nutzung der Anbauflächen durch langsame Abkehr von der reinen Dreifelderwirtschaft und eine verbesserte Nährstoffversorgung führte zu einer Erhöhung der Ertragsleistung bei den Ackerfrüchten und beim Viehbestand zu einer Zunahme von Schlachtgewicht und Milchleistung.[29] Die Erwerbsmöglichkeiten der Bauern waren innerhalb zweier Generationen stark angestiegen. Die ökonomische Besserstellung wirkte sich auch auf die Lebens- und Haushaltsführung aus, wenn auch nur langsam, da im Vordergrund des bäuerlichen Denkens der Hoferhalt stand und soziale oder kulturelle Bedürfnisse hinten angestellt wurden.[30]

Am Misthaufen und in ungenutzten Winkeln fanden sich Holundersträucher auch ohne menschliches Zutun ein. Besonders seine Blätter und Blüten spielten eine große Rolle in der Volksmedizin und im religiösen Aberglauben. (Günter Moser)

Mit dem Ziel, den Bauernstand zu stärken, Ernährungs- und Hygieneregeln zu verbreiten und so die sozialen Zustände in den Bauernfamilien zu verbessern, begannen um 1900 landwirtschaftliche Interessensverbände und Frauenvereine fachliche Schulbildung für Bäuerinnen und junge Frauen anzubieten. Eine dieser Initiativen ging von der Zentralgenossenschaft des Bayerischen Bauernvereins aus, die in allen bayerischen Regierungsbezirken Haushaltungsschulen ins Leben rief.[31] Die erste dieser Gründungen erfolgte 1908 im oberpfälzischen Vohenstrauß und erreichte schnell überregionale Bedeutung bei der nichtstaatlichen Fachschulbildung. In mehrmonatigen Kursen wurden junge Frauen auf ihre späteren Pflichten als Bäuerinnen oder ländliche Hausfrauen vorbereitet. Kochen „mit besonderer Berücksichtigung der mittel- und kleinbäuerlichen Verhältnisse" stand ganz oben auf dem Lehrplan, um so den „vermehrten Anforderungen zu genügen […] welche an die bäuerlichen Hausfrauen von heute gestellt werden".[32] In diesem Zusammenhang wurde auch „rationeller Gemüsebau" unterrichtet.[33] In den 1920er Jahren begann sich ein staatliches Schulwesen für ländliche Hauswirtschaft zu formieren. Bis

Meerrettich wurde im Garten gehalten, war aber auch als Wildstaude auf sandigen Böden verbreitet. Von großer Anspruchslosigkeit in der Kultivierung, diente die Meerrettichwurzel als namensgebende Zutat zur gebräuchlichen „Krenbrühe". (Günter Moser)

1945 entstanden 70 Mädchenabteilungen an den bayerischen Landwirtschaftsschulen. Der Lehrplan war auf die klassischen Arbeitsbereiche von Bäuerinnen ausgerichtet, auf Hauswirtschaft, Milchwirtschaft, Geflügelpflege und im stärkeren Maße nun auch auf Gartenbau mit Verarbeitung und Konservierung von Gartenfrüchten.[34] Eine staatliche Hauswirtschaftsberatung für aktive Bäuerinnen ergänzte das staatliche Bestreben, die sozialen Verhältnisse in den Bauernfamilien zu verbessern.[35] Schließlich nahmen Kriege, Mangelerfahrungen und Kriegspropaganda in der ersten Hälfte des 20. Jahrhunderts großen Einfluss auf den Hausgartenbau. Zu Beginn des Ersten Weltkriegs wurden alle Schichten der Bevölkerung zur Produktion von mehr Gemüse aufgerufen. „Durch reichlicheren Gemüsebau könnten viel Nahrungsmittel eingespart werden, es ist daher notwendig, daß jeder, der Gartenland besitzt, dem Anbau von Gemüse besondere Sorgfalt zuwendet", wurde 1915 im Bayerischen Kriegskochbüchlein betont.[36] An den bäuerlichen Hausgartenbau wurde die Forderung herangetragen, durch Vor-, Zwischen- und Nachfrüchte die Ertragsmenge zu steigern. Als Folge der Mangelerfahrungen des Ersten Weltkriegs war die Landwirtschaftsberatung für Bäuerinnen der Zwischenkriegszeit darauf ausgerichtet, durch mehr Gemüseanbau den Selbstversorgungsgrad zu erhöhen. Die nationalsozialistische Agrarpolitik forderte ab 1933 die völlige Autarkie von Nahrungsmittelimporten aus dem Ausland und verhalf mit intensiver Propaganda dem „Bauerngarten" zu einer erneuten Aufwertung. Da nach Kriegseintritt 1939 alle landwirtschaftlichen Produkte vom Reich beschlagnahmt wurden – nur ein genau festgelegter Teil war für den Eigenbedarf freigegeben – Gartenfrüchte von dieser Abgabepflicht aber ausgenommen waren, wurde der Hausgarten zur Nahrungsmittelproduktion immer wichtiger.[37] Die Notwendigkeit, sich mit Lebensmitteln selbst zu versorgen, bestand noch mindestens im ersten Jahrzehnt nach dem Zweiten Weltkrieg fort.

Wetter und Gartenbau

Von klimagemäß und wetterunabhängig... Um 1860 lagen die Aufgaben der bäuerlichen Gärten noch stark in der Unterstützung der betrieblichen Abläufe (Weide, Grasbau, Vorkultur) und nur in kleinem Ausmaß im Lebensmittelanbau. Zur Ergänzung der Grundnahrungsmittel waren Sammelfrüchte wichtiger als Gartenprodukte.

In der oben zitierten und auch in der Überschrift dieses Aufsatzes auszugsweise aufgegriffenen Aussage eines Mediziners aus dem Jahr 1860 wird auf den dürftigen Gartenbau hingewiesen, obwohl „den feinsten Obstsorten und dem Gemüsebau Klima und Boden nicht zuwider seien". Dass das niedrige Niveau, auf dem der bäuerliche Gartenbau betrieben wurde, nicht allein an den schlechten natürlichen Voraussetzungen lag, zeigte auch die Betrachtung seiner Entwicklung in den folgenden hundert Jahren.

Wie die Kartoffel ist die Tomate ein Nachtschattengewächs. Anders als der Erdapfel konnte sie nur mit viel zusätzlichem Aufwand erfolgreich in der Oberpfalz kultiviert werden. Im Herbst war oft ein Nachreifeprozess an einem dunklen, warmen Ort nötig. (Günter Moser)

Wie eingangs festgehalten, ist Gartenbau ein Mittel zur Verbesserung der Lebensbedingungen über die Sicherung der Grundbedürfnisse hinaus. In naturräumlich und klimatisch benachteiligten Regionen wurden diese Grundbedürfnisse weitgehend über den Anbau von einfach zu kultivierenden und gut lagerfähigen Feldfrüchten gedeckt. Gemüse, nicht unbedingt zur Sättigung notwendig und von problematischer Lagerhaltung, spielte in Gebieten mit armer Bevölkerung keine große Rolle.[38] Gebräuchlich waren nur Kulturen, die von sich aus mit den herrschenden Boden- und Klimaverhältnissen zurechtkamen und die auch schwierigen Wetterbedingungen zum Trotz (Früh- und Spätfröste, austrocknende Winde, ausbleibende Niederschläge) zur Ernte gelangen konnten. Unter diesen Voraussetzungen konnte in der Oberpfalz im 19. Jahrhundert kein Sinn für die „Verfeinerung des Genußes"[39], keine anspruchsvolle bäuerliche Hauswirtschaft und demzufolge kein ausdifferenzierter Gartenbau entstehen. Die Beschränkung auf wenige, robuste Kulturen und der Rückgriff auf Wildfrüchte minimierte die Abhängigkeit von den natürlichen Produktionsfaktoren Boden und Klima und bedeutete weitgehende Unabhängigkeit von widrigen Wettereinflüssen.

Mit einer dauerhaft gesicherten Grundversorgung, Anleitung, neuen Vorbildern und der Schulung des für den Garten zuständigen Personals, der Bäuerinnen, wuchsen auch die kulturellen Bedürfnisse. Damit entwickelte sich auch der Hausgartenbau weiter. Die früher so bestimmenden wetter- und klimabezogenen Faktoren konnten im Lauf des 20. Jahrhunderts durch den Einsatz von mehr finanziellen Mitteln, mehr Arbeitsaufwand und durch erworbene Kenntnisse bis zu einem bestimmten Ausmaß überwunden werden. Für den bäuerlichen Garten bedeutete dies fortschrittlichere Kultivierungsmaßnahmen und eine größere Nutzpflanzenvielfalt als jemals zuvor, bevor ab den 1960er Jahren die Bedeutung der Selbstversorgung rapide abnahm und Zier- und Erholungsfunktionen wichtiger wurden.

…bis zur Tomate. Gegen Ende des Betrachtungszeitraums konnte sich in bäuerlichen Gärten sogar die sehr wärme- und pflegebedürftige Tomate durchsetzen. Sie stammt aus den Subtropen und kann nicht direkt ins Freiland gesät werden. Während der gesamten Kulturdauer verlangt die Tomate Schutz- und Pflegemaßnahmen, um ihr Wärme, Wasser und Dünger im notwendigen Maß zukommen zu lassen. In Deutschland verbreitete sie sich erst ab den 1930er Jahren langsam in den Hausgärten.[40] Die flächendeckende Durchsetzung in der Oberpfalz ist erst für die Nachkriegszeit anzunehmen.[41] Mit ihren hohen, nicht dem heimischen Klima entsprechenden Ansprüchen, dem ungewissen Ernteerfolg und dem geringen Sättigungswert wäre sie für die schwer arbeitenden, zahlreichen Mitglieder einer bäuerlichen Familie des 19. Jahrhunderts völlig unzweckmäßig gewesen.

Anmerkungen

1. Willerding, Ulrich. Zur frühen Geschichte des Gartenbaus in Mitteleuropa. In: Geschichte des Gartenbaus und der Gartenkunst. Archäobotanik, Botanik, Gartenbau, Weinbau, Schloßgärten, Museumsgärten (Förderkreis Gartenbaumuseum Cyriaksburg e. V., 1). Erfurt 1994, S. 127–148, S. 139 u. ö.; außerdem: Lohmann, Jost. Zur Rekonstruktion eines frühmittelalterlichen Gartens im Freilichtmuseum Oerlinghausen. In: ebd., S. 113–120
2. Zur Geschichte des Gartenbaus vgl. Franz, Günther (Hg.). Geschichte des deutschen Gartenbaus (=Deutsche Agrargeschichte VI). Stuttgart 1984. Darin bes. Vogellehner, Dieter. Garten und Pflanzen im Mittelalter. S. 69–98
3. Der vorliegende Aufsatz fußt auf der Publikation Kraus, Bettina und Günter Moser. Kreuz, Birnbaum und Hollerstauern. Oberpfälzer Bauerngärten und ihre Geschichte. Hg. v. Oberpfälzer Freilandmuseum für den Bezirk Oberpfalz, Amberg 2012
4. Zur Arbeits- oder Ehaltenfamilie zählen die Kernfamilie und die Ehalten, vgl. Stutzer, Dietmar. Geschichte des Bauernstandes in Bayern. München 1988, S. 348 ff.
5. Zur bäuerlichen Hauswirtschaft vgl. Schlögl, Alois. Bayerische Agrargeschichte. Die Entwicklung der Land- und Forstwirtschaft seit Beginn des 19. Jahrhunderts. München 1954, S. 419–444
6. Zur Einteilung der Kulturpflanzen des Gartens in Nährstoffpflanzen, Wirkstoffpflanzen und Emotionspflanzen vgl. Busch, Wilhelm. Geschichte des Gartenbaues. Ein einleitender Überblick. In: Franz (wie Anm. 2), S. 19–38, hier: S. 20
7. Zu den Gärten, ihren Bezeichnungen und Funktionen vgl. Kraus/Moser (wie Anm. 3), S. 11, und Kraus, Bettina. Die Gärten des Freilandmuseums Neusath-Perschen – Konzept, Anlage, Bewirtschaftung (in Vorbereitung für den Band 39 des Vereinsmitteilungsblattes des Vereins Oberpfälzisches Bauernmuseum Neusath-Perschen e.V., erscheint voraussichtlich 2013)
8. Kraus/Moser (wie Anm. 3), S. 62–65; Kraus (wie Anm. 7)

9 Emmerig, Ernst. Verwaltungs- und Sozialstruktur der Oberpfalz 1838–1972. In: Die Oberpfalz, hg. v. Bezirkstag der Oberpfalz, 1983, S. 129–145, hier: S. 129
10 Färber, Sigfrid. Landschaften der Oberpfalz. In: Die Oberpfalz (wie Anm. 9), S. 9–22; Benker, Gertrud. Heimat Oberpfalz. 1965, S. 16–45
11 Preißer, Karl-Heinz. Die Oberpfälzer Agrarverfassung – gutswirtschaftliche Grundherrschaft (=Beiträge zur Wirtschafts- und Sozialgeschichte 1), 1992, S. 8–11
12 Emmerig (wie Anm. 9), S. 139
13 Seidl, Alois. Die bayerische Landwirtschaft im vergangenen Jahrhundert. In: Hundert Jahre Verband der Landwirtschaftsberater im höheren Dienst in Bayern e. V. im Bayerischen Beamtenbund 1897–1997. München 1997, S. 15–42, S. 30 (jedoch abweichendes Vergleichsjahr 1895)
14 Im letzten Drittel des 19. Jahrhunderts starb in der Oberpfalz jedes dritte, 1925 jedes fünfte Neugeborene (Emmerig, wie Anm. 9, S. 138). In ganz Bayern lag die Säuglingssterblichkeit 1925 bei 14 %.
15 Medizinisch-topographische und ethnographische Beschreibung der Physikatsbezirke Bayerns. Bd. 42: Erbendorf. BSB Cgm 6874/42, ca. 1860, 27vvv–28r
16 Die Ärzte der bayerischen Landgerichte wurden mit Erlass des kgl.-bayer. Innenministeriums vom 21.4.1858 dazu aufgefordert, medizinisch-topographische Beschreibungen ihrer Amtsbezirke zu verfassen. Diese sog. Physikatsberichte wurden bis 1861 eingereicht. Sie liegen in der Bayerischen Staatsbibliothek unter der Signatur BSB Cgm 6874. Vgl. Paulus, Georg. Der Physikatsbericht für das Landgericht Hemau aus dem Jahre 1860. In: VHVO 146 (2002), S. 227–278, hier: S. 227 f. Zu ihrem Wert als historische Quelle vgl.: Schweninger, Franz Seraph. Medizinische Topographie und Ethnographie des Physikatsbezirks Neumarkt in der Oberpfalz. Der „Physikatsbericht" für Neumarkt und Umgebung aus dem Jahr 1860 (=Neumarkter Historische Beiträge 8). Hg. v. Frank Präger 2006, S. 10 f., S. 17 ff.; Gehringer, Horst. Der Blick auf das Leben der Bevölkerung in den Berichten der bayerischen Gerichtsärzte. In: OA 130 (2006), S. 347–384. Die hier gegebene Übersicht zu Editionen ist inzwischen veraltet. Verwendete edierte und nichtedierte Physikatsberichte siehe Kraus/Moser (wie Anm. 3), S. 122. Zahlreiche Physikatsberichte stehen digitalisiert zur Verfügung, vgl. www.digitale-sammlungen.de.
17 Emmerig (wie Anm. 9), S. 129
18 Für diesen Abschnitt relevant: die sog. Physikatsberichte (vgl. Anm. 16); Brenner-Schäffer, Wilhelm. Darstellung der sanitätlichen Volks-Sitten und des medizinischen Volks-Aberglaubens im nordöstlichen Theile der Oberpfalz. Amberg 1861, Neuabdruck in: Oberpfälzische Volksmedizin, Volkssitten und Volksaberglauben, hg. v. Martin Stangl (=Oberpfälzer Raritäten 2). Weiden 1987, S. 7–49; Benker, Gertrud. Kuchlgschirr und Essensbräuch. Regensburg 1977; Benker, Gertrud. Essen und Trinken in der ländlichen Oberpfalz (=Schriftenreihe Oberpfälzer Freilandmuseum 6). Regensburg 1990; Wormer, Eberhard J. Alltag und Lebenszyklus der Oberpfälzer im 19. Jahrhundert. Rekonstruktion ländlichen Lebens nach den Physikatsberichten der Landgerichtsärzte 1858-1861 (=MGM 114). München 1988
19 Benker, Essen und Trinken (wie Anm. 18), S. 23
20 Medizinisch-topographische und ethnographische Beschreibung der Physikatsbezirke Bayerns. Bd. 152: Roding. BSB Cgm 6874/152, um 1860. Zum Anbau von „Kraut- und Rübensaamen" im Hausgarten 19v
21 Das Schönwerth-Lesebuch. Volkskundliches aus der Oberpfalz im 19. Jahrhundert. Hg. v. Roland Röhrich, Regensburg 1981, S. 64
22 Eichenseer, Erika. Oberpfälzer Ostern, Ein Hausbuch von Fastnacht bis Pfingsten. Regensburg 1996, S. 509; Stadlbauer, Ferdinand. „Reibet die Fußsohlen mit weißem Senf…". Heilpflanzen in der Oberpfalz (=Oberpfälzer Kostbarkeiten). Regensburg 1979, S. 85
23 Medizinisch-topographische und ethnographische Beschreibung der Physikatsbezirke Bayerns. Bd. 64: Hemau. BSB Cgm 6874/64, um 1860, 21v Digitalis purpurea, 25v Papaver somniferum; Med.-togopgr. Beschreibung Erbendorf (wie Anm. 15), Beilage 6, IIIv Digitalis purpurea

24 Eichenseer (wie Anm. 22), S. 515; Stadlbauer (wie Anm. 22), S. 16, S. 104
25 Bavaria. Landes- und Volkskunde des Königreichs Bayern mit einer Uebersichtskarte des diesseitigen Bayerns in 15 Blättern. Hg. v. Wilhelm Heinrich v. Riehl, Bd. 2, 1: Oberpfalz und Regensburg. München, 1863, S. 112: Sonnenblumen, Stockrosen, Feuerbohnen, Flieder, Falscher Jasmin, Geisblatt, Eisenhut, Rittersporn, Nachtviolen, Goldlack, Levkojen, Kapuzinerkresse, Balsaminen, Bartnelken, Ringelblumen, Tagetes, Dahlien, Phlox, Fuchsschwanz, Schwertlilien, Taglilien, Feuerlilien
26 Eichenseer (wie Anm. 22), S. 505–518, passim; Stadlbauer (wie Anm. 22), passim. Johanniskraut und Arnika zur Herstellung von „Haustropfen" vgl. Brenner-Schäffer (wie Anm. 18), S. 44 f.
27 Med.-topogr. Beschreibung Hemau (wie Anm. 23), 20r Salvia officinalis, 20v Liebstöckel; Med.-topogr. Beschreibung Erbendorf (wie Anm. 15), Beilage 6, IIIr Borago officinalis, IIIv Mentha piperita, IIIvv Salvia officinalis, IIIvv Origanum majorana; Bavaria, Bd. 2,1 (wie Anm. 25), 111 Meerrettich, 112 Wermut, Pfefferminze; Schönwerth (wie Anm. 21), 64 Meerrettich
28 Bushart, Erika und Renate Gutsche. Die Bauerngärten im Stiftland-Dorf, Befragungen, August 1989. Manuskript im OFLM, Archiv; Renner, Anna (Hg.). Das Reich der Bäuerin. Ein Buch für Bauernmädchen, besonders für die Schülerinnen der Landwirtschaftsschulen. Hg. im Auftrag des Bayerischen Staatsministeriums für Ernährung, Landwirtschaft und Forsten, Stuttgart $^{10-13}$1957, S. 258–264, 269 ff. Die in diesem Lehrbuch aufgeführten Gemüsesorten und „Bauernblumen" geben einen allgemeinen Überblick über den neuen Standard.
29 Bauer, Ingolf und Nina Matt. Bayerns Landwirtschaft seit 1800. Texte zum Museum im Schafhof, Wolnzach 1994, S. 68–72. Zur Entwicklung der pflanzlichen und tierischen Erzeugung vgl. Seidl (wie Anm. 13), S. 18–29.
30 Schlögl (wie Anm. 5), S. 427–441, bes. S. 441
31 Kraus/Moser (wie Anm. 3), S. 24–29
32 StaAm, Regierung der Oberpfalz 7407, Aufnahmebedingungen landwirtschaftliche Haushaltungsschule Vohenstrauß [1909]
33 StaAm, Regierung der Oberpfalz 7407, handschriftlicher Lehrplan Hauswirtschaftsschule Vohenstrauß [um 1910]
34 Schlögl (wie Anm. 5), S. 394; Notthafft, Marie Therese von und Marianne Rupprecht. Das landwirtschaftlich-hauswirtschaftliche Fachschulwesen in Bayern. In: Hundert Jahre (wie Anm. 13) S. 143–165, hier: S. 148
35 Daniel, Charlotte. Die staatliche Ernährungs- und Hauswirtschaftsberatung in Bayern. In: Hundert Jahre (wie Anm. 13), S. 187–204, hier: S. 188
36 Bayerisches Kriegskochbüchlein, Anweisungen zur einfachen und billigen Ernährung unter besonderer Berücksichtigung ländlicher Verhältnisse. Hg. v. Verein für wirtschaftliche Frauenschulen auf dem Lande, München ^{5}1915, S. 41
37 Stutzer (wie Anm. 4), S. 262–268; Kraus/Moser (wie Anm. 3), S. 14 f.
38 Wiegelmann, Günter. Alltags- und Festspeisen. Wandel und gegenwärtige Stellung. Marburg 1967, S. 14
39 Med.-topogr. Beschreibung Erbendorf (wie Anm. 15), 27vvv
40 Körber-Grohne, Udelgard. Nutzpflanzen in Deutschland. Kulturgeschichte und Biologie. Stuttgart ^{4}1997, S. 316
41 Zur Ausbreitung der Tomate in der Oberpfalz sind weitere Untersuchungen erforderlich. Die Befragung eines kleinen Personenkreises der Jahrgänge 1934–42 hat ergeben, dass Tomaten schon in den frühen Nachkriegsjahren gezogen wurden, jedoch mit schlechten Ernteerfolgen, da kaum Hilfsmittel zur Verfügung standen.

Dann måch i mia mei Klima seiba

Strategien gegen und mit dem Wetter: Haus und Hof, Obstsorten und Heuheinzen

Die Aussage des Obstbauern Hans Öhler im Oktober 1997, „Dann måch i mia mei Klima seiba"[1], bringt pointiert zum Ausdruck, was langfristig erfolgreiche Landwirtschaft und überhaupt ländliche Existenz in der nördlichen gemäßigten Zone der Erde auszeichnet: nämlich die Bereitschaf und die Fähigkeit der Bauern, sich auf wandelbares und auch ungünstiges Wetter einzustellen, wenn nicht politische Verhältnisse dies verhindern[2]. Hans Öhler hat seinen Obstgarten in Meßnerschlag im Unteren Bayerischen Wald auf 698 m üNN. Er muss im Winter mit sehr strengem Frost unter klarem Himmel[3] und im Jahreslauf insgesamt mit einer kurzen Wachstumsperiode rechnen. Lagerfähige Äpfel für einen langen Winter und Mostobst für Saft und Apfelwein hat er in die Palette seiner Sorten eingeplant. Bei der Wahl seiner Apfel- und Birnensorten hat er sich auf das ortsspezifische Klima eingestellt: Brettacher, Weißen Winter-Taffet, Jonathan, Berliner Nase und den Schönen von Wiltshire, außerdem die Alexander Lukas-Birne zieht er mit Erfolg.[4]

Wie an Baudenkmälern historische Lösungen für Wand- und Dachaufbau und deren Außenhaut in Hinblick auf Wetter und Klima zu würdigen sind, hat Herbert May in diesem Band dargelegt. Auch regionale Haus- und Hofformen sind daraufhin zu betrachten, wie sie zu den Anforderungen der Witterung im Jahreslauf gestaltet sind. Häuser und Bauernhöfe im Dorfverband genießen Schutz gegen Wind und Schlagregen durch Nachbargebäude. Der häufig in Einödlage auf einer Anhöhe freistehende Vollbauernhof in Niederbayern muss für diesen Schutz selbst sorgen. Der Vierseithof, der sich in Südostbayern[5] im späten 18. Jahrhundert als Standard entwickelt und im 19. Jahrhundert allgemein durchgesetzt hat, schafft vielfältige Kleinklimabereiche, die der Wirtschaft und dem Leben am Bauernhof dienlich sind. Der im Süden platzierte Stadel mit seinem hohen Dach hat seine Firstrichtung parallel zur Hauptwindrichtung West-Ost. Der Stall ist, wenn es das Relief der Hofstelle erlaubt, im Osten der

Die Berliner Nase, eine alte Apfelsorte, und die Alexander Lukas-Birne, die in Meßnerschlag bei Wegscheid auf 698 m üNN gut gedeihen. (Oktober 1997: Josef Lang, Bildarchiv Freilichtmuseum Finsterau)

Hofanlage platziert. Dadurch wird Stallgeruch vom Hof abgetrieben, die Fenster bieten für die Stallarbeit das erste und das letzte Tageslicht, südlich orientierte Fenster, die im Sommer eine Überwärmung des Stalls bewirken würden, gibt es nicht. Das Wohnhaus blickt mit seinem wichtigsten Raum, der Stube, nicht nur zum Hof, sondern auch „zur Sonne". Emp-

Trocken, windstill und warm ist der Platz auf der Hausbank. Die Nebengebäude schützen vor Zugluft, der Schrot (Balkon) über der Gred (befestigter, um eine Stufe erhöhter Wegstreifen vor dem Haus) hält den Regen ab. Untertattenbach 77, Markt Bad Birnbach im Rottal, 1986 (Martin Ortmeier, Bildarchiv Freilichtmuseum Finsterau)

Die Fassade des Wohnhauses des Vierseithofs in Hoibach bei Egglham (Landkreis Rottal-Inn) ist nach Süden ausgerichtet. Tore schließen den Hof an der Nordwest- und an der Nordsüdecke. Beladene Heuwägen wurden offenbar vorsorglich in den Schupfen eingestellt, der sich mit Arkaden nach Osten zu öffnet. Das Hühnerhaus ist zum Schutz vor Feuchte mit großen Fenstern nach Südosten orientiert. Hohe Laubbäume halten im Süden des Stadels die Sonne ab, im Winter lassen sie Licht und Luft an das Gebäude. (um 1950, Bildarchiv Freilichtmuseum Finsterau)

findliches Obst wird an der Südwand des Wohnhauses an Spalieren gezogen.[6]

Klimazonen hat auch das traditionelle Bauernhaus: Im kühlen Flur sitzt die bäuerliche Familie an heißen Sommertagen beim Essen, die heizbare Stube, deren Wände durch Verschindelung der Außenwand und durch Lehm-

Wein reift an diesem Bauernhaus im Unteren Bayerischen Wald an der besonnten Hauswand. Das Laub spendet im hohen Sommer der Stube und der Kammer im Erdgeschoss Schatten. (um 1910, Bildarchiv Freilichtmuseum Finsterau)

putz oder Vertäfelung[7] der Innenwand winddicht gemacht ist, bietet Wärme in der kalten Zeit, der regengeschützte Schrot[8] ist trockener luftiger Lagerraum, der Keller ist durch seine steinernen Wände und Gewölbe und seine Einbettung in den Boden dunkel, gleichmäßig kühl und von mittlerer Luftfeuchte.

Kleinklima schaffen auch Möbel in ihrer dafür geschaffenen Form: In winddurchzogenen Kammern haben Kastenbetten bis ins 19. Jahrhundert Komfort auf kleinstem Raum geboten, die Trittleisten an den Stubentischen erlaubten es, die Füße gerade so weit bequem vom Boden abzuheben, dass der kalte Luftstrom, der von undichten Fensterfälzen und an der Schwelle der Stubentür in den Raum kroch, nicht zu sehr empfunden wurde. Denselben Zweck erfüllte der Schemel, der bei Spinnarbeiten und anderen Tätigkeiten, die man auf der Stubenbank sitzend ausübte, zum Aufsetzen der Füße diente.

Der engste Kleinklima schaffende Raum ist die Kleidung, Bertram Popp berichtet davon in diesem Band. Kleidung schützt vor Kälte und vor Hitze, vor Nässe und vor Wind. Zuschnitt und Material wurden und werden auf die Erfordernisse der Jahreszeit hin gewählt.

In früherer Zeit haben die Heimatmuseen[9] vornehmlich die reich geschmückten, die aufwendigen, die besonderen und die symbolisch auf-

Verschlagschindeln bewahren die Blockwand der Stube vor Schlagregen und kaltem Wind (Kleinbauernhaus in Riedelsbach südwestlich des Böhmerwaldhauptkamms, 1996). Lehmputz an den Wänden schützt die geheizte Stube vor Wärmeverlust, im Sommer hält er den Raum kühl (unbekanntes Kleinbauernhaus im Böhmerwald, um 1950). (Bildarchiv Freilichtmuseum Finsterau)

geladenen Dinge gesammelt. In jüngerer Zeit ist der lebens- und wirtschaftspraktische Zusammenhang der Sachen in den Vordergrund getreten. Die Freilichtmuseen zählen zu den Pionieren dieser Auffassung vom Sammlungsauftrag des Museums.

In der Ausstellung „Gutes Wetter – Schlechtes Wetter" schöpfen die großen und kleinen Museen, die sich in der *ARGE Ausstellung Süddeutscher Freilichtmuseen* zusammengeschlossen haben, aus dem Fundus eigener

Sammlungen, die unter diesem ganzheitlichen Aspekt in Jahrzehnten zusammengetragen wurden.

Diese Dinge haben etwas zu erzählen von früher, von den Menschen und ihrer Welt, den politischen, wirtschaftlichen und sozialen Verhältnissen, dem Schicksal, den Werten und Weltanschauungen. Manche geben auch Zeugnis vom Leben und Wirtschaften auf dem Land unter den örtlichen und regionalen Gegebenheiten des Klimas. Diese ganzheitliche, historisch kritische Auffassung vom Sammeln und Vermitteln historischer Dinge eint die Leute, die sich mit „ihren" Museen in die Konzeption der Ausstellung und den Inhalt dieses Katalogs eingebracht haben, nämlich die Überzeugung, dass Erinnerung und historische Bildung Dingzeugnisse brauchen, wenn sie lebendig und anschaulich sein sollen.

Zwei Themen, die im Katalog nicht in wissenschaftlichen Beiträgen gewürdigt sind, die aber in der Ausstellung mit wertvollen Exponaten vorgestellt werden, seien hier nachgetragen: anhand einer wertvollen Sammlung von Wachsmodellen alter Apfelsorten die Tradition des Obstbaus mit ihrem Höhepunkt im 19. Jahrhundert und am Beispiel verschiedener Heuheinzen deren Einsatz beim Heuwerben in der Grünlandwirtschaft des Allgäus.

Der Titel der Ausstellung der ARGE Ausstellung Süddeutscher Freilichtmuseen und des zugehörigen Begleitbuchs ist inspiriert vom Namen der populären deutschen Fernsehsendung „Gute Zeiten, schlechte Zeiten"[10] (seit 1992), jedoch ohne jede inhaltliche Nachbarschaft. Die Ausstellung behandelt das Thema „Klima auf dem Land" unter historischen Aspekten der bayerischen Regionen und Landschaftsräume. Mit der Realisierung der Ausstellung hat die ARGE im Turnus das Schwäbische Bauernhofmuseum Illerbeuren beauftragt. Für die Gestaltung hat dessen Leiter Dr. Otto Kettemann das Büro designgruppe koop (Rückholz im Allgäu) herangezogen. Der Redakteur des Katalogs dankt Jasmin Beer M. A., Wissenschaftliche Volontärin am Freilichtmuseum Finsterau, für vielfältige Hilfe bei der Beschaffung von Abbildungen und beim Kontakt mit Autoren. *(Red.)*

Wie die Landwirtschaft aus schlechter Witterung Vorteile zieht

von Otto Kettemann

Der bayerische Alpen- und Voralpenraum ist (neben dem Schwarzwald) die niederschlagsreichste Region Deutschlands. Zugleich ist die Vegetationsperiode, die Zeit des Jahres, in der eine Pflanze wächst und sich entfalten kann, relativ kurz. Deshalb gedeihen in diesem rauen Klima viele landwirtschaftliche Nutzpflanzen wie Getreide oder Kartoffeln nicht so gut wie andernorts. Das Gras aber wächst perfekt und ist das ideale Vieh-

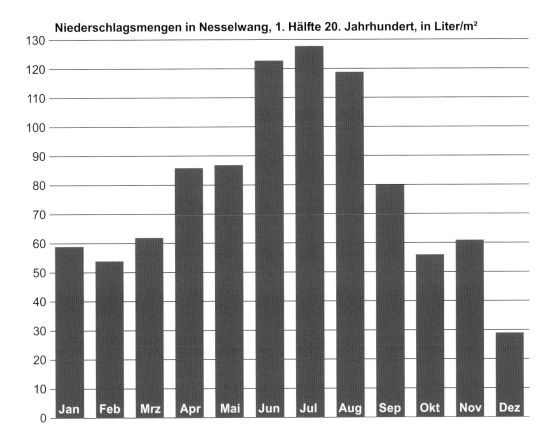

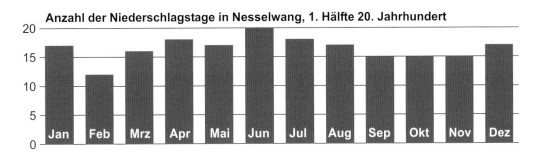

futter. Aus diesem Grund begannen hier die Bauern bereits im 19. Jahrhundert, sich auf die Milchwirtschaft zu spezialisieren, also nur Kühe zu halten und Milch zu produzieren.

Mit dem Ausbau des Eisenbahnnetzes wurde der Nahrungsmitteltransfer enorm erleichtert. Getreide zu kaufen war nun wirtschaftlicher als es selbst zu produzieren. Außerdem waren Milch und Milchprodukte neben Getreide die wichtigsten Nahrungsmittel der ländlichen Bevölkerung. Bis zur Mitte des 20. Jahrhunderts hatten die Bauern des

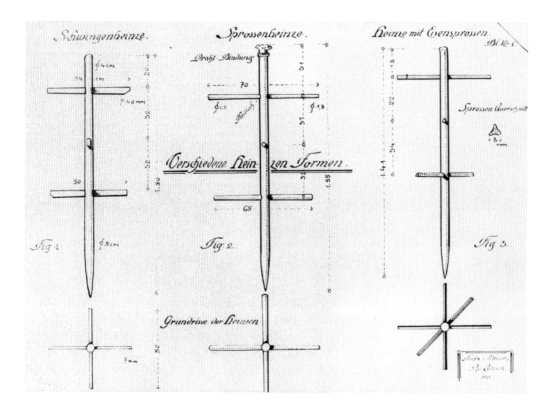

Photo von 1921 mit Maßangaben für Heuheinzen (Fotoarchiv Schwäbisches Bauernhofmuseum Illerbeuren: SW-6X6-00996)

Voralpenlandes den wenig ertragreichen Ackerbau fast vollständig aufgegeben. Die Spezialisierung auf Viehhaltung hatte oft eine Umgestaltung der Höfe zur Folge: Ställe mussten für den größeren Viehbestand erweitert werden. Vorratsräume für das Futterheu wurden dem höheren Bedarf entsprechend vergrößert oder vermehrt. Bäuerliche Wirtschaftsgebäude aus der Zeit vor etwa 1850 sind daher kaum unverändert erhalten geblieben.

Aufgrund dieser landwirtschaftlichen Spezialisierung prägen Wiesen und Weiden bis heute das Landschaftsbild im Alpenvorland von Oberbayern und des Allgäus.

Problem Winterfutter

S. 233: *Heuheinzen im Allgäu* (Erika Groth-Schmachtenberger, Archiv Bayerischer Landesverein für Heimatpflege München)

Das traditionelle Winterfutter für das Vieh war Heu, das in den Monaten Juni und Juli auf den Wiesen gewonnen wurde. Aber gerade in diesen Monaten zählt man die meisten und ergiebigsten Niederschläge. Die Trocknung des Grases konnte nicht am Boden liegend erfolgen, weil Tau und Regenfälle immer wieder das Gras durchnässten und die Fäulnis förderten. Deshalb hängte man das Gras an Trockengestelle. Regen und Tau benetzten nur noch die Oberfläche und ohne Bodenkontakt konn-

Heinzenprüfung am Spitalhof Kempten (heute Lehr-, Versuchs- und Fachzentrum für Milchviehhaltung, Grünland und Berglandwirtschaft), 1943

Aufheinzen in Kronburg, um 1940 (Fotoarchiv Schwäbisches Bauernhofmuseum Illerbeuren: SW-24x36-237-00175)

te das Gras, ohne Schaden zu nehmen, allmählich trocknen und zu Heu werden.

Anfangs benutzten die Bauern im Allgäu den Heinzen, einen Pfahl mit drei versetzten Quersprossen. Zur Heuernte benötigte ein Bauernhof 5000 bis 8000 dieser Heinzen. Daran lässt sich ermessen, wie umfangreich und arbeitsintensiv die Heuernte war. Im Laufe der Zeit kamen immer wieder neue Arten von Trockengestellen auf. Der ursprüngliche Heinzen blieb aber bis zum Niedergang der Trockengestelle in Gebrauch. Er steht auch in Hanglagen immer senkrecht, und er besteht nur aus Holz, sodass keine

Abwerfen des trockenen Heus (Lichtbildserie zu einem Vortrag von Max Reiser, Kempten 1925, Fotoarchiv Schwäbisches Bauernhofmuseum Illerbeuren: SW-6X6-00989)

Einsammeln von Heinzen (Foto: Lala Aufsberg, 1939; Fotoarchiv Schwäbisches Bauernhofmuseum Illerbeuren: SW-6x6-04766)

„Neuer Allgäuer Heuheinzen" von Otto Fleschhut, dem Betreiber einer landwirtschaftlichen Maschinenfabrik in Immenstadt, D.R.G.M. Nr. 177162. Diese neue Erfindung wurde im Wochenblatt des landwirtschaftlichen Vereins in Bayern vom 6.5.1914 in einer Anzeige vorgestellt. Der Klappmechanismus bewirkt, dass der insgesamt neunarmige Heinzen vollständig zusammengelegt werden kann und so bei Transport und Lagerung wenig Platz einnimmt. Dieser Klappheinzen setze sich aufgrund seines hohen Preises nicht durch.

S. 237: Sprossenheinzen und Schwingenheinzen der ersten Generation mit drei waagrechten, um 90° versetzten Rundhölzern bzw. schmalen, gespalteten Brettchen. Beim Sprossenheinzen muss der senkrechte Pfahl wegen der dickeren Rundstäbe einen Durchmesser von 6–8 cm aufweisen, während beim Schwingenheinzen 4–6 cm genügen. Der Schwingenheinzen ist also wesentlich leichter.

kleinen Eisenteile wie Nägel, die gefährlich für das Vieh sind, in das Heu gelangen.
Wo sind die Heuheinzen geblieben? Heute braucht der Landwirt zur Heugewinnung keine Trockengestelle mehr. Einst musste das Gras vor der Einlagerung in den Heustock des Hofes vollkommen getrocknet

Klappheinzen mit Metallscharnieren, an dem bemängelt wurde, dass mitunter Eisenteile ins Heu gelangten und dem Vieh schadeten.

Seltener Klappheinzen mit Metallarmen

sein, damit es dort zu keiner Selbstentzündung kam – viele Höfe sind dadurch schon abgebrannt. Heute muss das Gras größtenteils nur angetrocknet werden, weil man daraus Silage macht. Durch moderne landwirtschaftliche Maschinen sind die Bearbeitungszeiten für das Mähen und Wenden des Grases gegenüber der früheren Handarbeit enorm verkürzt worden.

Heinzen, Hiefler, Schwedenreuter

Anfangs gab es nur Sprossenheinzen (mit drei runden Querstäben) und Schwingenheinzen (mit drei Schwingen – gespaltene Stäbe mit flachrechteckigem Querschnitt), beide vollständig aus Holz. Zuvor hat man wohl schon aus den Wipfeln der Fichten (mit vielen Astspindeln) „Hiefler" gemacht, sozusagen Naturheinzen.
Später kamen verschiedene Klappheinzen mit Eisenteilen auf, weil die Lagerung der ursprünglichen Heinzen viel Platz brauchte. Die Trocknungsgerüste mit langen Drähten heißen „Schwedenreuter".

Apfel- und Birnensorten – Auslese und Auswahl

von Renate Bärnthol

Regional und lokal unterschiedliche klimatische Bedingungen wurden in der Landwirtschaft und im Gartenbau durch die Auslese und Auswahl geeigneter Sorten berücksichtigt. Im Obstbau standen noch Mitte des 19. Jahrhunderts allein in Mittelfranken etwa 1500 bis 2000 Apfel- und Birnensorten zur Verfügung. Man beobachtete deren Reaktionen auf Witterungseinflüsse, registrierte die Zuverlässigkeit des Ertrags und welche Sorten extreme Winter überstanden. Bewährte, widerstandsfähige Apfel- und Birnensorten vermehrte man durch Veredelung in kleinem Umfang selbst, für größere Stückzahlen sorgten die Baumschulen. Obstsortenspezialisten oder Pomologenvereine gaben Sortenempfehlungen speziell für raue Lagen, feuchte Tallagen, spätfrostgefährdete Gebiete oder Gegenden mit kalten Wintern heraus.

Obstmodelle aus dem Landwirtschaftlichen Gerätemuseum Ingolstadt-Hundszell

Aus verschiedenen Materialien nachgebildete Früchte waren zuerst reine Schmuck- oder Repräsentationsstücke. Erst im 17. Jahrhundert stiegen durch naturwissenschaftliche Forschungen auch die Anforderungen an eine exakte Ausformung und Färbung.

Die Herstellung von Früchten aus Wachs gehört wahrscheinlich zu den ältesten Verfahren. Man verwendete eine Mischung aus Bienenwachs und Paraffin. Später setzte man auch Pappmaché oder eine porzellanartige Masse ein.

Zur Herstellung von Wachsfrüchten gibt es zwei Verfahren: das Bossierverfahren und das Hohlgussverfahren. Beim Bossierverfahren wird der Abgussblock horizontal getrennt, um zwei Arbeitsschalen zu gewinnen. Auf einem, dem Töpferstuhl ähnlichen drehbaren Bossierstuhl werden die Schalen mit Wachs ausgegossen und dann mittels hölzernen oder metallenen, mit spitzen, runden oder schaufelförmigen Enden versehenen Stäbchen, den Bossiergriffeln, modelliert. Vor der Verei-

Baum, Blüte und Frucht der Birnensorte Gute Graue (Renate Bärnthol)

nigung der beiden Hälften werden die Stiel- und Kelchnachbildungen eingesetzt.
Beim Hohlgussverfahren werden zwei vertikal getrennte Formhälften angefertigt und Stiel sowie Kelch durch Bohrungen markiert. Sobald das flüssige Wachs eingefüllt ist, wird der Formblock in alle Richtungen gedreht. Nach dem Erkalten des Wachses entnahm man den Fruchtkörper und setzte ein Kelch- sowie Stielimitat ein.

Wachsobst, Apfelsorte Ontario (Photographie Wachsfrüchte: Tanja Kutter, Schwäbisches Bauernhofmuseum Illerbeuren, 2013)

Wachsobst, Apfelsorte Schöner aus Boskoop

Wachsobst, Birnensorte Doppelte Philippsbirne

Wachsobst, Apfelsorte Charlamowsky

Die Bemalung der Früchte erfolgte entweder nach dem natürlichen Vorbild oder es wurden naturgetreue Abbildungen, z. B. aus dem Obstsortenwerken Sicklers (ab 1794), verwendet.
Ein Teil der Ingolstädter Wachsfrüchtesammlung geht auf den Kunstgärtner

Wachsobst, Apfelsorte Purpurroter Cousinot

Wachsobst, Apfelsorte Ribston Pepping

Wachsobst, Birnensorte Römische Schmalzbirne

Wachsobst, Apfelsorte Geflammter Kardinal

und Obstplantagenbetreiber Ludwig Zwirner in Lautenbach (Baden) zurück und ist auf die Zeit zwischen 1899 und 1923 zu datieren. Die Früchte wurden im Bossierverfahren produziert. Eine Füllung mit grobem Sand sorgte für ein natürlich wirkendes Fruchtgewicht. Am Stiel ist ein grünes, mit Tu-

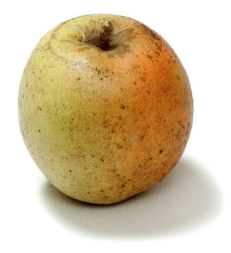
Wachsobst, Apfelsorte Zucccalmaglios Renette

Wachsobst, Apfelsorte Graue Französische Renette

Wachsobst, Apfelsorte Jakob Lebel

Wachsobst, Birnensorte Gute Graue

sche beschriftetes Etikett befestigt, das den Sortennamen und die Modellnummer trägt. Der Hersteller der übrigen Wachsfrüchte ist nicht bekannt. Das Sortiment folgt den Landes-Empfehlungen des Pomologen-Vereins und wurde vom Besteller durch regional bedeutsame Sorten ergänzt.

Wachsobst, Birnensorte Stuttgarter Geißhirtle

Wachsobst, Birnensorte Grüne Sommermagdalene

Wachsobst, Apfelsorte Edelborsdorfer

Wachsobst, Apfelsorte Goldgelber Edelapfel

Modellfrüchte dienten als Lehr- und Anschauungsmaterial und wurden beispielsweise von Museen, Obst- und Gartenbauschulen, dem Pomologischen Institut in Reutlingen und von Obstbauvereinen angeschafft.

Wachsobst, Apfelsorte Rheinischer Bohnapfel

Wachsobst, Apfelsorte Roter Stettiner

Wachsobst, Birnensorte Neue Poiteau

Wachsobst, Birnensorte Boscs Flaschenbirne

Heute haben sich nur noch wenige Sammlungen in den Museen erhalten, beispielsweise in Bamberg, Coburg, Erfurt, Hannover, Gotha und Greifswald.
Die Sammlung stammt vom Amt für Ernährung, Landwirtschaft und Fors-

Wachsobst, Apfelsorte Transparent aus Croncels

ten Ingolstadt, im Bauerngerätemuseum Ingolstadt-Hundszell ist sie unter der Inventarnummer L 1367 erfasst. (Literatur: Niedersächsisches Landesmuseum Hannover (Hrsg.). Die Obstmodelle aus dem Provinzial-Museum Hannover. 2011)

Strategie und Glauben

Landwirtschaft ist Tätigkeit mit dem Wetter und gegen das Wetter. Gutes Wetter dient der Produktion von Nahrung. Vielmehr: wenn es der Produktion von Nahrung dient, dann ist es gutes Wetter. Schlechtes Wetter hindert die landwirtschaftliche Tätigkeit.
Das Wetter zu beobachten und darauf die Handlungsentscheidungen für den Tag zu treffen, darüber hinaus aus der Erfahrung Prognosen über den weiteren Witterungsverlauf anzustellen und danach das Handeln auszurichten, dahin versuchte die Aufklärungsliteratur die Bauern zu führen.[11]

Eckiger Schrötling. Pfennig aus Kupfer mit beidseitiger Silberauflage, 0,283 g, ø11 mm; vorne „M" im Fadenkreis, rückseitig bayerischer Rautenschild mit Kugel und Pfeil im Fadenkreis, Münzherr Kurfürst Maximilian I. (reg. 1623–1651) und drei Kreuze aus Wachsstrang (Freilichtmuseum Massing, Inv.-Nr. M 1994/252 und M 2006/233; Photo: Gerhard Nixdorf)

Um 1900 ist das Lichtbild entstanden, das den Hof in Oberentholz bei Ering am Inn zeigt, in dessen Firstbalken der Haussegen gefunden wurde. (Bildarchiv Freilichtmuseum Massing)

Ob dieser Bildungsprozess für abgeschlossen angesehen werden kann, sei dahingestellt. Das begründete Vertrauen auf die Gültigkeit veröffentlichter Wetterprognosen für die bevorstehenden Stunden und Tage wird von vielen Menschen in glaubensähnlicher Weise ausgedehnt auf Wochen und Monate.

Viele Bauernregeln haben, so willkürlich sie manchmal erscheinen mögen, durchaus Erfahrungsgrundlagen.[12] Der Spruch „Januar muß vor Kälte knacken, wenn die Ernte soll gut sacken" ist keine sinnvolle Prognose über den Witterungsverlauf im weiteren Wirtschaftsjahr. Aber er gewinnt Wahrheit, wenn man bedenkt, dass tiefer Bodenfrost Schädlinge dezimiert und dass manche Samen Frost als Auslöser für ihr Keimen brauchen.

Ein Beispiel für magisches Verhalten mit rationalem Appendix sei abschließend angeführt, aus einer Zeit, als noch keine Blitzableiter zum Schutz des Hauses zur Verfügung standen.[13] Etwa 350 Jahre lag im Firstbalken eines hölzernen Bauernhauses in Oberentholz in Ering am Inn in einer kleinen Höhlung ein Bausegen sicher verwahrt. So lange blieb das Haus verschont von Blitzschlag und Feuer. 1994 wurde das Haus abgetragen und an neuem Ort von Privatleuten wieder aufgebaut. Drei – vermutlich geweihte – Wachsschnurkreuze waren in die Aussparung eingelegt. Am höchsten Ort des Hauses sollten sie wohl Segen für das Haus, seine Bewohner und das darin eingestellte Vieh bringen. Das Vertrauen in Gott schien dem Bauherrn aber nicht zu genügen, denn er widmete eine weitere Gabe seinem Landesherrn. Bei den drei Kreuzen lag eine Münze; sie trägt recto das Kürzel M des bayerischen Kurfürsten Maximilian I., verso das bayerische Rautenwappen. Die Münze gibt Auskunft über die Zeit der Errichtung des Hauses. Nicht vor 1625 kann der First auf den Neubau aufgesetzt worden sein. 1651 starb der Kurfürst, ab diesem Jahr hätte der umsichtige Bauherr gewiss eine neuere Münze ausgewählt.

Der Bauherr war Christ und gewiss vertraute er auf Gott, der ihm als Herrscher über Wind und Wetter galt. Der schützende Landesherr und gutes Geld sollten dennoch bedacht sein bei der Sorge um Haus und Hof.

Flur, Dorf, Hof und Haus gestalten entwickelte Gesellschaften so, dass Regen und Sonne, Wind, Schnee und Frost von Nutzen sind und dass sie keinen Schaden an den Wirtschaftsgütern anrichten. Auch in den Räumen, am deutlichsten in der traditionellen Stube, sind Einrichtung und Tätigkeiten so gehalten, dass Hitze, Kälte und Nässe von den Bewohnern ferngehalten sind. Der engste Raum, der in Hinblick auf das Wetter geschaffen wird, ist die Kleidung des Menschen.

Abschließend sei – um auf die allerengste und naheste aller Kleinklimazonen hinzuweisen – Erwin Strittmatter zitiert: „Dennmals gabs Winter, wies heute keene mehr gibt (…). Keene Hosen und keene Hanschken. Die Hände haben wir uns da gewärmt, wo sich die Beene treffen. (…) Wenn der Mensch wo warm ist, merkt eich, denn am Gemächte!" *(Red.)*

Anmerkungen

1. In anderen Worten: „Dann mache ich mir mein Klima selbst."
2. Z. B. über einige Jahrhunderte in Irland unter englischem Einfluss, in Sizilien (19./20. Jahrhundert) unter spätfeudaler und nachfolgend organisiert krimineller Herrschaft
3. Ostwinde, die hier sogenannten Böhmwinde, bringen kontinentales Klima.
4. Für Niederbayern hat Johann Evangelist Fürst (1784–1846)wesentlich zur Verbesserung der Obstkultur beigetragen. Vgl. Gröschel, Claudia und Hermann Scheuer (Hg.). Frauendorfer Gartenschätze. Das Werk Johann Ev. Fürsts im Spiegel seiner Zeit (=Veröffentlichungen des Instituts für Kulturraumforschung Ostbaierns und der Nachbarregionen der Universität Passau, Bd. 66), Passau 2012
5. Also auch Ostoberbayern und das ehemals bayerische Innviertel in Oberösterreich umfassend
6. Als 1986 der Stadel des Petzi-Hofs in Pötzerreut (südl. Landkreis Freyung-Grafenau, Bayerischen Wald) abgetragen wurde, wurde auch ein Weinstock, der dort 1927 (im Anschluss an den Neubau des Stadel) gepflanzt worden war, in das 935 m üNN gelegene Freilichtmuseum Finsterau übertragen. Seine Trauben reifen dort fast jedes Jahr an der von der Herbstsonne „verwöhnten" Bretterwand des wiedererrichteten Stadels aus.
7. S. Bedal, Konrad. Prunk mit Holz, Putz und Farbe. Zu aufwändigen Stubengestaltungen im ländlichen Franken vor 1820, vorwiegend anhand von Beispielen des Fränkischen Freilandmuseums in Bad Windsheim. In: Angerer, Birgit u.a. Pracht, Prunk, Protz. Luxus auf dem Land. Finsterau 2009, S. 167 ff.
8. S. Ortmeier, Martin. Der Schrot am Bauernhaus. Vom luftigen Wirtschaftsraum am Blockbau zum Schaubalkon. In: Angerer, Birgit u.a. Pracht, Prunk, Protz. Luxus auf dem Land. Finsterau 2009, S. 151 ff.
9. Zu den Heimatmuseen zählen wir auch die Freilichtmuseen.
10. Heinrich Hacker M.A. hat diese Idee eingebracht.
11. Z. B. Fürst, Johann Evangelist. Der verständige Bauer Simon Strüf. Straubing ^{1}1817, Passau ^{3}1823
12. Eine Zusammenstellungen im Jahresverlauf ist zu finden bei: Verlag der Zentralstelle der christlichen Bauernvereine in Regensburg (Hg.). Bayerischer Bauernvereins-Kalender für das Jahr 1918, München 1917
13. Ortmeier, Martin und Cornelia Schlosser (Hg.). Mei liabstes Stück. Landshut 2012, S. 46 f.

Die Autorinnen und Autoren

Birgit Angerer, Dr. phil., geb. 15.10.1955. Studium der Kunstgeschichte, Volkskunde, Klassischen Archäologie in München. Promotion im Fach Kunstgeschichte. Museumsvolontariat am Schleswig-Holsteinischen Landesmuseum, Mitarbeit am Germanischen Nationalmuseum in Nürnberg, 1986 bis 2001 freiberuflich tätig. Seit 2001 am Oberpfälzer Freilandmuseum Neusath-Perschen, seit 2007 als Museumsleiterin. Veröffentlichungen zur Kunst- und Kulturgeschichte des 19. und 20. Jahrhunderts

Renate Bärnthol, Dipl.-Ing. (FH), Dipl.-Ökol. Studium des Gartenbaus in Freising/Weihenstephan und der Ökologie in Essen. Seit 1990 freiberuflich tätig im Bereich Naturschutz, Landschaftsplanung, historische Kulturlandschafts- und Kulturpflanzenforschung. Seit 1998 angestellt als Ökologin am Fränkischen Freilandmuseum in Bad Windsheim. Veröffentlichungen zur Kulturlandschaftsgeschichte Frankens und zu Kulturpflanzen

Max Böhm, Dr. oec. publ., geb. 1958. Studium der Volkswirtschaft und Wirtschaftsgeschichte in München. Promotion über die bayerische Agrargeschichte des 19. Jahrhunderts. 4 Jahre Tätigkeit als wissenschaftlicher Mitarbeiter am Gerätemuseum des Coburger Landes in Ahorn. Seit 1995 wissenschaftlicher Mitarbeiter am Stadtmuseum Ingolstadt und verantwortlich für dessen Außenstelle, das Bauerngerätemuseum Ingolstadt-Hundszell. Veröffentlichungen zu wirtschaftsgeschichtlichen Themen in Bayern

Wolfgang Dörfler, Dr. med. Dr. phil. Allgemeinmediziner mit Praxis in Gyhum (Niedersachsen) und Historiker. Wiss. Mitglied der Historischen Kommission für Niedersachsen und Bremen, seit 1977 Mitglied der Interessengemeinschaft Bauernhaus (IGB) und Begründer der IGB-Außenstelle für den niedersächsischen Landkreis Rotenburg, Mitbegründer und

Organisator des Nordwestdeutschen Arbeitskreises für Haus- und Gefügeforschung.

Helmut Groschwitz, Dr. phil., geb. 1967. Studium der Germanistik und Volkskunde in Regensburg. Promotion in Volkskunde über die Genese und Praxis moderner Mondkalender. Wissenschaftlicher Assistent in Regensburg, Konzeption und Redaktion von Ausstellungen. 2010–2013 Lehrstuhlvertretung an der Abteilung Kulturanthropologie/Volkskunde der Universität Bonn. Veröffentlichungen u.a. zu Wissenschaftsgeschichte, Erzählforschung, populärer Spiritualität, Kulturerbe

Maximilian Keck, M.A., geb. 1982 in Weiden (Opf.). Studium der Allgemeinen Pädagogik, Europäischen Ethnologie/Volkskunde und Soziologie in Augsburg. Seit 2012 wissenschaftlicher Volontär am Freilichtmuseum Glentleiten des Bezirks Oberbayern

Otto Kettemann, Dr. rer. soc., geb. 1949. Studium der Empirischen Kulturwissenschaft und Pädagogik, Promotion im Fach Empirische Kulturwissenschaft. Fünf Jahre Tätigkeit am Schleswig-Holsteinischen Landesmuseum im Rahmen eines Forschungsprojektes über ländliches Handwerk. Seit 1987 Leiter des Schwäbischen Bauernhofmuseums Illerbeuren

Bettina Kraus, M.A., geb. 1972 in Tirschenreuth. Berufsausbildung zur Gärtnerin; Studium der Bayerischen Geschichte, Neueren und Neuesten Geschichte und Volkskunde an der LMU München; ab 2002 Mitarbeiterin am Institut für Bayerische Geschichte der LMU; seit 2006 freiberuflich tätig. 2011/2012 Neugestaltung der Gärten des Oberpfälzer Freilandmuseums; Veröffentlichungen zur Bau- und Sozialgeschichte und zum bäuerlichen Gartenbau; Veranstaltung von Gartenführungen

Herbert May, Dr.-Ing. M.A., geb. 1958 in Daun/Eifel. Studium der Geschichte und Politikwissenschaft in Trier, Regensburg und Berlin, Aufbaustudium Denkmalpflege in Bamberg. 1985–1991 Museums-, Ausstellungs- und Publikationsprojekte in Berlin-Charlottenburg, danach vornehmlich für das Fränkische Freilandmuseum Bad Windsheim in der historischen Bau- und Hausforschung tätig. 2000–2010 wissenschaftlicher Mitarbeiter, seit 2011 Leiter des Fränkischen Freilandmuseums Bad Windsheim. 2004–2009 ehrenamtlicher Stadtheimatpfleger in Nürnberg. Lehrbeauftragter an den Universitäten Bamberg und Würzburg. Veröffentlichungen zur historischen Bau- und Hausforschung und zu regionalen Aspekten der NS-Geschichte

Martin Ortmeier, Dr. phil., geb. 1955 in Passau. Studium der Kunstgeschichte, Germanistik und Theoretischen Linguistik in Regensburg und

München. 1983/84 Wissenschaftlicher Mitarbeiter an den Bischöflichen Kunstsammlungen in Regensburg, seit 1984 Leiter der Niederbayerischen Freilichtmuseen Finsterau und Massing. Vizepräsident des Kunstvereins Passau, Vorsitzender des Kulturbeirates der Stadt Passau. Veröffentlichungen über die Kunst der Moderne, Bauernhäuser in Niederbayern und Südböhmen, Kulturgeschichte des Granits u. a., Herausgeber der „Passauer Kunst Blätter"

Heiko Paeth, Prof. Dr. rer. nat, geb. 1970 in Neunkirchen. Studium der Geographie, Meteorologie und Geologie in Bonn. Promotion und Habilitation in Meteorologie in Bonn. Seit 2006 Professor für Klimatologie an der Universität Würzburg. Forschungsgebiete: Klimamodellierung, Klimawandel, Statistik, Geoinformatik

Bertram Popp, geb. 1959 in Münchberg. Studium der Kulturpädagogik in Hildesheim.
Seit 1985 Mitarbeit im Oberfränkischen Bauernhofmuseum Kleinlosnitz, seit 1989 Kreisheimatpfleger und Archivpfleger im Landkreis Hof und seit 1990 Leiter des Oberfränkischen Bauernhofmuseums Kleinlosnitz. Veröffentlichungen zur oberfränkischen Hausforschung, Handwerks- und Ortsgeschichte

Heinrich Stiewe, Dr. phil., geboren 1963. Studium der Volkskunde, Kunstgeschichte und Ur- und Frühgeschichte in Münster. Promotion mit einer Arbeit zum Thema „Hausbau und Sozialstruktur einer niederdeutschen Kleinstadt. Blomberg zwischen 1450 und 1870". Seit 1993 am heutigen LWL-Freilichtmuseum Detmold, Westfälisches Landesmuseum für Volkskunde, tätig, seit 2006 als wiss. Referent für Dokumentation. Vorstandsmitglied im Arbeitskreis für Hausforschung (AHF), Mitorganisator des Arbeitskreises für ländliche Hausforschung in Nordwestdeutschland (AHF-Regionalgruppe Nordwest). Veröffentlichungen zur Hausforschung und ländlichen Kultur- und Sozialgeschichte sowie zum Museumswesen

Peter Winkler, Dr. rer. nat., geb. 1941. Studium der Meteorologie in Mainz. Zunächst wissenschaftlicher Mitarbeiter am MPI in Mainz, 1975 bis 1993 Mitarbeiter des Meteorologischen Observatoriums Hamburg, 1993 bis 2005 Leiter des Meteorologischen Observatoriums Hohenpeißenberg, seit 2005 a. D. Wissenschaftshistorische Arbeiten und Veröffentlichungen

Herausgeber (s. a. Autorinnen und Autoren)

Jan Borgmann, M.A., geb. 1974. Studium der Mittelalterlichen und Neueren Geschichte, Volkskunde und Politikwissenschaft in Bonn. 2000 bis 2001 wissenschaftlicher Volontär am Freilichtmuseum Glentleiten des Bezirks Oberbayern. Seit 2002 wissenschaftlicher Mitarbeiter am Freilichtmuseum Glentleiten, Arbeitsschwerpunkt Volkskunde. Veröffentlichungen zu volkskundlichen Themen sowie zur regionalen Sozial- und Kulturgeschichte

Sabine Fechter, Dr. phil., geb. 1967 in Regensburg. Studium der Volkskunde, Kunstgeschichte und Denkmalpflege in Regensburg und Bamberg. 1997 bis 1999 wissenschaftliches Volontariat am Fränkischen Freilandmuseum Bad Windsheim. Danach freiberufliche Tätigkeit mit den fachlichen Schwerpunkten archivalische Bau- und Hausforschung sowie historische Siedlungs- und Flurentwicklung. Seit 2004 Leiterin des Fränkischen Freilandmuseums Fladungen. Veröffentlichungen zur historischen Kulturlandschaft und zum industriell geprägten Bauen auf dem Land

Heinrich Hacker, M.A., geb. 1960 in Deggendorf (Ndb.). Studium der Volkskunde, Neuen und Mittleren Geschichte, Psychologie in Passau und München. Wissenschaftlicher Mitarbeiter im Fränkischen Freilandmuseum Fladungen seit 1989. Zuständig für Aufbau, Dokumentation und Erforschung des Sammlungsbestandes und für Sonderausstellungen. Veröffentlichungen zu lokalhistorischen Themen der Rhön und des nördlichen Unterfrankens

Ariane Weidlich, M.A., geb. 1958. Studium der Kunstgeschichte, Volkskunde und Ethnologie in Würzburg und München. 1987 bis 1990 freiberufliche Tätigkeit im Museums- und Medienbereich. Seit 1990 wissenschaftliche Mitarbeiterin am Freilichtmuseum Glentleiten des Bezirks Oberbayern, Arbeitsschwerpunkt historische Bauforschung. Veröffentlichungen zur Haus- und Bauforschung, zur Regionalgeschichte und zur Geschichte der Hygiene